MÉMOIRES DE MARMONTEL

PUBLIÉS

AVEC PRÉFACE, NOTES ET TABLES

PAR

MAURICE TOURNEUX

TOME DEUXIÈME

PARIS

LIBRAIRIE DES BIBLIOPHILES

Rue de Lille, 7

M DCCC XCI

MÉMOIRES

DE

MARMONTEL

MÉMOIRES D'UN PÈRE

POUR SERVIR

A L'INSTRUCTION DE SES ENFANS

LIVRE V

Après avoir vu M. de Marigny, mon premier soin, en arrivant à Versailles, fut d'aller remercier Mme de Pompadour. Elle me témoigna du plaisir à me voir tranquille, et, d'un air de bonté, elle ajouta : « Les gens de lettres ont dans la tête un système d'égalité qui les fait quelquefois manquer aux convenances. J'espère, Marmontel, qu'à l'égard de mon frère vous ne les oublierez jamais. » Je l'assurai que mes sentimens étoient d'accord avec mes devoirs.

J'avois déjà fait connoissance avec M. de Marigny dans la société des intendans des Menus-Plaisirs, et par eux j'avois su quel étoit l'homme à qui sa sœur m'avoit recommandé de ne manquer jamais. Quant à l'intention, j'étois bien sûr de moi; la reconnoissance elle seule m'eût inspiré pour lui tous les égards que ma position et sa place exigeoient de la mienne; mais à l'intention il falloit ajouter l'attention la plus exacte à ménager en lui un amour-propre inquiet, ombrageux, susceptible à l'excès de méfiance et de soupçons: La foiblesse de craindre qu'on ne l'estimât pas assez, et qu'on ne dît de lui, malignement et par envie, ce qu'il y avoit à dire sur sa naissance et sa fortune; cette inquiétude, dis-je, étoit au point que, si en sa présence on se disoit quelques mots à l'oreille, il en étoit effarouché. Attentif à guetter l'opinion qu'on avoit de lui, il lui arrivoit souvent de parler de lui-même avec une humilité feinte pour éprouver si l'on se plairoit à l'entendre se dépriser; et alors, pour peu qu'un sourire ou un mot équivoque eût échappé, la blessure en étoit profonde et sans remède. Avec les qualités essentielles de l'honnête homme, et quelques-unes même des qualités de l'homme aimable, de l'esprit, assez de culture, un goût éclairé dans les arts, dont il avoit fait une étude (car tel avoit été l'objet de son voyage en Italie), et, dans les mœurs, une droiture, une franchise, une probité rare, il pouvoit être intéressant autant qu'il étoit aimable. Mais en lui l'humeur gâtoit tout; et cette humeur étoit quelquefois hérissée de rudesse et de brusquerie.

Vous sentez, mes enfans, combien j'avois à m'observer pour être toujours bien avec un homme de ce caractère; mais il m'étoit connu, et cette connoissance étoit la règle de ma conduite. D'ailleurs, soit à dessein, soit sans intention, il m'avertit, par son exemple, de la manière dont il vouloit que je fusse avec lui. Étions-nous seuls, il avoit avec moi l'air amical, libre, enjoué, l'air enfin de la société où nous avions vécu ensemble. Avions-nous des témoins, et singulièrement pour témoins des artistes, il me parloit avec estime et d'un air d'affabilité; mais, dans sa politesse, le sérieux de l'homme en place et du supérieur se faisoit ressentir. Ce rôle me dicta le mien. Je distinguai en moi le secrétaire des bâtimens de l'homme de lettres et de l'homme du monde; et, en public, je donnai aux deux académies dont il étoit le chef, et à tous les artistes employés sous ses ordres, l'exemple du respect que nous devions tous à sa place. Personne, à ses audiences, n'avoit le maintien, le langage plus décemment composé que moi. Tête à tête avec lui ou dans la société de nos amis communs, je reprenois l'air simple qui m'étoit naturel, jamais pourtant ni l'air ni le ton familier. Comme le badinage ne pouvoit jamais être égal entre nous, je m'y refusois doucement. Il avoit dans l'esprit certain tour de plaisanterie qui n'étoit pas toujours assez fin ni d'assez bon goût, et dont il aimoit à s'égayer; mais il ne falloit pas s'y jouer avec lui. Jamais railleur n'a moins souffert la raillerie. Un trait plaisant qui l'auroit effleuré légèrement l'auroit blessé. Je vis donc qu'avec lui il falloit m'en tenir à une gaieté modérée, et je n'allai point au delà. De son côté, lui, qui dans ma réserve apercevoit quelque délicatesse, voulut bien me tenir toujours un langage analogue au mien. Seulement quelquefois, sur ce qui le touchoit, il sembloit vouloir essayer mon sentiment et ma pensée. Par exemple, lorsqu'il obtint, dans l'ordre du Saint-Esprit, la charge qui le décoroit, et que j'allai lui en faire compliment : « Monsieur Marmontel, me dit-il, *le roi me décrasse.* » Je répondis, comme je le pensois, que « sa noblesse, à lui, étoit dans l'âme, et valoit bien celle du sang ». Une autre fois, revenant du spectacle, il me raconta qu'il y avoit passé un mauvais moment; qu'étant assis au balcon du théâtre, et ne songeant qu'à rire de la petite pièce que l'on représentoit, il avoit tout à coup entendu l'un des personnages, un soldat ivre, qui disoit : « Quoi! j'aurois une jolie sœur, et cela ne me vaudra rien, lorsque tant d'autres font fortune par leurs arrière-petites-cousines! » « Figurez-vous, ajouta-t-il, mon embarras et ma confusion. Heureusement le parterre n'a pas fait attention à moi. — Monsieur, lui répondis-je, vous n'aviez rien à craindre ; vous justifiez si bien ce que l'on fait pour vous que personne ne pense à le trouver mauvais. » Et, en effet, je lui voyois remplir si dignement sa place qu'à son égard la faveur me sembloit n'être que la simple équité.

Ce fut ainsi que je fus cinq ans sous ses ordres sans le plus léger mécontentement ni de son côté ni du mien, et qu'en quittant la place qu'il m'avoit accordée je le conservai pour ami. J'eus même le bonheur de lui être utile plus d'une fois à son insu auprès de madame sa sœur, qui lui reprochoit de la dureté dans les réponses négatives qu'il faisoit aux demandes qui lui étoient adressées. « C'est moi, Madame, lui disois-je, qui ai minuté ces réponses » ; et je les lui communiquois. « Mais avec ce monde, ajoutois-je, de quelque politesse qu'un refus soit assaisonné, il leur semble toujours amer. — Et pourquoi tant de refus? disoit-elle ; n'ai-je pas assez d'ennemis sans qu'on m'en fasse de nouveaux? — Madame, lui répliquai-je enfin, c'est l'inconvénient de sa place ; mais c'en est aussi le devoir ; il n'y a pas de milieu : ou il faut qu'il s'en rende indigne en trahissant les intérêts du roi pour complaire aux gens de la cour, ou qu'il se refuse aux dépenses folles qu'on lui demande de tous côtés. — Comment faisoient les autres? insistoit cette femme foible. — Les autres faisoient mal, s'ils ne faisoient pas comme lui; mais observez, Madame, qu'on exigeoit moins d'eux : car les abus vont toujours en croissant, et peut-être attend-on de lui des complaisances plus timides. Mais moi, qui connois ses principes, j'ose vous assurer qu'il quitteroit sa place plutôt que de mollir sur l'article de son devoir. — Vous êtes un brave homme, me dit-elle, et je vous sais bon gré de l'avoir si bien défendu. »

Je n'ai eu guère de meilleur temps en ma vie que les cinq années que je passai à Versailles; c'est que Versailles étoit pour moi divisé en deux régions : l'une étoit celle de l'intrigue, de l'ambition, de l'envie, et de toutes les passions qu'engendrent l'intérêt servile et le luxe nécessiteux : je n'allois presque jamais là; l'autre étoit le séjour du travail, du silence, du repos après le travail, de la joie au sein du repos, et c'étoit là que je passois ma vie. Libre d'inquiétude, presque tout à moi-même, et n'ayant guère que deux jours de la semaine à donner au léger travail de ma place, je m'étois fait une occupation aussi douce qu'intéressante : c'étoit un cours d'études où, méthodiquement et la plume à la main, je parcourois les principales branches de la littérature ancienne et moderne, les comparant l'une avec l'autre, sans partialité, sans égards, en homme indépendant, et qui n'auroit été d'aucun pays ni d'aucun siècle. Ce fut dans cet esprit que, recueillant de mes lectures les traits qui me frappoient et les réflexions que me suggéroient les exemples, je formai cet amas de matériaux que j'employai d'abord dans mon travail pour l'*Encyclopédie*, d'où je tirai ensuite ma *Poétique françoise*, et que j'ai depuis rassemblés dans mes *Élémens de littérature*. Nulle gêne dans ce travail, nul souci de l'opinion et des jugemens du vulgaire. J'étudiois pour moi, je déposois en homme libre mes sentimens et mes pensées; et ce cours de lectures et de méditations avoit pour moi d'autant plus d'attrait qu'à chaque pas je croyois découvrir entre les intentions de l'art et ses moyens, entre ses procédés et ceux de la nature, des rapports qui pouvoient servir à fixer les règles du goût. J'avois peu de livres à moi; mais la Bibliothèque royale m'en fournissoit en abondance. J'en faisois bonne provision pour les voyages de la cour, où je suivois M. de Marigny; et les bois de Marly, les forêts de Compiègne et de Fontainebleau, étoient mes cabinets d'étude. Je n'avois pas le même agrément à Versailles, et la seule incommodité que j'y éprouvois étoit le manque de promenades. Le croira-t-on? ces jardins magnifiques étoient impraticables dans la belle saison; surtout quand venoient les chaleurs, ces pièces d'eau, ce beau canal, ces bassins de marbre entourés de statues où sembloit respirer le bronze, exhaloient au loin des vapeurs pestilentielles ; et les eaux de Marly ne venoient, à grands frais, croupir dans ce vallon que pour empoisonner l'air qu'on y respiroit. J'étois obligé d'aller chercher un air pur et une ombre saine dans les bois de Verrières ou de Satory.

Cependant, pour moi, les voyages ne se ressembloient pas : à Marly, à Compiègne, je vivois solitaire et sombre. Il m'arriva une fois à Compiègne d'être six semaines au lait pour mon plaisir et en pleine santé. Jamais mon âme n'a été plus calme, plus paisible, que durant ce régime. Mes jours s'écouloient dans l'étude avec une égalité inaltérable ; mes nuits n'étoient qu'un doux sommeil ; et, après m'être éveillé le matin pour avaler une ample jatte du lait écumant de ma vache noire, je refermois les yeux pour sommeiller encore une heure. La discorde auroit bouleversé le monde, je ne m'en serois point ému. A Marly, je n'avois qu'un seul amusement : c'étoit le curieux spectacle du jeu du roi dans le salon. Là j'allois voir, autour d'une table de lansquenet, le tourment des passions concentrées par le respect, l'avide soif de l'or, l'espérance, la crainte, la douleur de la perte, l'ardeur du gain, la joie après une main pleine, le désespoir après un coupe-gorge, se succéder rapidement dans l'âme des joueurs, sous le masque immobile d'une froide tranquillité.

Ma vie étoit moins solitaire et moins sage à Fontainebleau. Les soupers des Menus-Plaisirs, les courses aux chasses du roi, les spectacles, étoient pour moi de fréquentes dissipations; et je n'avois pas, je l'avoue, le courage de m'en défendre.

A Versailles j'avois aussi mes amusemens, mais réglés sur mon plan d'étude et de travail, de façon à ne jamais être que des délassemens pour moi. Ma société journalière étoit celle des premiers commis, presque tous gens aimables, et faisant à l'envi la meilleure chère du monde. Dans l'intervalle de leurs travaux, ils se donnoient le plaisir de la table : ils étoient gourmands à peu près pour la même raison que le sont les dévots. L'abbé de La Ville[1], par exemple, étoit l'homme du monde le plus soigneux de se procurer de bons vins. Tous les ans, son maître d'hôtel alloit recueillir la mère goutte des meilleurs celliers de Bourgogne, et suivoit de l'œil ses tonneaux. J'étois de ses dîners, et j'y figurois assez bien.

---

1. Jean-Ignace de La Ville, né en 1701, mort le 15 avril 1774, évêque *in partibus* de Triconie, abbé commendataire de Saint-Quentin-lès-Beauvais et de Lessay, ancien ministre du roi près des Provinces-Unies, directeur général du département des affaires étrangères, élu en 1746 membre de l'Académie française, en remplacement de Mongin, évêque de Bazas. Il eut Suard pour successeur.

Le premier commis de la guerre, Dubois[1], étoit celui qui avoit pour moi l'amitié la plus franche; nous étions familiers ensemble au point de nous tutoyer. Il n'étoit point de service qu'il ne m'eût rendu dans sa place, si je lui en avois offert l'occasion; mais, pour moi personnellement, je ne songeois qu'à me réjouir; et, si je retirai quelque avantage de la société des premiers commis, ce fut sans y avoir pensé, et de leur propre mouvement. Vous allez en voir un exemple.

De ces laborieux sybarites, le plus vif, le plus séduisant, le plus voluptueux, avec la santé la plus frêle, étoit ce Cromot[2], qu'on a vu depuis si brillant sous tant de ministres. La facilité, l'agrément, la prestesse de son travail, et surtout sa dextérité, les captivoient en dépit d'eux-mêmes.

---

1. Un *Noël* satirique, attribué au chevalier de l'Isle, et imprimé dans les *Mémoires secrets* à la date du 31 décembre 1763, renferme sur Dubois le couplet suivant:

> Un homme d'importance,
> C'étoit monsieur Dubois,
> Tout bouffi d'arrogance
> Dit en haussant la voix:
> « De ma visite ici, Seigneur, tenez-moi compte,
> Car à ma porte plus d'un grand
> Vient se morfondre en attendant,
> Sans en rougir de honte! »

2. Jules-David Cromot du Bourg, conseiller d'État et surintendant de la maison de Monsieur, comte de Provence, père de Cromot de Fougy, qui lui succéda dans ses charges.

Il étoit, quand je le connus, le secrétaire intime et favori de M. de Machault. C'étoit une liaison que bien des gens m'auroient enviée, mais dont l'agrément faisoit seul le prix dont elle étoit pour moi. Dans le même temps, la fortune, qui se mêloit de mes affaires à mon insu, me fit rencontrer à Versailles la bonne amie de Bouret, fermier général, qui tenoit le portefeuille des emplois, connoissance non moins utile. Cette femme, qui fut bientôt mon amie, et qui l'a été jusqu'à son dernier soupir, étoit la spirituelle, l'aimable Mme Filleul [1]. Elle étoit retenue à souper à Versailles, et j'étois invité à souper avec elle : je m'en excusai en disant que j'étois obligé de me rendre à Paris. Elle, aussitôt, m'offrit de m'y mener, et j'acceptai une place dans sa voiture. La connoissance faite, elle parla de moi à son ami Bouret, et lui donna vraisemblablement quelque envie de me connoître. Ainsi se disposoient pour moi les circonstances les plus favorables au plus cher objet de mes vœux.

Ma sœur aînée étoit en âge d'être mariée ; et,

---

1. Marie-Catherine-Irène du Buisson de Longpré, femme de Charles-François Filleul, écuyer, secrétaire du roi, mère de Mme de Marigny, dont Louis XV serait, dit-on, le père (Ch. Nauroy, *le Curieux*, tome II, p. 177 et 205), et de Mme de Flahaut, qui fut mariée en secondes noces au comte de Souza.

quoique je n'eusse qu'une bien petite dot à lui donner, il se présentoit pour elle dans mon pays nombre de partis convenables. Je préférai celui qui, du côté des mœurs et des talens, m'étoit connu pour le meilleur, et mon choix se trouva le même que ma sœur auroit fait en suivant son inclination. Odde, mon condisciple, avoit été dès le collège un modèle de piété, de sagesse, d'application. Son caractère étoit doux et gai, plein de candeur, et d'une égalité parfaite; incorruptible dans ses mœurs, et toujours semblable à lui-même. Il vit encore; il est à peu près de mon âge; et je ne crois pas qu'il y ait au monde une âme plus pure. Il n'y a eu pour lui de changement et de passage que de l'âge de l'innocence à l'âge de la vertu. Son père, en mourant, lui avoit laissé peu de bien, mais pour héritage un ami rare et précieux. Cet ami, dont M. Turgot m'a fait souvent l'éloge, étoit un M. de Maleseigne[1], vrai philosophe, qui, dans notre ville isolée, presque solitaire, passoit sa vie à lire Tacite, Plutarque, Montaigne, à prendre soin de ses domaines et à cultiver ses jardins. « Qui croiroit, me disoit M. Turgot, que, dans une petite

---

1. Je n'ai pu retrouver nulle part de renseignements précis sur ce personnage, dont la famille était peut-être alliée à celle d'un M. de Maleseigne, chargé de réprimer, en 1790, les troubles de Nancy, et dont la famille était originaire de la Franche-Comté.

ville du Limosin, un tel homme seroit caché? En matière de gouvernement, je n'en ai jamais vu de plus instruits ni de plus sages. » Ce fut ce digne ami de M. Odde qui me fit pour lui la demande de la main de ma sœur; j'en fus flatté; mais dans sa lettre je crus entrevoir l'espérance qu'Odde, par mon crédit, obtiendroit un emploi. Je répondis que je ferois pour lui tout ce qui me seroit possible; mais que, mon crédit n'étant pas tel qu'on le croyoit dans ma province, je n'étois sûr de rien moi-même, et que je ne promettois rien. M. de Maleseigne me répliqua que ma bonne foi valoit mieux que des assurances légères, et le mariage fut conclu.

Ce fut un mois après que, Bouret venant travailler avec le ministre des finances pour remplir les emplois vacans, je dînai avec lui chez son ami Cromot. Difficilement auroit-on réuni deux hommes d'un esprit naturel plus vif, plus preste, plus fertile en traits ingénieux que ces deux hommes-là. Dans Cromot, cependant, l'on voyoit plus d'aisance, de grâce habituelle et de facilité; dans Bouret, plus d'ardeur dans le désir de plaire et de bonheur dans l'à-propos. Tous les deux furent, à ce dîner, d'une gaieté qui l'anima, et au ton de laquelle je fus bientôt moi-même; mais, au sortir de table, Bouret déploya une longue liste d'aspirans aux emplois vacans et de solliciteurs pour eux. Ces solliciteurs étoient tous gens considérables.

C'étoient le duc un tel, la marquise une telle, les princes du sang, la famille royale; en un mot, la ville et la cour. « Où en suis-je donc, moi, m'écriai-je, qui, en mariant ma sœur à un jeune homme instruit, versé dans les affaires, plein d'esprit et de sens, et, de plus, honnête homme, lui ai donné pour dot l'espérance d'obtenir un emploi par mon foible crédit ? Je vais lui écrire de ne pas s'en flatter. — Pourquoi, me dit Bouret, pourquoi jouer à votre sœur le mauvais tour d'affliger son mari ? l'amour triste est bien froid; laissez-leur l'espérance : c'est un bien, en attendant mieux. »

Ils me quittèrent pour aller travailler avec le ministre; et, quand je fus retiré chez moi, un garçon de bureau vint, de leur part, me demander les noms de mon beau-frère. Le soir même il eut un emploi. Je n'ai pas besoin de vous dire quel fut le lendemain l'élan de ma reconnoissance. Ce fut l'époque d'une longue amitié entre Bouret et moi. J'en parlerai plus à loisir.

L'emploi donné à M. Odde me parut cependant et trop oiseux et trop obscur pour un homme de son talent. Je l'échangeai contre un emploi plus difficile et de moindre valeur, afin qu'en se faisant connoître il pût contribuer à son avancement. Le lieu de sa destination étoit Saumur. En s'y rendant, sa femme et lui, ils vinrent me voir à Paris; et je ne puis exprimer la joie dont ma sœur fut pénétrée en m'embrassant. Je les possédai quelques jours. Mes amis eurent la bonté de leur faire un accueil auquel je fus sensible. Dans les dîners qu'on nous donnoit, c'étoit un spectacle touchant que de voir les yeux de ma sœur continuellement attachés sur moi sans pouvoir se rassasier du plaisir de ma vue. Ce n'étoit pas en elle un amour fraternel, c'étoit un amour filial.

A peine arrivée à Saumur, elle se lia d'amitié avec une parente de Mme de Pompadour, dont le mari avoit, dans cette ville, un emploi de deux mille écus. C'étoit l'emploi du grenier à sel. Ce jeune homme, appelé M. de Blois, se trouvoit attaqué de la maladie dont mon père, ma mère et mon frère étoient morts. Nous savions trop qu'elle étoit incurable; et Mme de Blois ne dissimula point à ma sœur que son mari n'avoit que peu de temps à vivre. « Ce seroit pour moi, lui dit-elle, ma bonne amie, au moins quelque consolation si son emploi passoit à M. Odde. Mme de Pompadour en disposera; engagez votre frère à le lui demander pour vous. » Ma sœur me donna cet avis; j'en profitai; l'emploi me fut promis. Mais, à la mort de M. de Blois, l'intendant de Mme de Pompadour m'annonça qu'elle venoit d'accorder ce même emploi, pour dot, à l'une de ses protégées. Frappé comme d'un coup de massue, je me rendis chez elle; et, comme elle passoit pour aller à la messe, je lui demandai avec une respectueuse assurance l'emploi qu'elle m'avoit promis pour le mari de ma sœur. « Je vous ai oublié, me dit-elle en courant, et je l'ai donné à un autre, mais je vous en dédommagerai. » Je l'attendis à son retour, et je lui demandai un moment d'audience. Elle me permit de la suivre.

« Madame, lui dis-je, ce n'est plus un emploi ni de l'argent que je vous demande, c'est mon honneur que je vous conjure de me laisser, car, en me l'ôtant, vous me donneriez le coup de la mort. » Ce début l'étonna, et je continuai : « Aussi sûr de l'emploi que vous m'aviez promis que si je l'avois obtenu, je l'ai annoncé à mon beau-frère. Il a dit dans Saumur que j'en avois votre parole; il l'a écrit à sa famille et à la mienne; deux provinces en sont instruites; je m'en suis moi-même vanté et à Versailles et à Paris, en y parlant de vos bienfaits. Or, Madame, personne ne se persuadera que vous eussiez accordé à un autre l'emploi que vous m'auriez formellement promis. On sait que vous avez mille moyens de faire du bien à qui vous voulez. Ce sera donc moi qu'on accusera de jactance, de mauvaise foi, de mensonge, et me voilà déshonoré. Madame, j'ai su vaincre l'adversité, j'ai su vivre dans l'indigence; mais je ne sais pas vivre dans la honte et le mépris des gens de bien. Vous avez la bonté de vouloir dédommager mon beau-frère; mais moi, après avoir passé pour un menteur impudent, me rendrez-vous, Madame, la réputation d'honnête homme, la seule dont je sois jaloux ? Vos bienfaits effaceront-ils la tache qu'elle aura reçue ? Dédommagez, Madame, ces autres protégés de l'emploi qu'un moment d'oubli vous a fait leur promettre. Il vous est très facile de leur en procurer un plus avantageux ; mais ne me faites pas, à moi, un tort irréparable, et qui me réduiroit au dernier désespoir. » Elle voulut me persuader d'attendre, et que ma sœur n'y perdroit rien ; mais je persistai à lui dire que « c'étoit l'emploi de Saumur que je m'étois vanté d'avoir, et que je n'en voulois point d'autre, dût-il être cent fois meilleur ». A ces mots, je me retirai, et l'emploi me fut accordé.

J'avois, comme on le voit, et comme on va le voir encore, pour faire ma propre fortune, des facilités qui auroient pu exciter mon ambition ; mais, ayant pourvu au bien-être de ma famille, j'étois si content, si tranquille, que je ne désirois plus rien.

Ma société la plus intime, la plus habituelle à Versailles, étoit celle de Mme de Chalut[1], femme excellente, de peu d'esprit, mais de beaucoup de

---

1. Élisabeth de Varanchan avait épousé, à Versailles, le 22 septembre 1751, Geoffroy Chalut de Vérin, écuyer, trésorier de Madame la Dauphine. (*Mercure de France*, décembre 1751, 2e vol., p. 201.)

sens, et d'une douceur, d'une égalité, d'une vérité de caractère inestimable. Après avoir été femme de chambre favorite de la première Dauphine[1], elle avoit passé à la seconde[2], et elle en étoit plus chérie encore. Cette princesse n'avoit point d'amie plus fidèle, plus tendre, plus sincère, ou, pour mieux dire, c'étoit la seule amie véritable qu'elle eût en France. Aussi son cœur lui étoit-il ouvert jusqu'au fond de ses plus secrètes pensées ; et, dans les circonstances les plus délicates et les plus difficiles, elle n'eut qu'elle pour conseil, pour consolation, pour appui. Ces sentimens d'estime, de confiance et d'amitié, s'étoient communiqués de l'âme de la Dauphine à celle du Dauphin. L'un et l'autre, pour marier Mlle de Varanchan (c'étoit son nom de fille), et pour la doter richement, étoient déterminés à vendre leurs bijoux les plus précieux, si le contrôleur général ne les en eût pas empêchés en obtenant du roi un bon de fermier général pour celui qu'elle épouseroit. C'est dire assez quel étoit son crédit auprès de ses maîtres, et je puis ajouter qu'il n'y avoit rien qu'elle n'eût fait pour moi ; j'ai été

---

1. Marie-Thérèse-Antoinette-Raphaëlle, infante d'Espagne, fille de Philippe V, née le 11 juin 1726, morte le 22 juillet 1746.

2. Marie-Josèphe de Saxe, fille d'Auguste II, électeur de Saxe et roi de Pologne, née le 4 novembre 1741, morte le 13 mars 1767.

son ami vingt ans, et je ne lui ai rien demandé. Je m'étois fait de l'amitié une idée si noble et si pure, j'en avois moi-même dans l'âme un sentiment si généreux, que j'aurois cru la profaner et l'avilir que d'y mêler aucune vue d'ambition ; et, autant Mme de Chalut auroit été pour moi prodigue de ses bons offices, autant je croyois digne de moi d'être avec elle discret et désintéressé.

Je ne laissois pas de saisir les occasions de faire ma cour à ses maîtres, mais seulement pour lui complaire; et, si quelquefois je faisois des vers pour eux, ce n'étoit jamais qu'elle qui me les inspiroit. A ce propos, je me souviens d'une scène assez singulière.

Mme de Chalut, après son mariage, n'avoit pas laissé d'être encore au service de la Dauphine ; elle n'en étoit même que plus assidue auprès d'elle. Cette princesse l'aimoit tant que ses absences l'affligeoient. Elle tenoit donc habituellement sa maison à Versailles ; et, toutes les fois que j'y allois, avant que d'y être établi, cette maison étoit la mienne. La convalescence du Dauphin, après sa petite vérole, y fut célébrée par une fête, et j'y fus invité. Je trouvai Mme de Chalut rayonnante de joie et ravie d'admiration pour la conduite de sa maîtresse, qui, nuit et jour, sous les rideaux du lit de son époux, lui avoit rendu les soins les plus tendres durant sa maladie. Le récit animé qu'elle m'en fit me pénétra. Je fis des vers sur ce sujet touchant[1]; l'intérêt du tableau fit le succès du peintre, et ces vers eurent à la cour au moins la faveur du moment, le mérite de l'à-propos. En les lisant, le prince et la princesse en furent touchés jusqu'aux larmes. Mme de Chalut fut chargée de me dire combien cette lecture les avoit attendris, et qu'ils seroient bien aises de me voir pour me le témoigner eux-mêmes. « Trouvez-vous, me dit-elle, demain à leur dîner; vous serez content de l'accueil qu'ils se proposent de vous faire. » Je ne manquai pas de m'y rendre. Il y avoit peu de monde. J'étois placé vis-à-vis d'eux, à deux pas de la table, bien isolé et bien en évidence. En me voyant, ils se parlèrent à l'oreille, puis levèrent les yeux sur moi, et puis se parlèrent encore. Je les voyois occupés de moi; mais l'un et l'autre alternativement sembloient laisser expirer sur leurs lèvres ce qu'ils avoient envie de me dire. Ainsi le temps du dîner se passa jusqu'au moment où il fallut m'en aller comme tout le monde. Mme de Chalut avoit servi à table, et vous jugez combien cette longue scène muette lui avoit causé d'impa-

---

1. *Vers sur la maladie et la convalescence de Monseigneur le Dauphin*, par M. Marmontel : Paris, Sébastien Jorry, 1752, in-4°, 21 p.; p. 15, envoi à M. Chalut de Vérin, trésorier général de Madame la Dauphine. Le permis d'imprimer est signé par Crébillon père, comme censeur.

tience. J'allois dîner chez elle, et nous devions nous réjouir ensemble de l'accueil que l'on m'auroit fait. J'allai l'attendre, et lorsqu'elle arriva : « Eh bien ! Madame, lui demandai-je, ne dois-je pas être bien flatté de tout ce qu'on m'a dit d'obligeant et d'aimable ? — Savez-vous, me répondit-elle, à quoi leur dîner s'est passé ? A s'inviter l'un et l'autre à vous parler, sans que ni l'un ni l'autre en ait eu le courage. — Je ne me croyois pas, lui dis-je, un personnage aussi imposant que je le suis ; et, certes, je dois être fier du respect que j'imprime à M. le Dauphin et à Mme la Dauphine. » Ce contraste d'idées nous parut si plaisant que nous en rîmes de bon cœur, et je me tins pour dit tout ce qu'on avoit eu l'intention de me dire.

L'espèce de bienveillance que l'on avoit pour moi dans cette cour me servit cependant à me faire écouter et croire dans une affaire intéressante. L'acte de baptême d'Aurore, fille de Mlle Verrière, attestoit qu'elle étoit fille du maréchal de Saxe ; et, après la mort de son père, Mme la Dauphine étoit dans l'intention de la faire élever. C'étoit l'ambition de la mère ; mais il vint dans la fantaisie de M. le Dauphin de dire qu'elle étoit ma fille, et ce mot fit son impression. Mme de Chalut me le dit en riant ; mais je pris la plaisanterie de M. le Dauphin sur le ton le plus sérieux : je l'accusai de légèreté ; et, en offrant de faire preuve que je n'avois connu Mlle Verrière que pendant le voyage du maréchal en Prusse, et plus d'un an après la naissance de cette enfant, je dis que ce seroit inhumainement lui ôter son véritable père que de me faire passer pour l'être. Mme de Chalut se chargea de plaider cette cause devant Mme la Dauphine, et M. le Dauphin céda. Ainsi Aurore fut élevée à leurs frais au couvent des religieuses de Saint-Cloud; et Mme de Chalut, qui avoit à Saint-Cloud sa maison de campagne, voulut bien se charger, pour l'amour de moi et à ma prière, des soins et des détails de cette éducation.

Il me reste à parler de deux liaisons particulières que j'avois encore à Versailles : l'une, de simple convenance, avec Quesnay, médecin de Mme de Pompadour; l'autre avec Mme de Marchais et son ami intime le comte d'Angiviller, jeune homme d'un grand caractère. Pour celle-ci, elle fut bientôt une liaison de sentiment; et, depuis quarante ans qu'elle dure, je puis la citer pour exemple d'une amitié que ni les années ni les événemens n'ont fait varier ni fléchir. Commençons par Quesnay, car c'est le moins intéressant. Quesnay, logé bien à l'étroit dans l'entresol de Mme de Pompadour, ne s'occupoit, du matin au soir, que d'économie politique et rurale. Il croyoit en avoir réduit le système en calculs et en axiomes d'une évidence irrésistible; et, comme il formoit une école, il vouloit bien se donner la peine de m'expliquer sa nouvelle doctrine, pour se faire de moi un disciple et un prosélyte. Moi qui songeois à me faire de lui un médiateur auprès de Mme de Pompadour, j'appliquois tout mon entendement à concevoir ces vérités qu'il me donnoit pour évidentes, et je n'y voyois que du vague et de l'obscurité. Lui faire croire que j'entendois ce qu'en effet je n'entendois pas étoit au-dessus de mes forces; mais je l'écoutois avec une patiente docilité, et je lui laissois l'espérance de m'éclaircir enfin et de m'inculquer sa doctrine. C'en eût été assez pour me gagner sa bienveillance. Je faisois plus, j'applaudissois à un travail que je trouvois en effet estimable, car il tendoit à rendre l'agriculture recommandable dans un pays où elle étoit trop dédaignée, et à tourner vers cette étude une foule de bons esprits. J'eus même une occasion de le flatter par cet endroit sensible, et ce fut lui qui me l'offrit.

Un Irlandois, appelé Pattulo, ayant fait un livre [1] où il développoit les avantages de l'agriculture angloise sur la nôtre, avoit obtenu, par Quesnay, de Mme de Pompadour, que ce livre lui fût dédié;

---

[1]. *Essai sur l'amélioration des terres* : Paris, Durand, 1758, in-12, 3 pl. L'*Épître dédicatoire*, signée Pattulo, est ornée d'un fleuron aux armes de Mme de Pompadour, gravé par Patte.

mais il avoit mal fait son épître dédicatoire. Mme de Pompadour, après l'avoir lue, lui dit de s'adresser à moi et de me prier de sa part de la retoucher avec soin. Je trouvai plus facile de lui en faire une autre; et, en y parlant des cultivateurs, j'attachai à leur condition un intérêt assez sensible pour que Mme de Pompadour, à la lecture de cette épître, eût les larmes aux yeux. Quesnay s'en aperçut, et je ne puis vous dire combien il fut content de moi. Sa manière de me servir auprès de la marquise étoit de dire çà et là des mots qui sembloient lui échapper, et qui cependant laissoient des traces.

A l'égard de son caractère, je n'en rappellerai qu'un trait, qui va le faire assez connoître. Il avoit été placé là par le vieux duc de Villeroy et par une comtesse d'Estrades[1], amie et complaisante de Mme d'Étioles, qui, ne croyant pas réchauffer un serpent dans son sein, l'avoit tirée de la misère et amenée à la cour. Quesnay étoit donc attaché à Mme d'Estrades par la reconnoissance, lorsque cette intrigante abandonna sa bienfaitrice pour se livrer au comte d'Argenson, et conspirer avec lui contre elle.

---

1. Élisabeth-Charlotte Huguet de Sémonville, veuve du comte d'Estrades, tué à la bataille de Dettingen, le 19 juillet 1743, fils de Charlotte Lenormand, sœur de Lenormand d'Étioles et de Lenormand de Tournehem. Mme d'Estrades se remaria à Séguier, comte de Saint-Brisson.

Il est difficile de concevoir qu'une aussi vilaine femme, dans tous les sens, eût, malgré la laideur de son âme et de sa figure, séduit un homme du caractère, de l'esprit et de l'âge de M. d'Argenson; mais elle avoit à ses yeux le mérite de lui sacrifier une personne à qui elle devoit tout, et d'être, pour l'amour de lui, la plus ingrate des créatures.

Cependant, Quesnay, sans s'émouvoir de ces passions ennemies, étoit, d'un côté, l'incorruptible serviteur de Mme de Pompadour, et, de l'autre, le fidèle obligé de Mme d'Estrades, laquelle répondoit de lui à M. d'Argenson; et quoique, sans mystère, il allât les voir quelquefois, Mme de Pompadour n'en avoit aucune inquiétude. De leur côté, ils avoient en lui autant de confiance que s'il n'avoit tenu par aucun lien à Mme de Pompadour.

Or, voici ce qu'après l'exil de M. d'Argenson me raconta Dubois, qui avoit été son secrétaire. C'est lui-même qui va parler; son récit m'est présent, et vous pouvez croire l'entendre.

« Pour supplanter Mme de Pompadour, me dit-il, M. d'Argenson et Mme d'Estrades avoient fait inspirer au roi le désir d'avoir les faveurs de la jeune et belle Mme de Choiseul, femme du menin [1].

---

[1]. François-Martial, comte de Choiseul-Beaupré, cousin ger-

L'intrigue avoit fait des progrès ; elle en étoit au dénouement. Le rendez-vous étoit donné ; la jeune dame y étoit allée ; elle y étoit dans le moment même où M. d'Argenson, Mme d'Estrades, Quesnay et moi, nous étions ensemble dans le cabinet du ministre ; nous deux témoins muets, mais M. d'Argenson et Mme d'Estrades très occupés, très inquiets de ce qui se seroit passé. Après une assez longue attente, arrive Mme de Choiseul, échevelée et dans le désordre, qui étoit la marque de son triomphe. Mme d'Estrades court au-devant d'elle, les bras ouverts, et lui demande si c'en est fait. « Oui, c'en est fait, répondit-elle, je suis ai-
« mée ; il est heureux ; elle va être renvoyée ; il m'en
« a donné sa parole. » A ces mots, ce fut un grand éclat de joie dans le cabinet. Quesnay lui seul ne fut point ému. « Docteur, lui dit M. d'Argenson,
« rien ne change pour vous, et nous espérons bien
« que vous nous resterez. — Moi ! Monsieur le
« comte, répondit froidement Quesnay en se levant ;
« j'ai été attaché à Mme de Pompadour dans sa

---

main de M. de Stainville (plus tard premier ministre), marié le 27 avril 1751 à Charlotte-Rosalie de Romanet, nièce de Mme d'Estrades. A l'occasion de ce mariage, Choiseul-Beaupré fut honoré du titre de menin honoraire du Dauphin et sa femme de dame surnuméraire de Mesdames. Elle mourut à vingt ans, le 2 juin 1753. Choiseul-Beaupré épousa, au mois d'avril 1756, Mlle Thiroux de Mauregard, sœur de Mme de Pracomtal.

« prospérité, je le serai dans sa disgrâce » ; et il s'en alla sur-le-champ. Nous restâmes pétrifiés ; mais on ne prit de lui aucune méfiance. « Je le connois, dit « Mme d'Estrades ; il n'est pas homme à nous trahir. » Et en effet ce ne fut point par lui que le secret fut découvert, et que la marquise de Pompadour fut délivrée de sa rivale. » Voilà le récit de Dubois.

Tandis que les orages se formoient et se dissipoient au-dessus de l'entresol de Quesnay, il griffonnoit ses axiomes et ses calculs d'économie rustique, aussi tranquille, aussi indifférent à ces mouvemens de la cour que s'il en eût été à cent lieues de distance. Là-bas on délibéroit de la paix, de la guerre, du choix des généraux, du renvoi des ministres ; et nous, dans l'entresol, nous raisonnions d'agriculture, nous calculions le produit net, ou quelquefois nous dînions gaiement avec Diderot, d'Alembert, Duclos, Helvétius, Turgot, Buffon ; et Mme de Pompadour, ne pouvant pas engager cette troupe de philosophes à descendre dans son salon, venoit elle-même les voir à table et causer avec eux.

L'autre liaison dont j'ai parlé m'étoit infiniment plus chère. Mme de Marchais[1] n'étoit pas seule-

---

1. Élisabeth-Josèphe de Laborde, née en 1731, mariée en 1747 à Gérard Binet, baron de Marchais, gouverneur du

ment, à mon gré, la plus spirituelle et la plus aimable des femmes, mais la meilleure et la plus essentielle des amies, la plus active, la plus constante, la plus vivement occupée de tout ce qui m'intéressoit. Imaginez-vous tous les charmes du caractère, de l'esprit, du langage, réunis au plus haut degré, et même ceux de la figure, quoiqu'elle ne fût pas jolie; surtout, dans ses manières, une grâce pleine d'attraits : telle étoit cette jeune fée. Son âme, active au delà de toute expression, donnoit aux traits de sa physionomie une mobilité éblouissante et ravissante. Aucun de ses traits n'étoit celui que le pinceau auroit choisi; mais tous ensemble avoient un agrément que le pinceau n'auroit pu rendre. Sa taille, dans sa petitesse, étoit, comme on dit, faite au tour, et son maintien communiquoit à toute sa personne un caractère de noblesse imposant. Ajoutez à cela une culture exquise, variée, étendue, depuis la plus légère et brillante littérature jusqu'aux plus hautes conceptions du génie; une netteté dans les idées, une finesse, une justesse, une rapidité, dont on étoit surpris; une facilité, un choix d'expressions toujours heureuses, coulant de source et aussi vite que la

---

Louvre, maîtresse de Ch.-Claude de Flahaut de La Billarderie, comte d'Angiviller, qu'elle épousa en 1781, morte à Versailles le 14 mars 1808. D'Angiviller s'éteignit, dit-on, dans un couvent d'Allemagne, en 1810.

pensée; ajoutez une âme excellente, d'une bonté intarissable, d'une obligeance qui, la même à toute heure, ne se lassoit jamais d'agir, et toujours d'un air si facile, si prévenant et si flatteur, qu'on eût été tenté d'y soupçonner de l'art, si l'art jamais avoit pu se donner cette égalité continue et inaltérable qui fut toujours la marque distinctive du naturel, et le seul de ses caractères que l'art ne sauroit imiter.

Sa société étoit composée de tout ce que la cour avoit de plus aimable, et de ce qu'il y avoit parmi les gens de lettres de plus estimable du côté des mœurs, de plus distingué du côté des talens. Avec les gens de cour, elle étoit un modèle de la politesse la plus délicate et la plus noble; les jeunes femmes venoient chez elle en étudier l'air et le ton. Avec les gens de lettres, elle étoit au pair des plus ingénieux et au niveau des plus instruits. Personne ne causoit avec plus d'aisance, de précision et de méthode. Son silence étoit animé par le feu d'un regard spirituellement attentif; elle devinoit la pensée, et ses répliques étoient des flèches qui jamais ne manquoient le but. Mais la variété de sa conversation en étoit surtout le prodige; le goût des convenances, l'à-propos, la mesure; le mot propre à la chose, au moment et à la personne; les différences, les nuances les plus fines dans l'expression, et à tous, et distinctement à chacun, ce qu'il y avoit de mieux à dire : telle étoit la manière dont cette femme unique savoit animer, embellir et comme enchanter sa maison.

Grande musicienne, avec le goût du chant et une jolie voix, elle avoit été du petit spectacle de Mme de Pompadour; et, lorsque cet amusement avoit cessé, elle étoit restée son amie. Elle avoit soin, plus que moi-même, de cultiver ses bontés pour moi, et ne manquoit aucune occasion de me bien servir auprès d'elle.

Son jeune ami, M. d'Angiviller, étoit d'autant plus intéressant qu'avec tout ce qui rend aimable et tout ce qui peut rendre heureux, une belle figure, un esprit cultivé, le goût des lettres et des arts, une âme élevée, un cœur pur, l'estime du roi, la confiance et la faveur intime de M. le Dauphin, et, à la cour, une renommée et une considération rarement acquises à son âge, il ne laissoit pas d'être ou de paroître, au moins intérieurement, malheureux. Inséparable de Mme de Marchais, mais triste, interdit devant elle, d'autant plus sérieux qu'elle étoit plus riante, timide et tremblant à sa voix, lui dont le caractère avoit de la fierté, de la force et de l'énergie, troublé lorsqu'elle lui parloit, la regardant d'un air souffrant, lui répondant d'une voix foible, mal assurée et presque éteinte, et, au contraire, en son absence, déployant sa belle physionomie, causant bien et avec chaleur;

et se livrant, avec toute la liberté de son esprit et de son âme, à l'enjouement de la société, rien ne ressembloit plus à la situation d'un amant traité avec rigueur et dominé avec empire. Cependant ils passoient leur vie ensemble dans l'union la plus intime, et, bien évidemment, il étoit l'homme auquel nul autre n'étoit préféré. Si ce personnage d'amant malheureux n'eût duré que peu de temps, on l'auroit cru joué; mais plus de quinze ans de suite il a été le même; il l'a été depuis la mort de M. de Marchais comme de son vivant, et jusqu'au moment où sa veuve a épousé M. d'Angiviller. Alors la scène a changé de face; toute l'autorité a passé à l'époux; et ce n'a plus été, du côté de l'épouse, que déférence et complaisance, avec l'air soumis du respect. Je n'ai rien observé en ma vie de si singulier dans les mœurs que cette mutation volontaire et subite, qui fut depuis pour l'un et l'autre un sort également heureux.

Leurs sentimens pour moi furent toujours parfaitement d'accord; ils sont encore les mêmes. Les miens pour eux ne varieront jamais.

Parmi mes délassemens, je n'ai pas compté le spectacle, dont j'avois cependant toute facilité de jouir au théâtre de la cour; mais j'y allois rarement, et je n'en parle ici que pour marquer l'époque d'une révolution intéressante dans l'art de la déclamation.

Il y avoit longtemps que, sur la manière de déclamer les vers tragiques, j'étois en dispute réglée avec Mlle Clairon. Je trouvois dans son jeu trop d'éclat, trop de fougue, pas assez de souplesse et de variété, et surtout une force qui, n'étant pas modérée, tenoit plus de l'emportement que de la sensibilité. C'est ce qu'avec ménagement je tâchois de lui faire entendre. « Vous avez, lui disois-je, tous les moyens d'exceller dans votre art; et, toute grande actrice que vous êtes, il vous seroit facile encore de vous élever au-dessus de vous-même en les ménageant davantage, ces moyens que vous prodiguez. Vous m'opposez vos succès éclatans et ceux que vous m'avez valus; vous m'opposez l'opinion et les suffrages de vos amis; vous m'opposez l'autorité de M. de Voltaire, qui lui-même récite ses vers avec emphase, et qui prétend que les vers tragiques veulent, dans la déclamation, la même pompe que dans le style; et moi, je n'ai à vous opposer qu'un sentiment irrésistible, qui me dit que la déclamation, comme le style, peut être noble, majestueuse, tragique avec simplicité; que l'expression, pour être vive et profondément pénétrante, veut des gradations, des nuances, des traits imprévus et soudains, qu'elle ne peut avoir lorsqu'elle est tendue et forcée. » Elle me disoit quelquefois, avec impatience, que je ne la laisserois pas tranquille qu'elle n'eût pris le ton familier et comique dans la tragédie. « Eh ! non, Mademoiselle, lui disois-je, vous ne l'aurez jamais, la nature vous l'a défendu ; vous ne l'avez pas même au moment où vous me parlez ; le son de votre voix, l'air de votre visage, votre prononciation, votre geste, vos attitudes, sont naturellement nobles. Osez seulement vous fier à ce beau naturel ; j'ose vous garantir que vous en serez plus tragique. »

D'autres conseils que les miens prévalurent ; et, las de me rendre inutilement importun, j'avois cédé, lorsque je vis l'actrice revenir tout à coup d'elle-même à mon sentiment. Elle venoit jouer Roxane au petit théâtre de Versailles. J'allai la voir à sa toilette, et, pour la première fois, je la trouvai habillée en sultane, sans panier, les bras demi-nus, et dans la vérité du costume oriental ; je lui en fis mon compliment. « Vous allez, me dit-elle, être content de moi. Je viens de faire un voyage à Bordeaux ; je n'y ai trouvé qu'une très petite salle ; il a fallu m'en accommoder. Il m'est venu dans la pensée d'y réduire mon jeu, et d'y faire l'essai de cette déclamation simple que vous m'avez tant demandée. Elle y a eu le plus grand succès. Je vais en essayer encore ici sur ce petit théâtre. Allez m'entendre. Si elle y réussit de même, adieu l'ancienne déclamation. »

L'événement passa son attente et la mienne. Ce

ne fut plus l'actrice, ce fut Roxane elle-même que l'on crut voir et entendre. L'étonnement, l'illusion, le ravissement fut extrême. On se demandoit : « Où sommes-nous ? » On n'avoit rien entendu de pareil. Je la revis après le spectacle, je voulus lui parler du succès qu'elle venoit d'avoir. « Et ne voyez-vous pas, me dit-elle, qu'il me ruine ? Il faut dans tous mes rôles que le costume soit observé : la vérité de la déclamation tient à celle du vêtement; toute ma riche garde-robe de théâtre est dès ce moment réformée; j'y perds pour dix mille écus d'habits; mais le sacrifice en est fait : vous me verrez ici dans huit jours jouer Électre au naturel, comme je viens de jouer Roxane. »

C'étoit l'*Électre* de Crébillon. Au lieu du panier ridicule et de l'ample robe de deuil qu'on lui avoit vus dans ce rôle, elle y parut en simple habit d'esclave, échevelée, et les bras chargés de longues chaînes. Elle y fut admirable; et, quelque temps après, elle fut plus sublime encore dans l'*Électre* de Voltaire. Ce rôle, que Voltaire lui avoit fait déclamer avec une lamentation continuelle et monotone, parlé plus naturellement, acquit une beauté inconnue à lui-même, puisqu'en le lui entendant jouer sur son théâtre de Ferney, où elle l'alla voir, il s'écria, baigné de larmes et transporté d'admiration : « Ce n'est pas moi qui ai fait cela, c'est elle; elle a créé son rôle. » Et, en effet, par les nuances infinies qu'elle y avoit mises, par l'expression qu'elle donnoit aux passions dont ce rôle est rempli, c'étoit peut-être celui de tous où elle étoit le plus étonnante.

Paris, comme Versailles, reconnut dans ces changemens le véritable accent tragique et le nouveau degré de vraisemblance que donnoit à l'action théâtrale le costume bien observé. Ainsi, dès lors, tous les acteurs furent forcés d'abandonner ces tonnelets, ces gants à franges, ces perruques volumineuses, ces chapeaux à plumets, et tout cet attirail fantasque qui, depuis si longtemps, choquoit la vue des gens de goût. Le Kain lui-même suivit l'exemple de Mlle Clairon, et dès ce moment-là leurs talens perfectionnés furent en émulation et dignes rivaux l'un de l'autre.

L'on conçoit aisément qu'un mélange d'occupations paisibles et d'amusemens variés m'auroit plus que dédommagé des plaisirs de Paris ; mais, pour surcroît d'agrément, j'avois encore la liberté d'y aller, quand je voulois, passer le temps que me laissoit le devoir de ma place. M. de Marigny lui-même, à la sollicitation de mes anciennes connoissances, m'invitoit à les aller voir.

Je ne laissai pas de remarquer dans sa conduite à mon égard une particularité dont peut-être la fierté d'un autre ne se fût point accommodée, mais dont un peu de philosophie me faisoit sentir la raison. Hors de chez lui, c'étoit l'homme du monde qui se plaisoit le plus à vivre en société avec moi. A dîner, à souper, chez nos amis communs, il jouissoit plus que moi-même de l'estime et de l'amitié que l'on me témoignoit ; il en étoit flatté, il en étoit reconnoissant. Ce fut par lui que je fus mené chez Mme Geoffrin ; et, pour l'amour de lui, je fus admis chez elle au dîner des artistes comme à celui des gens de lettres ; enfin, dès que je cessai d'être secrétaire des bâtimens, comme on le verra dans la suite, personne ne me témoigna plus d'empressement à m'avoir et pour convive et pour ami. Eh bien ! tant que j'occupai sous ses ordres cette place de secrétaire, il ne se permit pas une seule fois de m'inviter à dîner chez lui. Les ministres ne mangeoient point avec leurs commis ; il avoit pris leur étiquette ; et, s'il eût fait une exception en ma faveur, tous ses bureaux en auroient été jaloux et mécontens. Il ne s'en expliqua jamais avec moi ; mais on vient de voir qu'il avoit la bonté de me le faire assez entendre.

Les années que je passois à Versailles étoient celles où l'esprit philosophique avoit le plus d'activité. D'Alembert et Diderot en avoient arboré l'enseigne dans l'immense atelier de l'*Encyclopédie*, et tout ce qu'il y avoit de plus distingué parmi les gens de lettres s'y étoit rallié autour d'eux. Voltaire, de retour de Berlin, d'où il avoit fait chasser le malheureux d'Arnaud, et où il n'avoit pu tenir lui-même, s'étoit retiré à Genève, et de là il souffloit cet esprit de liberté, d'innovation, d'indépendance, qui a fait depuis tant de progrès. Dans son dépit contre le roi, il avoit fait des imprudences; mais on en fit une bien plus grande, lorsqu'il voulut rentrer dans sa patrie, de l'obliger à se tenir dans un pays de liberté. La réponse du roi : « Qu'il reste où il est », ne fut pas assez réfléchie. Ses attaques n'étoient pas de celles qu'on arrête aux frontières. Versailles, où il auroit été moins hardi qu'en Suisse et qu'à Genève, étoit l'exil qu'il falloit lui donner. Les prêtres auroient dû lui faire ouvrir cette magnifique prison, la même que le cardinal de Richelieu avoit donnée à la haute noblesse.

En réclamant son titre de gentilhomme ordinaire de la chambre du roi, il tendoit lui-même le bout de chaîne avec lequel on l'auroit attaché si on avoit voulu. Je dois ce témoignage à Mme de Pompadour que c'étoit malgré elle qu'il étoit exilé. Elle s'intéressoit à lui, elle m'en demandoit quelquefois des nouvelles; et, lorsque je lui répondois qu'il ne tenoit qu'à elle d'en savoir de plus près : « Eh! non, il ne tient pas à moi », disoit-elle avec un soupir.

C'étoit donc de Genève que Voltaire animoit les coopérateurs de l'*Encyclopédie*. J'étois du nombre; et mon plus grand plaisir, toutes les fois que j'allois à Paris, étoit de me trouver réuni avec eux. D'Alembert et Diderot étoient contens de mon travail, et nos relations serroient de plus en plus les nœuds d'une amitié qui a duré autant que leur vie; plus intime, plus tendre, plus assidûment cultivée avec d'Alembert, mais non moins vraie, non moins inaltérable avec ce bon Diderot, que j'étois toujours si content de voir et si charmé d'entendre.

Je sentis enfin, je l'avoue, que la distance de Paris à Versailles mettoit de trop longs intervalles aux momens de bonheur que me faisoit goûter la société des gens de lettres. Ceux d'entre eux que j'aimois, que j'honorois le plus, avoient la bonté de me dire que nous étions faits pour vivre ensemble, et ils me présentoient l'Académie françoise comme une perspective qui devoit attirer et fixer mes regards. Je sentois donc de temps en temps se réveiller en moi le désir de rentrer dans la carrière littéraire; mais, avant tout, je voulois me donner une existence libre et sûre, et Mme de Pompadour et son frère auroient été bien aises de me la procurer. En voici la preuve sensible.

En 1757, après l'attentat commis sur la personne du roi, et ce grand mouvement du ministère où M. d'Argenson et M. de Machault furent renvoyés le même jour, M. Rouillé ayant obtenu la surintendance des postes, dont le secrétariat étoit un bénéfice simple de deux mille écus d'appointemens, possédé par le vieux Moncrif, il me vint dans la tête d'en demander la survivance, persuadé que M. Rouillé, dans sa nouvelle place, ne refuseroit pas à Mme de Pompadour la première chose qu'elle lui auroit demandée. Je la fis donc prier par le docteur Quesnay de m'accorder une audience. Je fus remis au lendemain au soir, et toute la nuit je rêvai à ce que j'avois à lui dire. Ma tête s'alluma, et, perdant mon objet de vue, me voilà occupé des malheurs de l'État, et résolu à profiter de l'audience qu'on me donnoit pour faire entendre des vérités utiles. Les heures de mon sommeil furent employées à méditer ma harangue, et ma matinée à l'écrire, afin de l'avoir plus présente à l'esprit. Le soir, je me rendis chez Quesnay, à l'heure marquée, et je fis dire que j'étois là. Quesnay, occupé à tracer le *zigzag* du *produit net*, ne me demanda pas même ce que j'allois faire chez Mme de Pompadour. Elle me fait appeler ; je descends, et, introduit dans son cabinet : « Madame, lui dis-je, M. Rouillé vient d'obtenir la surintendance des postes ; la place de secrétaire de la poste aux lettres dépend de lui. Moncrif, qui l'occupe, est bien vieux ! Seroit-ce abuser de vos bontés que de vous supplier d'en obtenir pour moi la survivance ? Rien ne me convient mieux que cette place, et pour la vie j'y borne mon ambition. » Elle me répondit qu'elle l'avoit promise à d'Arboulin (l'un de ses familiers[1]), mais qu'elle l'y feroit renoncer si elle pouvoit l'obtenir pour moi.

Après lui avoir rendu grâce : « Je vais, Madame, vous étonner, lui dis-je ; le bienfait que je vous demande n'est pas ce qui m'occupe et ce qui m'intéresse le plus dans ce moment : c'est la situation du royaume ; c'est le trouble où le plonge cette querelle interminable des parlemens et du clergé, dans laquelle je vois l'autorité royale comme un vaisseau battu par la tempête entre deux écueils, et, dans le conseil, pas un homme capable de le gouverner. » A ce tableau amplifié j'ajoutai celui d'une guerre qui appeloit au dehors, et sur terre et sur mer, toutes les forces de l'État, et qui rendroit si nécessaires au dedans le calme, la concorde, l'union des esprits et le concours des volontés. Après quoi je repris : « Tant que MM. d'Argenson et de Machault ont été en place, on a pu attribuer à leur division et à leur mésintelligence les dissensions intestines dont le royaume est tourmenté, et tous les actes de ri-

---

1. Jean-Potentien d'Arboulin, administrateur général des postes de 1759 à 1777, secrétaire du cabinet du roi en 1769, mort le 25 décembre 1784. Il était oncle des deux Bougainville. Les Mémoires de Mme du Hausset et de Dufort de Cheverny renferment quelques particularités sur ce personnage, que Mme de Pompadour appelait familièrement *Boubou*.

gueur qui, loin de les calmer, les ont envenimées; mais à présent que les ministres sont renvoyés, et que les hommes qui les remplacent n'ont aucun ascendant ni aucune influence, songez, Madame, que c'est sur vous qu'on a les yeux, et que c'est à vous désormais que s'adresseront les reproches, les plaintes, si le mal continue, ou les bénédictions publiques, si vous y apportez remède et si vous le faites cesser. Au nom de votre gloire et de votre repos, Madame, hâtez-vous de produire cet heureux changement. N'attendez pas que la nécessité le commande, ou qu'un autre que vous l'opère; vous en perdriez le mérite, et l'on vous accuseroit seule du mal que vous n'auriez pas fait. Toutes les personnes qui vous sont attachées ont les mêmes inquiétudes, et forment les mêmes vœux que moi. »

Elle me répondit qu'elle avoit du courage, et qu'elle vouloit que ses amis en eussent pour elle et comme elle; qu'au reste elle me savoit gré du zèle que je lui témoignois; mais que je fusse plus tranquille, et qu'on travailloit dans ce moment à tout pacifier. Elle ajouta qu'elle parleroit ce jour-là même à M. Rouillé, et me dit de venir la voir le lendemain matin.

« Je n'ai rien de bon à vous apprendre, me dit-elle en me revoyant; la survivance de Moncrif est donnée. C'est la première chose que le nouveau surintendant des postes a demandée au roi, et il l'a obtenue en faveur de Gaudin, son ancien secrétaire. Voyez s'il y a quelque autre chose que je puisse faire pour vous. »

Il n'étoit pas facile de trouver une place qui me convînt autant que celle-là. Je crus pourtant, peu de temps après, être sûr d'en obtenir une qui me plaisoit davantage, parce que j'en serois créateur, et que j'y laisserois des traces honorables de mes travaux. Ceci m'engage à faire connoître un personnage qui a brillé comme un météore, et dont l'éclat, quoique bien affoibli, n'est pas encore éteint. Si je ne parlois que de moi, tout seroit bientôt dit ; mais, comme l'histoire de ma vie est une promenade que je fais faire à mes enfans, il faut bien qu'ils remarquent les passans avec qui j'ai eu des rapports dans le monde.

L'abbé de Bernis, échappé du séminaire de Saint-Sulpice, où il avoit mal réussi, étoit un poète galant, bien joufflu, bien frais, bien poupin, et qui, avec le gentil Bernard, amusoit de ses jolis vers les joyeux soupers de Paris. Voltaire l'appeloit la bouquetière du Parnasse, et dans le monde, plus familièrement, on l'appeloit *Babet*, du nom d'une jolie bouquetière de ce temps-là. C'est de là, sans autre mérite, qu'il est parti pour être cardinal et ambassadeur de France à la cour de Rome. Il avoit inutilement sollicité, auprès de l'ancien évêque de Mirepoix (Boyer), une pension sur quelque abbaye. Cet évêque, qui faisoit peu de cas des poésies galantes, et qui savoit la vie que menoit cet abbé, lui avoit durement déclaré que, tant que lui (Boyer) seroit en place, il n'avoit rien à espérer; à quoi l'abbé avoit répondu : *Monseigneur, j'attendrai,* mot qui courut dans le monde et fit fortune [1]. La sienne consistoit alors en un canonicat de Brioude [2], qui ne lui valoit rien, attendu son absence, et en un petit bénéfice simple à Boulogne-sur-Mer, qu'il avoit eu je ne sais comment.

Il en étoit là lorsqu'on apprit qu'aux rendez-vous de chasse de la forêt de Senart la belle Mme d'Étioles avoit été l'objet des attentions du roi. Aussitôt l'abbé sollicite la permission d'aller faire sa cour à la jeune dame, et la comtesse d'Estrade, dont il étoit connu, obtient pour lui cette faveur. Il arrive à Étioles par le coche d'eau,

---

1. Suivant Bernis lui-même (*Mémoires inédits,* publiés par M. Frédéric Masson, Plon, 1878, 2 vol. in-8), le mot fut dit en 1741 au cardinal de Fleury, qui le trouva plaisant et qui le répéta.

2. Bernis était chanoine du chapitre de Brioude depuis 1739. Quant au bénéfice simple que Marmontel place à Boulogne-sur-Mer, il y a certainement confusion avec celui que Bernis obtint en 1749 en Bretagne, dit-il, sans le désigner autrement. Il fut de plus pourvu, en 1755, de l'abbaye de Saint-Arnould de Metz.

son petit paquet sous le bras. On lui fait réciter ses vers ; il amuse, il met tous ses soins à se rendre agréable ; et, avec cette superficie d'esprit et ce vernis de poésie qui étoit son unique talent, il réussit au point qu'en l'absence du roi il est admis dans le secret des lettres que s'écrivent les deux amans. Rien n'alloit mieux à la tournure de son esprit et de son style que cette espèce de ministère. Aussi, dès que la nouvelle maîtresse fut installée à la cour, l'un des premiers effets de sa faveur fut-il de lui obtenir une pension de cent louis sur la cassette et un logement aux Tuileries qu'elle fit meubler à ses frais[1]. Je le vis dans ce logement, sous le toit du palais, le plus content des hommes, avec sa pension et son meuble de brocatelle. Comme il étoit bon gentilhomme, sa protectrice lui conseilla de passer du chapitre de Brioude à celui de Lyon[2] ; et, pour celui-ci, elle obtint, en faveur du nouveau chanoine, une décoration nouvelle[3]. En même temps il fut l'amant

---

1. Selon M. Masson, Bernis occupa au Louvre, de 1746 à 1751, un logement dont l'emplacement n'est pas déterminé, et reçut, en février 1757, celui du comte d'Argenson.

2. Il fallait, pour être admis dans ce chapitre, faire la preuve de seize quartiers de noblesse d'épée. La promotion de Bernis est relatée dans la *Gazette de France* du 19 avril 1748.

3. Les insignes des comtes de Lyon consistaient en une

en titre et déclaré de la belle princesse de Rohan [1], ce qui le mit dans le grand monde sur le ton d'homme de qualité, et tout à coup il fut nommé à l'ambassade de Venise [2]. Là, il reçut honorablement les neveux du pape Ganganelli, et par là il se procura la faveur de la cour de Rome. Rappelé de Venise pour être des conseils du roi, il conclut avec le comte de Starhemberg [3] le traité de Versailles; en récompense, il obtint la place de ministre des affaires étrangères que lui céda M. Rouillé [4], et peu de temps après le chapeau de cardinal à la nomination de la cour de Vienne [5].

Au retour de son ambassade je le vis, et il me traita comme avant ses prospérités, cependant avec une teinte de dignité qui sentoit un peu l'Excellence, et rien n'étoit plus naturel. Après

---

croix à huit pointes émaillées de blanc et bordées d'or, suspendue à un cordon rouge liséré de bleu.

1. Marie-Sophie de Courcillon de Dangeau, née le 6 août 1713, morte le 4 avril 1756, mariée en premières noces (1729) à François d'Albert d'Ailly, duc de Pecquigny, et en 1732 à Hercule-Mériadec de Rohan, duc de Rohan-Rohan, prince de Soubise et de Maubuisson (1669-1746). M. Masson, à qui j'emprunte cette note, ajoute que l'on conserve dans la famille de Bernis, au château de Salgas (Lozère), un beau portrait de la duchesse de Rohan peint par Nattier.
2. Le 31 octobre 1751.
3. Le 1ᵉʳ mai 1756.
4. Le 29 juin 1757.
5. Le 2 octobre 1758.

qu'il eut signé le traité de Versailles, je lui en fis compliment, et il me témoigna que je l'obligerois si, dans une épître adressée au roi, je célébrois les avantages de cette grande et heureuse alliance. Je répondis qu'il me seroit plus facile et plus doux de lui adresser la parole à lui-même. Il ne me dissimula point qu'il en seroit flatté. Je fis donc cette épître ; il en fut content, et son amie Mme de Pompadour en fut ravie ; elle voulut que cette pièce fût imprimée et présentée au roi[1], ce qui ne déplut point à l'abbé négociateur (je passe sous silence les ambassades d'Espagne et de Vienne, auxquelles il fut nommé, et où il n'alla point, ayant mieux à faire à Versailles). Bientôt après il eut besoin, dans une occasion pressante, d'un homme sûr, discret et diligent, qui écrivît d'un bon style, et il me fit l'honneur d'avoir recours à moi : voici dans quelles circonstances.

Le roi de Prusse, en entrant dans la Saxe avec une armée de soixante mille hommes, avoit publié

---

1. *Épître à Son Excellence M. l'abbé comte de Bernis, ambassadeur auprès de Leurs Majestés Impériales, sur la conduite respective de la France et de l'Angleterre,* par M. Marmontel. Paris, Cl. Hérissant, 1756, in-8°, 1 f. et 18 p.

« Il y a beaucoup de beaux vers dans cet ouvrage, écrit le duc de Luynes (17 septembre 1756). La conduite des Anglois y est bien dépeinte. On a remarqué que l'auteur auroit pu parler de M. de La Galissonnière. »

un manifeste [1] auquel la cour de Vienne avoit répondu. Cette réponse, traduite en un françois tudesque, avoit été envoyée à Fontainebleau, où étoit la cour. Elle y devoit être présentée au roi le dimanche suivant, et le comte de Starhemberg en avoit cinq cents exemplaires à distribuer ce jour-là. Ce fut le mercredi au soir que le comte abbé de Bernis me fit prier de l'aller voir. Il étoit enfermé avec le comte de Starhemberg. Ils me marquèrent tous les deux combien ils étoient affligés d'avoir à publier un manifeste si mal écrit dans notre langue, et me dirent que je ferois une chose très agréable pour les deux cours de Versailles et de Vienne si je voulois le corriger et le faire imprimer à la hâte, pour être présenté et publié dans quatre jours. Nous le lûmes ensemble, et, indépendamment des germanismes dont il étoit rempli, je pris la liberté de leur faire observer

---

[1]. Le texte de ce manifeste avait été rédigé par le comte de Hertzberg, ministre d'État de Frédéric II. Il a été réimprimé dans le tome Ier du *Recueil des déductions, manifestes, déclarations, traités et autres actes et écrits publics qui ont été rédigés et publiés pour la cour de Prusse*, par ce même ministre (Berlin, 1790, 3 vol. in-8). Il y porte le titre suivant : *Mémoire raisonné sur la conduite des cours de Vienne et de Saxe et sur leurs desseins dangereux contre Sa Majesté le roi de Prusse, avec les pièces originales et justificatives qui en fournissoient les preuves* (Berlin, 1756). Selon une note de l'éditeur, Frédéric aurait ajouté de sa main sur le titre le mot *raisonné*.

nombre de raisons mal déduites ou obscurément présentées. Ils me donnèrent carte blanche pour toutes ces corrections, et, après avoir pris rendez-vous pour le lendemain à la même heure, j'allai me mettre à l'ouvrage. En même temps, l'abbé de Bernis écrivit à M. de Marigny pour le prier de me céder à lui tout le reste de la semaine, ayant besoin de moi pour un travail pressant dont je voulois bien me charger.

J'employai presque la nuit entière et le jour suivant à retoucher et à faire transcrire cet ample manifeste, et, à l'heure du rendez-vous, je le leur rapportai, sinon élégamment, au moins plus décemment écrit. Ils louèrent avec excès mon travail et ma diligence. « Mais ce n'est pas tout, me dit l'abbé, il faut que dimanche matin ce mémoire imprimé soit ici dans nos mains à l'heure du lever du roi, et c'est par là, mon cher Marmontel, qu'il faut que vous couronniez l'œuvre. — Monsieur le comte, lui répondis-je, dans demi-heure je vais être prêt à partir. Ordonnez qu'une chaise de poste vienne me prendre, et, de votre main, écrivez deux mots au lieutenant de police, afin que la censure ne retarde pas l'impression; je vous promets d'être ici dimanche à votre réveil. » Je lui tins parole; mais j'arrivai excédé de fatigues et de veilles. Quelques jours après il me demanda la note des frais de mon voyage et ceux de l'impression. Je la lui donnai très exacte, article par article, et il m'en remboursa le montant au plus juste. Depuis, il n'en fut plus parlé[1].

Cependant il ne cessoit de me répéter que, pour lui, l'un des avantages de la faveur dont il jouissoit seroit de pouvoir m'être utile. Lors donc qu'il fut secrétaire d'État des affaires étrangères, je crus que, si, dans son département, il y avoit moyen de m'employer utilement pour la chose publique, pour lui-même et pour moi, je l'y trouverois disposé. Ce fut sur ces trois bases que j'établis mon projet et mon espérance.

Je savois que, dans ce temps-là, le dépôt des affaires étrangères étoit un chaos que les plus anciens commis avoient bien de la peine à débrouiller. Ainsi, pour un nouveau ministre, quel qu'il fût, sa place étoit une longue école. En parlant de Bernis lui-même, j'avois entendu dire à Bussy, l'un de ces vieux commis : « Voilà le onzième écolier qu'on nous donne à l'abbé de La Ville et à moi »; et cet écolier étoit le maître que M. le Dauphin avoit pris pour lui enseigner la politique;

---

1. Malgré les plus diligentes recherches, il n'a pas été possible de retrouver le titre exact de ce mémorandum qui manque aux archives des Affaires étrangères et dont aucun autre contemporain n'a parlé. Il n'est pas trace non plus de la date d'impression dans les papiers de la Direction de la librairie, appartenant aujourd'hui à la Bibliothèque nationale.

choix bien étrange dans un prince qui sembloit vouloir être solidement instruit!

J'aurois donc bien servi et le ministre, et le Dauphin, et le roi, et l'État lui-même, si dans ce chaos du passé j'avois établi l'ordre et jeté la lumière. Ce fut ce que je proposai dans un mémoire précis et clair que je présentai à l'abbé de Bernis.

Mon projet consistoit d'abord à démêler et à ranger les objets de négociation suivant leurs relations diverses, à leur place à l'égard des lieux, à leur date à l'égard des temps. Ensuite, d'époque en époque, à commencer d'un temps plus ou moins reculé, je me chargeois d'extraire de tous ces portefeuilles de dépêches et de mémoires ce qu'il y auroit d'intéressant, d'en former successivement un tableau historique assez développé pour y suivre le cours des négociations et y observer l'esprit des différentes cours, le système des cabinets, la politique des conseils, le caractère des ministres, celui des rois et de leurs règnes; en un mot, les ressorts qui, dans tel ou tel temps, avoient remué les puissances. Tous les ans, trois volumes de ce cours de diplomatique auroient été remis dans les mains du ministre; et peut-être, écrits avec soin, auroient-ils été pour le Dauphin lui-même une lecture satisfaisante. Enfin, pour rendre les objets plus présens, un livre de tables figurées auroit fait voir, d'un coup d'œil et sous leur rapport, les négociations respectives et leurs effets simultanés dans les cours et les cabinets de l'Europe. Pour ce travail immense, je ne demandois que deux commis, un logement au dépôt même, et de quoi vivre frugalement chez moi. L'abbé de Bernis parut charmé de mon projet. « Donnez-moi ce mémoire, me dit-il après en avoir entendu la lecture; j'en sens l'utilité et la bonté plus que vous-même. Je veux le présenter au roi. » Je ne doutai pas du succès; je l'attendis; je l'attendis en vain; et lorsque, impatient d'en savoir l'effet, je lui en demandai des nouvelles : « Ah! me dit-il d'un air distrait, en entrant dans sa chaise pour aller au conseil, cela tient à un arrangement général sur lequel il n'y a rien de décidé encore. » Cet arrangement a eu lieu depuis. Le roi a fait construire deux hôtels, l'un pour le dépôt de la guerre, l'autre pour le dépôt de la politique. Mon projet a été exécuté, du moins en partie, et un autre que moi en a recueilli le fruit. *Sic vos non vobis*[1]. Après cette réponse de l'abbé de Bernis, je le vis encore une fois; ce

---

1. Armand Baschet, en citant ce passage (*Histoire du dépôt des archives des Affaires étrangères,* p. 308), a fait observer que, durant son court passage au ministère, Bernis eut à se débattre au milieu des conjonctures les plus graves, et qui suffiraient à excuser l'indifférence dont se plain Marmontel.

fut le jour où, en habit de cardinal, en calotte rouge, en bas rouges, et avec un rochet garni du plus riche point d'Angleterre, il alloit se présenter au roi. Je traversai ses antichambres, entre deux longues haies de gens vêtus à neuf d'écarlate et galonnés d'or. En entrant dans son cabinet, je le trouvai glorieux comme un paon, plus joufflu que jamais, s'admirant dans sa gloire, surtout ne pouvant se lasser de regarder son rochet et ses bas ponceau. « Ne suis-je pas bien mis ? me demanda-t-il. — Fort bien, lui dis-je; l'Éminence vous sied à merveille, et je viens, Monseigneur, vous en faire mon compliment. — Et ma livrée, comment la trouvez-vous ? — Je l'ai prise, lui dis-je, pour la troupe dorée qui venoit vous complimenter. » Ce sont les derniers mots que nous nous soyons dits.

Je me consolai aisément de ne lui rien devoir, non seulement parce que je n'avois vu en lui qu'un fat sous la pourpre, mais parce que bientôt je le vis malhonnête et méconnoissant envers sa créatrice : car rien ne pèse tant que la reconnoissance, lorsqu'on la doit à des ingrats.

Plus heureux que lui, je trouvai dans l'étude et dans le travail la consolation des petites rigueurs que j'essuyois de la fortune; mais, comme je n'ai jamais eu le caractère bien stoïque, je payois moins patiemment à la nature le tribut de douleur qu'elle m'imposoit tous les ans. Avec une santé habituellement bonne et pleine, j'étois sujet à un mal de tête d'une espèce très singulière. Ce mal s'appelle le *clavus*; le siège en est sous le sourcil. C'est le battement d'une artère dont chaque pulsation est un coup de stylet qui semble percer jusqu'à l'âme. Je ne puis exprimer quelle en est la douleur ; et, toute vive et profonde qu'elle est, un seul point en est affecté. Ce point est, au-dessus de l'œil, l'endroit auquel répond le pouls d'une artère intérieure. J'explique tout ceci pour mieux vous faire entendre un phénomène intéressant.

Depuis sept ans, ce mal de tête me revenoit au moins une fois par année, et duroit douze à quinze jours, non pas continuellement, mais par accès, comme une fièvre, et tous les jours à la même heure, avec peu de variation ; il duroit environ six heures, s'annonçant par une tension dans les veines et les fibres voisines, et par des battemens non pas plus pressés, mais plus forts, de l'artère où étoit la douleur. En commençant, le mal étoit presque insensible; il alloit en croissant, et diminuoit de même jusqu'à la fin de l'accès; mais, durant quatre heures au moins, il étoit dans toute sa force. Ce qu'il y a d'étonnant, c'est que, l'accès fini, il ne restoit pas trace de douleur dans cette partie, et que ni le reste du jour, ni la nuit suivante, jusqu'au lendemain à l'heure du nouvel accès, je n'en avois aucun ressentiment. Les médecins que j'avois consultés s'étoient inutilement appliqués à me guérir. Le quinquina, les saignées du pied, les liqueurs émollientes, les fumigations, ni les sternutatoires, rien n'avoit réussi. Quelques-uns même de ces remèdes, comme le quinquina et le muguet, ne faisoient qu'irriter mon mal.

Un médecin de la reine, appelé Malouin, homme assez habile, mais plus Purgon que Purgon lui-même, avoit imaginé de me faire prendre en lavemens des infusions de vulnéraire. Cela ne me fit rien ; mais, au bout de son période accoutumé, le mal avoit cessé. Et voilà Malouin tout glorieux d'une si belle cure. Je ne troublai point son triomphe ; mais lui, saisissant l'occasion de me faire une mercuriale : « Eh bien ! mon ami, me dit-il, croirez-vous désormais à la médecine et au savoir des médecins ? » Je l'assurai que j'y croyois très fort. « Non, reprit-il, vous vous permettez quelquefois d'en parler un peu légèrement ; cela vous fait tort dans le monde. Voyez parmi les gens de lettres et les savans, les plus illustres ont toujours respecté notre art » ; et il me cita de grands hommes. « Voltaire lui-même, ajouta-t-il, lui qui respecte si peu de choses, a toujours parlé avec respect de la médecine et des médecins. — Oui, lui dis-je, docteur, mais un certain Molière! — Aussi, me dit-il en me regardant d'un œil fixe, et en me serrant le poignet, aussi comment est-il mort[1]? »

Pour la septième année enfin, mon mal m'avoit repris, lorsqu'un jour, au fort de l'accès, je vis entrer chez moi Genson, le maréchal des écuries de la Dauphine. Genson, sur les objets relatifs à son art, donnoit à l'*Encyclopédie* des articles très distingués. Il avoit fait une étude particulière de l'anatomie comparée de l'homme et du cheval; et non seulement pour les maladies, mais pour la nourriture et l'éducation des chevaux, personne n'étoit plus instruit; mais, peu exercé dans l'art d'écrire, c'étoit à moi qu'il avoit recours pour retoucher un peu son style. Il vint donc avec ses papiers dans un moment où, depuis trois heures, j'éprouvois mon supplice. « Monsieur Genson, lui dis-je, il m'est impossible de travailler avec

---

1. La réplique est citée en termes presque identiques dans la *Correspondance littéraire* de Grimm (éd. Garnier frères, tome VI, p. 64) et dans un des passages les plus connus des *Mémoires* de Mme d'Épinay, le récit, authentique ou supposé, de son second souper chez Mlle Quinault (1re partie, chap. VIII); là, les interlocuteurs sont Rousseau et un médecin désigné sous ce sobriquet d'*Akakia* que les plaisanteries de Voltaire sur Maupertuis avaient mis à la mode. Que faut-il en conclure? Non pas que le mot de Malouin a été inventé, mais que Marmontel, comme Mme d'Épinay, a cédé au plaisir de conserver une repartie qu'ils n'avaient peut-être entendue ni l'un ni l'autre.

vous aujourd'hui; je souffre trop cruellement. »
Il vit mon œil droit enflammé, et toutes les fibres
de la tempe et de la paupière palpitantes et frémissantes. Il me demanda la cause de mon mal,
je lui dis ce que j'en savois; et, après quelques
détails sur ma complexion, sur ma façon de vivre,
sur ma santé habituelle : « Est-il possible, me dit-
il, qu'on vous ait laissé si longtemps souffrir un
mal dont il étoit si facile de vous guérir? — Eh
quoi! lui dis-je avec étonnement, en sauriez-vous
le remède?—Oui, je le sais, et rien n'est plus simple; dans trois jours vous serez guéri, et dès demain vous serez soulagé.—Comment? lui demandai-je avec une espérance foible et timide encore.
— Quand votre encre est trop épaisse et ne coule
pas, me dit-il, que faites-vous? — J'y mets de
l'eau.—Eh bien! mettez de l'eau dans votre lymphe; elle coulera, et n'engorgera plus les glandes
de la membrane pituitaire, qui gêne actuellement
l'artère dont les pulsations froissent le nerf voisin
et vous causent tant de douleur. — Est-ce bien
là, lui demandai-je, la cause de mon mal? en est-
ce bien là le remède? — Assurément, dit-il. Vous
avez là dans l'os une petite cavité qu'on nomme
le *sinus frontal;* il est doublé d'une membrane qui
est un tissu de petites glandes; cette membrane,
dans son état naturel, est aussi mince qu'une
feuille de chêne. Dans ce moment, elle est épaisse

et engorgée ; il s'agit de la dégager ; et le moyen en est facile et sûr. Dînez sagement aujourd'hui, points de ragoûts, point de vin pur, ni café, ni liqueurs ; et, au lieu de souper ce soir, buvez autant d'eau claire et fraîche que votre estomac en pourra soutenir sans fatigue ; demain matin buvez-en de même ; observez quelques jours ce régime, et je vous prédis que demain l'accès sera foible, qu'après-demain il sera presque insensible, et que le jour suivant ce ne sera plus rien. — Ah ! Monsieur Genson, vous serez un dieu pour moi, lui dis-je, si votre prédiction s'accomplit. » Elle s'accomplit en effet. Genson vint me revoir ; et comme, en l'embrassant, je lui annonçois ma guérison : « Ce n'est pas tout de vous avoir guéri, me dit-il ; à présent il faut vous préserver. Cette partie sera foible encore quelques années ; et, jusqu'à ce que la membrane ait repris son ressort, ce seroit là que la lymphe épaissie déposeroit encore. Il faut prévenir ces dépôts. Vous m'avez dit que le premier symptôme de votre mal est une tension dans les veines et dans les fibres à la tempe et sous le sourcil. Dès que vous sentirez cet embarras, buvez de l'eau et reprenez au moins pour quelques jours votre régime. Le remède de votre mal en sera le préservatif. Au reste, cette précaution ne sera nécessaire que pour quelques années. L'organe une fois raffermi, je ne vous demande plus rien. » Son ordonnance fut exactement observée, et j'en obtins pleinement le succès tel qu'il me l'avoit annoncé.

Cette année où, par la vertu de quelques verres d'eau, je m'étois délivré d'un si grand mal, fut encore magique pour moi, en ce qu'avec quelques paroles je fis, par aventure, un grand bien à un honnête homme, avec qui je n'avois aucune liaison.

La cour étoit à Fontainebleau, et là j'allois assez souvent passer une heure de la soirée avec Quesnay. Un soir que j'étois avec lui, Mme de Pompadour me fit appeler et me dit: « Savez-vous que La Bruère est mort à Rome[1]? Il étoit titulaire du privilège du *Mercure* : ce privilège lui valoit vingt-cinq mille livres de rente; il y a de quoi faire plus d'un heureux; et nous avons dessein d'attacher au nouveau brevet du *Mercure* des pensions pour les gens de lettres. Vous qui les connoissez, nommez-moi ceux qui en auroient besoin, et qui en seroient susceptibles. » Je nommai Crébillon, d'Alembert, Boissy, et encore quelques

---

1. Charles-Antoine Le Clerc de La Bruère, né à Crépy-en-Valois en 1714, mort à Rome en 1754, secrétaire du duc de Nivernais, ambassadeur de France, qui l'avait, en raison de son humeur, surnommé *Malagrazia*, disgracieux. (Lucien Perey, *Un petit-neveu de Mazarin*, C. Lévy, 1890, in-8.)

autres. Pour Crébillon, je savois bien qu'il étoit inutile de le recommander[1] ; pour d'Alembert, voyant qu'elle faisoit un petit signe d'improbation : « C'est, lui dis-je, Madame, un géomètre du premier ordre, un écrivain très distingué, et un très parfait honnête homme. — Oui, me répliqua-t-elle, mais une tête chaude. » Je répondis bien doucement que, sans un peu de chaleur dans la tête, il n'y avoit point de grand talent. « Il s'est passionné, dit-elle, pour la musique italienne, et s'est mis à la tête du parti des bouffons. — Il n'en a pas moins fait la préface de l'*Encyclopédie* », répondis-je encore avec modestie. Elle n'en parla plus ; mais il n'eut point de pension. Je crois qu'un sujet d'exclusion plus grave, ce fut son zèle pour le roi de Prusse, dont il étoit partisan déclaré, et que Mme de Pompadour haïssoit personnellement. Quand ce vint à Boissy, elle me demanda : « Est-ce que Boissy n'est pas riche ? Je le crois au moins à son aise ; je l'ai vu au spectacle, et toujours si bien mis ! — Non, Madame, il est pauvre, mais il cache sa pauvreté. — Il a fait tant de pièces de théâtre ! insista-t-elle encore. — Oui, mais toutes ces pièces n'ont pas eu le même succès ; et cepen-

---

1. A cause de son roman satirique et allégorique : *les Amours de Zéokinizul* (Louis XV), *roi des Kofirans* (François), 1740 ; souvent réimprimé au siècle dernier.

dant il a fallu vivre. Enfin, Madame, vous le dirai-je? Boissy est si peu fortuné que, sans un ami qui a découvert sa situation, il périssoit de misère l'hiver dernier. Manquant de pain, trop fier pour en demander à personne, il s'étoit enfermé avec sa femme et son fils, résolus à mourir ensemble, et allant se tuer l'un dans les bras de l'autre, lorsque cet ami secourable força la porte et les sauva. — Ah! Dieu, s'écria Mme de Pompadour, vous me faites frémir. Je vais le recommander au roi. »

Le lendemain matin, je vois entrer chez moi Boissy, pâle, égaré, hors de lui-même, avec une émotion qui ressembloit à de la joie sur le visage de la douleur. Son premier mouvement fut de tomber à mes pieds. Moi qui crus qu'il se trouvoit mal, je m'empressai de le secourir, et, en le relevant, je lui demandai ce qui pouvoit le mettre dans l'état où je le voyois. « Ah! Monsieur, me dit-il, ne le savez-vous pas? Vous mon généreux bienfaiteur, vous qui m'avez sauvé la vie, vous qui d'un abîme de malheurs me faites passer dans une situation d'aisance et de fortune inespérée! J'étois venu solliciter une pension modique sur le *Mercure,* et M. de Saint-Florentin m'annonce que c'est le privilège, le brevet même du *Mercure* que le roi vient de m'accorder[1]. Il m'apprend que

---

1. Le brevet en faveur de Louis de Boissy, daté du

c'est à Mme de Pompadour que je le dois; je vais lui en rendre grâce; et, chez elle, M. Quesnay me dit que c'est vous qui, en parlant de moi, avez touché Mme de Pompadour, au point qu'elle en avoit les yeux en larmes. »

Ici je voulus l'interrompre en l'embrassant; mais il continua : « Qu'ai-je donc fait, Monsieur, pour mériter de vous un intérêt si tendre? Je ne vous ai vu qu'en passant; à peine me connoissez-vous; et vous avez, en parlant de moi, l'éloquence du sentiment, l'éloquence de l'amitié ! » A ces mots, il vouloit baiser mes mains. « C'en est trop, lui dis-je, Monsieur, il est temps que je modère

---

12 octobre 1754, est transcrit dans les registres du secrétariat de la Maison du roi (Archives nationales, O¹ 98, fos 314-317), et renferme la liste des pensions que le titulaire devait servir à partir du 1er janvier 1755, savoir : 2,000 livres à Cahusac, auquel elles étaient accordées depuis 1744 « en considération de ses services et de ses travaux littéraires »; 2,000 livres à l'abbé Raynal, « chargé de la composition du *Mercure* depuis plusieurs années et qui a perfectionné cet ouvrage par son attention et son travail »; 2,000 livres à M. de Lironcourt, « ci-devant consul de France au Caire, et que S. M., satisfaite de ses services, a nommé au consulat de Lisbonne »; 2,000 livres à Ph. Bridard de La Garde; 1,200 livres à Piron; 1,200 livres à Marmontel; 1,200 livres à Séran de La Tour; 1,200 livres au chevalier de La Négerie, frère de feu M. de La Bruère. Faut-il supposer, comme Marmontel le dit quelques lignes plus bas, qu'il avait été oublié dans une première distribution et que son nom fut rajouté à la liste définitive?

cet excès de reconnoissance ; et, après vous avoir laissé soulager votre cœur, je veux m'expliquer à mon tour. Assurément j'ai voulu vous servir ; mais en cela je n'ai été que juste, et sans cela j'aurois manqué à la confiance dont Mme de Pompadour m'honoroit en me consultant. Sa sensibilité et sa bonté ont fait le reste. Laissez-moi donc me réjouir avec vous de votre fortune, et rendons-en grâce tous deux à celle à qui vous la devez. »

Dès que Boissy eut pris congé de moi, j'allai chez le ministre ; et, voyant qu'il me recevoit comme n'ayant rien à me dire, je lui demandai si je n'avois pas un remerciement à lui faire : il me dit que non ; si les pensions sur le *Mercure* étoient données : il me dit que oui ; si Mme de Pompadour ne lui avoit point parlé de moi : il m'assura qu'elle ne lui en avoit pas dit un mot, et que, si elle m'avoit nommé, il m'auroit mis volontiers sur la liste qu'il avoit présentée au roi. Je fus confondu, je l'avoue : car, sans m'être nommé moi-même, lorsqu'elle m'avoit consulté, je m'étois cru bien sûr d'être au nombre de ceux qu'elle proposeroit. Je me rendis chez elle ; et bien heureusement je trouvai dans son salon Mme de Marchais à qui de point en point je contai ma mésaventure. « Bon ! me dit-elle, cela vous étonne ? cela ne m'étonne pas, moi ; je la reconnois là.

Elle vous aura oublié. » A l'instant même elle entre dans le cabinet de toilette où étoit Mme de Pompadour; et aussitôt après j'entends des éclats de rire. J'en tirai un heureux présage; en effet, Mme de Pompadour, en allant à la messe, ne put me voir sans rire encore de m'avoir laissé dans l'oubli. « J'ai deviné tout juste, me dit Mme de Marchais en me revoyant, mais cela sera réparé.». J'eus donc une pension de douze cents livres sur le *Mercure*, et je fus content.

Si M. de Boissy le rédigeoit lui-même, il restoit à son aise; mais il falloit qu'il le soutînt; et il n'avoit pour cela ni les relations, ni les ressources, ni l'activité de l'abbé Raynal, qui, en l'absence de La Bruère, le faisoit, et le faisoit bien.

Dénué de secours, et ne trouvant rien de passable dans les papiers qu'on lui laissoit, Boissy m'écrivit une lettre qui étoit un vrai signal de détresse. « Inutilement, me disoit-il, vous m'aurez fait donner le *Mercure;* ce bienfait est perdu pour moi, si vous n'y ajoutez pas celui de venir à mon aide. Prose ou vers, ce qu'il vous plaira, tout me sera bon de votre main. Mais hâtez-vous de me tirer de la peine où je suis, je vous en conjure au nom de l'amitié que je vous ai vouée pour tout le reste de ma vie. »

Cette lettre m'ôta le sommeil; je vis ce malheureux livré au ridicule, et le *Mercure* décrié dans ses mains, s'il laissoit voir sa pénurie. J'en eus la fièvre toute la nuit; et ce fut dans cet état de crise et d'agitation que me vint la première idée de faire un conte. Après avoir passé la nuit sans fermer l'œil à rouler dans ma tête le sujet de celui que j'ai intitulé *Alcibiade,* je me levai, je l'écrivis tout d'une haleine, au courant de la plume, et je l'envoyai. Ce conte eut un succès inespéré. J'avois exigé l'anonyme. On ne savoit à qui l'attribuer; et, au dîner d'Helvétius, où étoient les plus fins connoisseurs, on me fit l'honneur de le croire de Voltaire ou de Montesquieu.

Boissy, comblé de joie de l'accroissement que cette nouveauté avoit donné au débit du *Mercure,* redoubla de prières pour obtenir de moi encore quelques morceaux du même genre. Je fis pour lui le conte de *Soliman II,* ensuite celui du *Scrupule,* et quelques autres encore. Telle fut l'origine de ces *Contes moraux* qui ont eu depuis tant de vogue en Europe. Boissy me fit par là plus de bien à moi-même que je ne lui en avois fait; mais il ne jouit pas longtemps de sa fortune; et, à sa mort, lorsqu'il fallut le remplacer : « Sire, dit Mme de Pompadour au roi, ne donnerez-vous pas le *Mercure* à celui qui l'a soutenu? » Le brevet m'en fut accordé[1]. Alors il fallut me résoudre à

---

1. Le texte du brevet délivré à Marmontel, le 27 avril

quitter Versailles. Cependant il s'offrit pour moi une fortune qui, dans ce moment-là, sembloit meilleure et plus solide. Je ne sais quel instinct, qui m'a toujours assez bien conduit, m'empêcha de la préférer.

Le maréchal de Belle-Isle étoit ministre de la guerre ; son fils unique, le comte de Gisors, le jeune homme du siècle le mieux élevé et le plus accompli, venoit d'obtenir la lieutenance et le commandement des carabiniers, dont le comte de Provence étoit colonel. Le régiment des carabiniers avoit un secrétaire attaché à la personne du commandant, avec un traitement de douze mille livres, et cette place étoit vacante. Un jeune homme de Versailles, appelé Dorlif, se présenta pour la

---

1758, figure, comme celui de L. de Boissy, dans les registres du secrétariat de la Maison du roi (O¹ 102, fos 231-235). Les pensions de Cahusac, de Raynal, de Bridard de La Garde, de Séran de La Tour et de La Négerie, y sont maintenues au même taux, mais celle de Piron est portée à 1,800 livres, et celle de M. de Lironcourt avait été attribuée, par un brevet du 19 mai 1755, à Mlle de Lussan. Marmontel avait en outre à servir 2,400 livres à la veuve de Boissy et à son fils, 2,000 livres à Crébillon père, 2,000 livres à Gresset, 1,500 livres à Saint-Foix et 1,200 livres à Saint-Germain. Le 30 juillet suivant, sur la pension de Mlle de Lussan qui venait de mourir, deux autres brevets de 200 et de 800 livres furent attribués à l'abbé Guiroy « pour récompenser le zèle qu'il a fait paraître dans différents ouvrages littéraires », restés aussi inconnus que l'auteur à tous les bibliographes.

Mémoires de Marmontel. II.

remplir, et il se dit connu de moi. « Eh bien! lui dit le comte de Gisors, engagez M. Marmontel à venir me voir; je serai bien aise de causer avec lui. » Dorlif faisoit de petits vers, et venoit quelquefois me les communiquer ; c'étoit là notre connoissance. Du reste, je le croyois honnête et bon garçon. Ce fut le témoignage que je rendis de lui. « Je vais, me dit le comte de Gisors, que je voyois pour la première fois, vous parler avec confiance. Ce jeune homme n'est pas ce qui convient à cette place; j'ai besoin d'un homme qui, dès demain, soit mon ami, et sur qui je puisse compter comme sur un autre moi-même. M. le duc de Nivernois, mon beau-père, m'en propose un; mais je me méfie de la facilité des grands dans leurs recommandations; et, si vous avez à me donner un homme dont vous soyez sûr, et qu'il soit tel que je le demande, n'osant pas, ajouta-t-il, prétendre à vous avoir vous-même, je le prendrai de votre main.

— Un mois plus tôt, Monsieur le comte, c'eût été pour moi-même, lui dis-je, que j'aurois demandé l'honneur de vous être attaché. Le brevet du *Mercure de France,* que le roi vient de m'accorder, est pour moi un engagement que sans légèreté je ne puis sitôt rompre; mais je m'en vais, parmi mes connoissances, voir si je puis trouver l'homme qui vous convient. »

Parmi mes connoissances, il y avoit à Paris un jeune homme appelé Suard, d'un esprit fin, délié, juste et sage, d'un caractère aimable, d'un commerce doux et liant, assez imbu de belles-lettres, parlant bien, écrivant d'un style pur, aisé, naturel et du meilleur goût, discret surtout, et réservé avec des sentimens honnêtes. Ce fut sur lui que je jetai les yeux. Je le priai de venir me voir à Paris, où je m'étois rendu pour lui épargner le voyage. D'un côté, cette place lui parut très avantageuse ; de l'autre, il la trouvoit assujettissante et pénible. On étoit en guerre ; il falloit suivre le comte de Gisors dans ses campagnes ; et Suard, naturellement indolent, auroit bien voulu de la fortune, mais sans qu'il lui en coûtât sa liberté ni son repos. Il me demanda vingt-quatre heures pour faire ses réflexions. Le lendemain matin il vint me dire qu'il lui étoit impossible d'accepter cette place ; que M. Deleyre, son ami, la sollicitoit, et qu'il étoit recommandé par M. le duc de Nivernois. Deleyre étoit connu de moi pour un homme d'esprit, pour un très honnête homme, d'un caractère solide et sûr, d'une grande sévérité de mœurs. « Amenez-moi votre ami, dis-je à Suard ; ce sera lui que je proposerai, et la place lui est assurée. » Nous convînmes avec Deleyre de dire simplement que, dans mon choix, je m'étois rencontré avec le duc de Nivernois. M. de Gisors fut charmé de cette rencontre, et Deleyre fut agréé. « Je pars, lui dit le vaillant jeune homme : il peut y avoir incessamment à l'armée une affaire, je veux m'y trouver. Vous viendrez me joindre le plus tôt possible. » En effet, peu de jours après son arrivée se donna le combat de Crevelt, où, à la tête des carabiniers, il fut blessé mortellement. Deleyre n'arriva que pour l'ensevelir.

Je demandai à M. de Marigny s'il croyoit compatible ma place de secrétaire des bâtimens avec le privilège et le travail du *Mercure*. Il me répondit qu'il croyoit impossible de vaquer à l'un et à l'autre. « Donnez-moi donc mon congé, lui dis-je, car je n'ai pas la force de vous le demander. » Il me le donna, et Mme Geoffrin m'offrit un logement chez elle. Je l'acceptai avec reconnoissance, en la priant de vouloir bien me permettre de lui en payer le loyer; condition à laquelle je la fis consentir.

Me voilà repoussé par ma destinée dans ce Paris, d'où j'avois eu tant de plaisir à m'éloigner; me voilà plus dépendant que jamais de ce public d'avec lequel je me croyois dégagé pour la vie. Qu'étoient donc devenues mes résolutions? Deux sœurs dans un couvent, en âge d'être mariées; la facilité de mes vieilles tantes à faire crédit à tout venant, et à ruiner leur commerce en contractant des dettes que j'étois obligé de payer tous les ans; mon avenir, auquel il falloit bien penser, n'ayant mis encore en réserve que dix mille francs que j'avois employés dans le cautionnement de M. Odde ; l'Académie françoise où je n'arriverois que par la carrière des lettres ; enfin l'attrait de cette société littéraire et philosophique qui me rappeloit dans son sein, furent les causes et seront les excuses de l'inconstance qui me fit renoncer au repos le plus doux, le plus délicieux, pour venir à Paris rédiger un journal, c'est-à-dire me condamner au travail de Sisyphe ou à celui des Danaïdes.

LIVRE VI

Si le *Mercure* n'avoit été qu'un simple journal littéraire, je n'aurois eu en le composant qu'une seule tâche à remplir, et qu'une seule route à suivre; mais, formé d'élémens divers et fait pour embrasser un grand nombre d'objets, il falloit que, dans tous ses rapports, il remplît sa destination; que, selon les goûts des abonnés, il tînt lieu des gazettes aux nouvellistes; qu'il rendît compte des spectacles aux gens curieux de spectacles; qu'il donnât une juste idée des productions littéraires à ceux qui, en lisant avec choix, veulent s'instruire ou s'amuser; qu'à la saine et sage partie du public qui s'intéresse aux découvertes des arts utiles, au progrès des arts salutaires, il fît part de leurs tentatives et des heureux succès de leurs inventions; qu'aux amateurs des arts agréables il annonçât les ouvrages nouveaux, et quelquefois les écrits des artistes. La partie des sciences qui tomboit sous les sens, et qui pour le public pouvoit être un objet de curiosité, étoit aussi de son domaine; mais il falloit surtout qu'il eût un intérêt local et de société pour ses abonnés de province, et que le bel esprit de telle ou de telle ville du royaume y trouvât de temps en temps son énigme, son madrigal, son épître insérée : cette partie du *Mercure*, la plus frivole en apparence, en étoit la plus lucrative.

Il eût été difficile d'imaginer un journal plus varié, plus attrayant, et plus abondant en ressources. Telle fut l'idée que j'en donnai dans l'avant-propos de mon premier volume, au mois d'août 1758. « Sa forme, dis-je, le rend susceptible de tous les genres d'agrément et d'utilité; et les talens n'ont ni fleurs ni fruits dont le *Mercure* ne se couronne. Littéraire, civil et politique, il extrait, il recueille, il annonce, il embrasse toutes les productions du génie et du goût; il est comme le rendez-vous des sciences et des arts, et le canal de leur commerce... C'est un champ qui peut devenir de plus en plus fertile, et par les soins de la culture, et par les richesses qu'on y répandra... Il peut être considéré comme extrait ou comme recueil : comme extrait, c'est moi qu'il regarde; comme recueil, son succès dépend des secours que je recevrai. Dans la partie critique, l'homme estimable à qui je succède, sans oser prétendre à le remplacer, me laisse un exemple d'exactitude et de sagesse, de candeur et d'honnêteté, que je me fais une loi de suivre... Je me propose de parler aux gens de lettres le langage de la vérité, de la décence et de l'estime; et mon attention à relever les beautés de leurs ouvrages justifiera la liberté avec laquelle j'en observerai les défauts. Je sais mieux que personne, et je ne rougis pas de l'avouer, combien un jeune auteur est à plaindre, lorsque, abandonné à l'insulte, il a assez de pudeur pour s'interdire une défense personnelle. Cet auteur, quel qu'il soit, trouvera en moi, non pas un vengeur passionné, mais, selon mes lumières, un appréciateur équitable. Une ironie, une parodie, une raillerie ne prouve rien et n'éclaire personne; ces traits amusent quelquefois; ils sont même plus intéressans pour le bas peuple des lecteurs qu'une critique honnête et sensée; le ton modéré de la raison n'a rien de consolant pour l'envie, rien de flatteur pour la malignité; mais mon dessein n'est pas de prostituer ma plume aux envieux et aux méchans... A l'égard de la partie collective de cet ouvrage, quoique je me propose d'y contribuer autant qu'il est en moi, ne fût-ce que pour remplir les vides, je ne compte pour rien ce que je puis; tout mon espoir est dans la bienveillance et les secours des gens de lettres, et j'ose croire qu'il est fondé. Si quelques-uns des plus estimables n'ont pas dédaigné de confier au *Mercure* les amusemens de leur loisir, souvent même les fruits d'une étude sérieuse, dans le temps que le succès de ce journal n'étoit qu'à l'avantage d'un seul homme, quels secours ne dois-je pas attendre du concours des talens intéressés à le soutenir? Le *Mercure* n'est plus un fonds particulier : c'est un domaine public, dont je ne suis que le cultivateur et l'économe. »

Ainsi s'annonça mon travail : aussi fut-il bien secondé. Le moment étoit favorable; une volée de jeunes poètes commençoient à essayer leurs ailes. J'encourageai ce premier essor, en publiant les brillans essais de Malfilâtre; je fis concevoir de lui des espérances qu'il auroit remplies, si une mort prématurée ne nous l'avoit pas enlevé. Les justes louanges que je donnai au poème de *Jumonville* ranimèrent, dans le sensible et vertueux Thomas, ce grand talent que des critiques inhumaines avoient glacé. Je présentai au public les heureuses prémices de la traduction des *Géorgiques*, de Virgile, et j'osai dire que, si ce divin poème pouvoit être traduit en vers françois élégans et harmonieux, il le seroit par l'abbé Delille. En insérant dans le *Mercure* une héroïde de Colardeau, je fis sentir combien le style de ce jeune poète approchoit, par sa mélodie, sa pureté, sa grâce et sa noblesse, de la perfection des modèles de l'art. Je parlai avantageusement des *Héroïdes* de La Harpe. Enfin, à propos du succès de l'*Hypermnestre*, de Lemierre : « Voilà donc, dis-je, trois nouveaux poètes tragiques qui donnent de belles espérances : l'auteur d'*Iphigénie en Tauride*, par sa manière sage et simple de graduer l'intérêt de l'action et par des morceaux de véhémence dignes des plus grands maîtres; l'auteur d'*Astarbé*, par une poésie animée, par une versification pleine et harmonieuse, et par le dessein fier et hardi d'un caractère auquel il n'a manqué, pour le mettre en action, que des contrastes dignes de lui; et l'auteur d'*Hypermnestre*, par des tableaux de la plus grande force. C'est au public, ajoutois-je, à les protéger, à les encourager, à les consoler des fureurs de l'envie. Les arts ont besoin du flambeau de la critique et de l'aiguillon de la gloire. Ce n'est point au *Cid* persécuté, c'est au *Cid* triomphant de la persécution que *Cinna* dut la naissance. Les encouragemens n'inspirent la négligence et la présomption qu'aux petits esprits; pour les âmes élevées, pour les imaginations vives, pour les grands talens en un mot, l'ivresse du succès devient l'ivresse du génie. Il n'y a pour eux qu'un poison à craindre, c'est celui qui les refroidit. »

En plaidant la cause des gens de lettres, je ne laissois pas de mêler à des louanges modérées une critique assez sévère, mais innocente, et du même ton qu'un ami auroit pris avec son ami. C'étoit avec cet esprit de bienveillance et d'équité que, me conciliant la faveur des jeunes gens de lettres, je les avois presque tous pour coopérateurs.

Le tribut des provinces étoit encore plus abondant. Tout n'en étoit pas précieux ; mais, si dans les pièces de vers ou les morceaux de prose qui m'étoient envoyés il n'y avoit que des négligences, des incorrections, des fautes de détails, j'avois soin de les retoucher. Si même quelquefois il me venoit au bout de la plume quelques bons vers ou quelques lignes intéressantes, je les y glissois sans mot dire ; et jamais les auteurs ne se sont plaints à moi de ces petites infidélités.

Dans la partie des sciences et des arts j'avois encore bien des ressources. En médecine, dans ce temps-là, s'agitoit le problème de l'inoculation. La comète prédite par Halley, et annoncée par Clairaut, fixoit les yeux de l'astronomie. La physique me donnoit à publier des observations curieuses : par exemple, on me sut bon gré d'avoir mis au jour les moyens de refroidir en été les liqueurs. La chimie me communiquoit un nouveau remède à la morsure des vipères, et l'inestimable secret de rappeler les noyés à la vie. La chirurgie me faisoit part de ses heureuses hardiesses et de ses succès merveilleux. L'histoire naturelle, sous le pinceau de Buffon, me présentoit une foule de tableaux dont j'avois le choix. Vaucanson me donnoit à décrire aux yeux du public ses machines ingénieuses. L'architecte Le Roy[1] et le graveur Cochin, après avoir parcouru en artistes, l'un les ruines de la Grèce et l'autre les merveilles de l'Italie, venoient m'enrichir à l'envi de brillantes descriptions ou d'observations savantes, et mes extraits de leurs voyages étoient pour mes lecteurs un voyage amusant. Cochin, homme d'esprit, et dont la plume n'étoit guère moins pure et correcte que le burin, faisoit aussi pour moi d'excellens écrits sur les arts qui étoient l'objet de ses études. Je m'en rappelle deux que les peintres et les sculpteurs n'ont sans doute pas oubliés : l'un *Sur la lumière dans l'ombre*, l'autre *Sur les difficultés de la peinture et de la sculpture, comparées l'une avec l'autre*[2]. Ce fut sous sa dictée que je rendis compte

---

1. Julien-David Le Roy (1724-1803), quatrième fils du célèbre horloger Julien Le Roy, auteur, entre autres ouvrages, des *Ruines des plus beaux monuments de la Grèce* (1758, in-folio, 60 pl., ou 1770, in-folio, 71 pl.).

2. *La Dissertation sur l'effet de la lumière dans les ombres relativement à la peinture,* par M. C***, ornée d'une charmante planche dessinée et gravée par l'auteur, a été imprimée avec pagination continue et jointe au volume intitulé : *Recueil de quelques pièces concernant les arts, extraites de plusieurs Mercures de France.* Paris, Ch.-A. Jombert, 1757, in-12. La seconde dissertation ne semble pas avoir été tirée à part, ni réimprimée.

au public de l'exposition des tableaux en 1759, l'une des plus belles que l'on eût vues et qu'on ait vues depuis dans le salon des arts. Cet examen étoit le modèle d'une critique saine et douce; les défauts s'y faisoient sentir et remarquer; les beautés y étoient exaltées. Le public ne fut point trompé, et les artistes furent contens [1].

Dans ce temps-là s'ouvrit pour l'éloquence une nouvelle carrière. C'étoit à louer de grands hommes que l'Académie françoise invitoit les jeunes orateurs; et quelle fut ma joie d'avoir à publier que le premier qui, dans cette lice, et par un digne éloge de Maurice de Saxe [2], venoit de remporter le prix, étoit l'intéressant jeune homme dont tant de fois j'avois ranimé le courage, l'auteur du poème de *Jumonville*, à qui la sincérité de mes conseils plaisoit au moins autant que l'équité de mes louanges, et qui, dans le secret de l'amitié la plus intime, avoit fait de moi le confident de ses pensées et le censeur de ses écrits!

Je m'étois mis en relation avec toutes les aca-

---

1. Ce compte rendu parut dans le *Mercure* d'octobre 1759, 1ᵉʳ volume, p. 183-192.

2. *Éloge de Maurice, comte de Saxe, duc de Sémigalle et de Courlande, maréchal général des armées de S. M. T. C. Discours qui a remporté le prix de l'Académie françoise en 1759*, par M. Thomas, professeur en l'Université de Paris au collège de Beauvais. Paris, B. Brunet, 1759, in-8°, 1 f. et 42 p.

démies du royaume, tant pour les arts que pour les lettres ; et, sans compter leurs productions, qu'elles vouloient bien m'envoyer, les seuls programmes de leurs prix étoient intéressans à lire, par les vues saines et profondes qu'annonçoient les questions qu'ils donnoient à résoudre, soit en morale, soit en économie politique, soit dans les arts utiles, secourables et salutaires. Je m'étonnois quelquefois moi-même de la lumineuse étendue de ces questions, qui de tous côtés nous venoient du fond des provinces; rien, selon moi, ne marquoit mieux la direction, la tendance, les progrès de l'esprit public.

Ainsi, sans cesser d'être amusant et frivole dans sa partie légère, le *Mercure* ne laissoit pas d'acquérir en utilité de la consistance et du poids. De mon côté, contribuant de mon mieux à le rendre à la fois utile et agréable, j'y glissois souvent de ces contes où j'ai toujours tâché de mêler quelque grain d'une morale intéressante. L'apologie du théâtre, que je fis en examinant la Lettre de Rousseau à d'Alembert sur les spectacles, eut tous les succès que peut avoir la vérité qui combat des sophismes, et la raison qui saisit corps à corps et serre de près l'éloquence.

Mais, comme il ne faut jamais être fier ni oublieux au point d'être méconnoissant, je ne veux pas vous laisser ignorer quelle étoit au besoin l'une de mes ressources. A Paris, la république des lettres étoit divisée en plusieurs classes qui communiquoient peu ensemble. Moi, je n'en négligeois aucune ; et des petits vers qui se faisoient dans les sociétés bourgeoises, tout ce qui avoit de la gentillesse et du naturel m'étoit bon. Chez un joaillier de la place Dauphine j'avois dîné souvent avec deux poètes de l'ancien Opéra-Comique, dont le génie étoit la gaieté, et qui n'étoient jamais si bien en verve que sous la treille de la guinguette. Pour eux, l'état le plus heureux étoit l'ivresse ; mais, avant que d'être ivres, ils avoient des momens d'inspiration qui faisoient croire à ce qu'Horace a dit du vin. L'un, dont le nom étoit Gallet, passoit pour un vaurien ; je ne le vis jamais qu'à table, et je n'en parle qu'à propos de son ami Panard, qui étoit bonhomme, et que j'aimois.

Ce vaurien, cependant, étoit un original assez curieux à connoître. C'étoit un marchand épicier de la rue des Lombards, qui, plus assidu au théâtre de la Foire qu'à sa boutique, s'étoit déjà ruiné lorsque je le connus. Il étoit hydropique, et n'en buvoit pas moins, et n'en étoit pas moins joyeux : aussi peu soucieux de la mort que soigneux de la vie, et tel qu'enfin dans la captivité, dans la misère, sur un lit de douleur, et presqu'à l'agonie, il ne cessa de faire un jeu de tout cela.

Après sa banqueroute, réfugié au Temple, lieu de franchise alors pour les débiteurs insolvables, comme il recevoit tous les jours des mémoires de créanciers : « Me voilà, disoit-il, logé au temple des mémoires. » Quand son hydropisie fut sur le point de l'étouffer, le vicaire du Temple étant venu lui administrer l'extrême-onction : « Ah ! Monsieur l'abbé, lui dit-il, vous venez me graisser les bottes; cela est inutile, car je m'en vais par eau. » Le même jour il écrivit à son ami Collé, et, en lui souhaitant la bonne année par des couplets sur l'air

Accompagné de plusieurs autres,

il terminoit ainsi sa dernière gaieté :

> De ces couplets soyez content;
> Je vous en ferois bien autant
> Et plus qu'on ne compte d'apôtres;
> Mais, cher Collé, voici l'instant
> Où certain fossoyeur m'attend,
> Accompagné de plusieurs autres.

Le bonhomme Panard, aussi insouciant que son ami, aussi oublieux du passé et négligent de l'avenir, avoit plutôt dans son infortune la tranquillité d'un enfant que l'indifférence d'un philosophe. Le soin de se nourrir, de se loger, de se vêtir, ne le regardoit point : c'étoit l'affaire de ses amis, et il en avoit d'assez bons pour mériter cette confiance. Dans les mœurs, comme dans l'esprit, il tenoit beaucoup du naturel simple et naïf de La Fontaine. Jamais l'extérieur n'annonça moins de délicatesse; il en avoit pourtant dans la pensée et dans l'expression. Plus d'une fois, à table, et, comme on dit, entre deux vins, j'avois vu sortir de cette masse lourde et de cette épaisse enveloppe des couplets impromptu pleins de facilité, de finesse et de grâce. Lors donc qu'en rédigeant le *Mercure* du mois j'avois besoin de quelques jolis vers, j'allois voir mon ami Panard. « Fouillez, me disoit-il, dans la boîte à perruque. » Cette boîte étoit en effet un vrai fouillis où étoient entassés pêle-mêle, et griffonnés sur des chiffons, les vers de ce poète aimable.

En voyant presque tous ses manuscrits tachés de vin, je lui en faisois le reproche. « Prenez, prenez, me disoit-il, c'est là le cachet du génie. » Il avoit pour le vin une affection si tendre qu'il en parloit toujours comme de l'ami de son cœur; et, le verre à la main, en regardant l'objet de son culte et de ses délices, il s'en laissoit émouvoir au point que les larmes lui en venoient aux yeux. Je lui en ai vu répandre pour une cause bien singulière; et ne prenez pas pour un conte ce trait qui achèvera de vous peindre un buveur.

Après la mort de son ami Gallet, l'ayant trouvé

sur mon chemin, je voulus lui marquer la part que je prenois à son affliction : « Ah! Monsieur, me dit-il, elle est bien vive et bien profonde! Un ami de trente ans, avec qui je passois ma vie! A la promenade, au spectacle, au cabaret, toujours ensemble! Je l'ai perdu! je ne chanterai plus, je ne boirai plus avec lui. Il est mort! je suis seul au monde. Je ne sais plus que devenir. » En se plaignant ainsi, le bonhomme fondoit en larmes, et jusque-là rien de plus naturel; mais voici ce qu'il ajouta : « Vous savez qu'il est mort au Temple? J'y suis allé pleurer et gémir sur sa tombe. Quelle tombe! Ah! Monsieur, ils me l'ont mis sous une gouttière, lui qui, depuis l'âge de raison, n'avoit pas bu un verre d'eau! »

Vous allez à présent me voir vivre à Paris avec des gens de mœurs bien différentes, et j'aurois une belle galerie de portraits à vous peindre, si j'avois pour cela d'assez vives couleurs; mais je vais du moins essayer de vous en crayonner les traits.

J'ai dit que, du vivant de Mme de Tencin, Mme Geoffrin l'alloit voir, et la vieille rusée pénétroit si bien le motif de ces visites qu'elle disoit à ses convives : « Savez-vous ce que la Geoffrin vient faire ici? elle vient voir ce qu'elle pourra recueillir de mon inventaire. » En effet, à sa mort, une partie de sa société, et ce qu'il en restoit de mieux (car Fontenelle et Montesquieu ne vivoient plus), avoit passé dans la société nouvelle; mais celle-ci ne se bornoit pas à cette petite colonie. Assez riche pour faire de sa maison le rendez-vous des lettres et des arts, et voyant que c'étoit pour elle un moyen de se donner dans sa vieillesse une amusante société et une existence honorable, Mme Geoffrin avoit fondé chez elle deux dîners : l'un (le lundi) pour les artistes, l'autre (le mercredi) pour les gens de lettres; et une chose assez remarquable, c'est que, sans aucune teinture ni des arts ni des lettres, cette femme qui de sa vie n'avoit rien lu ni rien appris qu'à la volée, se trouvant au milieu de l'une ou de l'autre société, ne leur étoit point étrangère; elle y étoit même à son aise; mais elle avoit le bon esprit de ne parler jamais que de ce qu'elle savoit très bien, et de céder sur tout le reste la parole à des gens instruits, toujours poliment attentive, sans même paroître ennuyée de ce qu'elle n'entendoit pas; mais plus adroite encore à présider, à surveiller, à tenir sous sa main ces deux sociétés naturellement libres; à marquer des limites à cette liberté, à l'y ramener par un mot, par un geste, comme un fil invisible, lorsqu'elle vouloit s'échapper. « Allons, voilà qui est bien », étoit communément le signal de sagesse qu'elle donnoit à ses convives; et, quelle que fût la vivacité d'une conversation qui passoit la mesure, chez elle on pouvoit dire ce que Virgile a dit des abeilles :

*Hi motus animorum atque hæc certamina tanta
Pulveris exigui jactu compressa quiescent.*

C'étoit un caractère singulier que le sien, et difficile à saisir et à peindre, parce qu'il étoit tout en demi-teintes et en nuances ; bien décidé pourtant, mais sans aucun de ces traits marquans par où le naturel se distingue et se définit. Elle étoit bonne, mais peu sensible ; bienfaisante, mais sans aucun des charmes de la bienveillance ; impatiente de secourir les malheureux, mais sans les voir, de peur d'en être émue ; sûre d'être fidèle amie et même officieuse, mais timide, inquiète en servant ses amis, dans la crainte de compromettre ou son crédit ou son repos. Elle étoit simple dans ses goûts, dans ses vêtemens, dans ses meubles, mais recherchée dans sa simplicité, ayant jusqu'au raffinement les délicatesses du luxe, mais rien de son éclat ni de ses vanités. Modeste dans son air, dans son maintien, dans ses manières, mais avec un fonds de fierté et même un peu de vaine gloire. Rien ne la flattoit plus que son commerce avec les grands. Chez eux, elle les voyoit peu ; elle y étoit mal à son aise ; mais elle savoit les attirer chez elle avec une coquetterie imperceptiblement flatteuse ; et dans l'air aisé, naturel, demi-respectueux et demi-familier dont ils y étoient reçus, je croyois voir une adresse extrême. Toujours libre avec eux, toujours sur la limite des bienséances, elle ne la passoit jamais. Pour être bien avec le Ciel, sans être mal avec son monde, elle s'étoit fait une espèce de dévotion clandestine : elle alloit à la messe comme on va en bonne fortune ; elle avoit un appartement dans un couvent de religieuses et une tribune à l'église des Capucins, mais avec autant de mystère que les femmes galantes de ce temps-là avoient des petites maisons. Toute sorte de faste lui répugnoit. Son plus grand soin étoit de ne faire aucun bruit. Elle désiroit vivement d'avoir de la célébrité et de s'acquérir une grande considération dans le monde, mais elle la vouloit tranquille. Un peu semblable à cet Anglois vaporeux qui croyoit être de verre, elle évitoit comme autant d'écueils tout ce qui l'auroit exposée au choc des passions humaines ; et de là sa mollesse et sa timidité, sitôt qu'un bon office demandoit du courage. Tel homme pour qui de bon cœur elle auroit délié sa bourse, n'étoit pas sûr de même que sa langue se déliât ; et, sur ce point, elle se donnoit des excuses ingénieuses. Par exemple, elle avoit pour maxime que, lorsque dans le monde on entendoit dire du mal de ses amis, il ne falloit jamais prendre vivement leur défense et tenir tête au médisant, car c'étoit le moyen d'irriter la vipère et d'en exalter le venin. Elle vouloit qu'on ne louât ses amis que très sobrement et par leurs qualités, non par leurs actions, car, en entendant dire de quelqu'un qu'il est sincère et bienfaisant, chacun peut se dire à soi-même : Et moi aussi, je suis bienfaisant et sincère. « Mais, disoit-elle, si vous citez de lui un procédé louable, une action vertueuse, comme chacun ne peut pas dire en avoir fait autant, il prend cette louange pour un reproche, et il cherche à la déprimer. » Ce qu'elle estimoit le plus dans un ami, c'étoit une prudence attentive à ne jamais le compromettre; et, pour exemple, elle citoit Bernard, l'homme en effet le plus froidement compassé dans ses actions et dans ses paroles. « Avec celui-là, disoit-elle, on peut être tranquille, personne ne se plaint de lui; on n'a jamais à le défendre. » C'étoit un avis pour des têtes un peu vives comme la mienne, car il y en avoit plus d'une dans la société; et, si quelqu'un de ceux qu'elle aimoit se trouvoit en péril ou dans la peine, quelle qu'en fût la cause, et qu'il eût tort ou non, son premier mouvement étoit de l'accuser lui-même : sur quoi, trop vivement peut-être, je pris un jour la liberté de lui dire qu'il lui falloit des amis infaillibles et qui fussent toujours heureux.

L'un de ses foibles étoit l'envie de se mêler des affaires de ses amis, d'être leur confidente, leur conseil et leur guide. En l'initiant dans ses secrets, et en se laissant diriger et quelquefois gronder par elle, on étoit sûr de la toucher par son endroit le plus sensible; mais l'indocilité, même respectueuse, la refroidissoit sur-le-champ, et, par un petit dépit sec, elle faisoit sentir combien elle en étoit piquée. Il est vrai que, pour se conduire selon les règles de la prudence, on ne pouvoit mieux faire que de la consulter. Le savoir-vivre étoit sa suprême science : sur tout le reste, elle n'avoit que des notions légères et communes; mais, dans l'étude des mœurs et des usages, dans la connoissance des hommes et surtout des femmes, elle étoit profonde et capable d'en donner de bonnes leçons. Si donc il se mêloit un peu d'amour-propre dans cette envie de conseiller et de conduire, il y entroit aussi de la bonté, du désir d'être utile, et de la sincère amitié.

A l'égard de son esprit, quoique uniquement cultivé par le commerce du monde, il étoit fin, juste et perçant. Un goût naturel, un sens droit, lui donnoient en parlant le tour et le mot convenables. Elle écrivoit purement, simplement et d'un style concis et clair, mais en femme qui avoit été mal élevée, et qui s'en vantoit. Dans un charmant éloge qu'a fait d'elle votre oncle[1], vous

---

1. *Portrait de M*^{me} *Geoffrin*, par M. L. M. (l'abbé Mo-

lirez qu'un abbé italien étant venu lui offrir la dédicace d'une grammaire italienne et françoise : « A moi, Monsieur, lui dit-elle, la dédicace d'une grammaire ! à moi qui ne sais pas seulement l'orthographe ! » C'étoit la pure vérité. Son vrai talent étoit celui de bien conter ; elle y excelloit, et volontiers elle en faisoit usage pour égayer la table ; mais sans apprêt, sans art et sans prétention, seulement pour donner l'exemple : car des moyens qu'elle avoit de rendre sa société agréable, elle n'en négligeoit aucun.

De cette société l'homme le plus gai, le plus animé, le plus amusant dans sa gaieté, c'étoit d'Alembert. Après avoir passé sa matinée à chiffrer de l'algèbre et à résoudre des problèmes de dynamique ou d'astronomie, il sortoit de chez sa vitrière comme un écolier échappé du collège, ne demandant qu'à se réjouir ; et, par le tour vif et plaisant que prenoit alors cet esprit si lumineux, si profond, si solide, il faisoit oublier en lui le philosophe et le savant, pour n'y plus voir que l'homme aimable. La source de cet enjouement si naturel étoit une âme pure, libre de passions, contente d'elle-même, et tous les jours en jouissance

---

rellet). Amsterdam et Paris, Pissot, 1778, in-8°. Réimp. en 1812, avec la *Lettre* et l'*Éloge* que d'Alembert et Thomas ont également écrits en l'honneur de leur bienfaitrice.

de quelque vérité nouvelle qui venoit de récompenser et de couronner son travail; privilège exclusif des sciences exactes, et que nul autre genre d'études ne peut obtenir pleinement.

La sérénité de Mairan et son humeur douce et riante avoient les mêmes causes et le même principe. L'âge avoit fait pour lui ce que la nature avoit fait pour d'Alembert. Il avoit tempéré tous les mouvemens de son âme; et ce qu'il lui avoit laissé de chaleur n'étoit plus qu'en vivacité dans un esprit gascon, mais rassis, juste et sage, d'un tour original, et d'un sel doux et fin. Il est vrai que le philosophe de Béziers étoit quelquefois soucieux de ce qui se passoit à la Chine; mais, lorsqu'il en avoit reçu des nouvelles par quelques lettres de son ami le P. Parrenin [1], il en étoit rayonnant de joie.

O mes enfans! quelles âmes que celles qui ne sont inquiètes que des mouvemens de l'écliptique, ou que des mœurs et des arts des Chinois! Pas un vice qui les dégrade, pas un regret qui les flé-

---

1. Le P. Dominique Parrenin (1655-1742) avait adressé de Pékin à Mairan diverses lettres dont quelques-unes ont été imprimées dans un petit volume (1759, in-12) et réimp. à l'Imprimerie royale, 1770, in-8°. On voit par la date de la mort du savant astronome que Marmontel ne pouvait parler que par ouï-dire de la joie de Mairan lorsqu'il recevait ces fameuses lettres.

trisse, pas une passion qui les attriste et les tourmente; elles sont libres, de cette liberté qui est la compagne de la joie, et sans laquelle il n'y eut jamais de pure et durable gaieté.

Marivaux auroit bien voulu avoir aussi cette humeur enjouée; mais il avoit dans la tête une affaire qui le préoccupoit sans cesse et lui donnoit l'air soucieux. Comme il avoit acquis par ses ouvrages la réputation d'esprit subtil et raffiné, il se croyoit obligé d'avoir toujours de cet esprit-là, et il étoit continuellement à l'affût des idées susceptibles d'opposition ou d'analyse, pour les faire jouer ensemble ou pour les mettre à l'alambic. Il convenoit que telle chose étoit vraie jusqu'à un certain point ou sous un certain rapport; mais il y avoit toujours quelque restriction, quelque distinction à faire, dont lui seul s'étoit aperçu. Ce travail d'attention étoit laborieux pour lui, souvent pénible pour les autres; mais il en résultoit quelquefois d'heureux aperçus et de brillans traits de lumière. Cependant, à l'inquiétude de ses regards, on voyoit qu'il étoit en peine du succès qu'il avoit ou qu'il alloit avoir. Il n'y eut jamais, je crois, d'amour-propre plus délicat, plus chatouilleux et plus craintif; mais, comme il ménageoit soigneusement celui des autres, on respectoit le sien, et seulement on le plaignoit de ne pouvoir pas se résoudre à être simple et naturel.

Chastellux, dont l'esprit ne s'éclaircissoit jamais assez, mais qui en avoit beaucoup, et en qui des lueurs très vives perçoient de temps en temps la légère vapeur répandue sur ses pensées, Chastellux apportoit dans cette société le caractère le plus liant et la candeur la plus aimable. Soit que, se défiant de la justesse de ses idées, il cherchât à s'en assurer, soit qu'il voulût les nettoyer au creuset de la discussion, il aimoit la dispute et s'y engageoit volontiers, mais avec grâce et bonne foi ; et, sitôt que la vérité reluisoit à ses yeux, que ce fût de lui-même ou de vous qu'elle vînt, il étoit content. Jamais homme n'a mieux employé son esprit à jouir de l'esprit des autres. Un bon mot qu'il entendoit dire, un trait ingénieux, un bon conte fait à propos, le ravissoit ; on l'en voyoit tressaillir d'aise, et, à mesure que la conversation devenoit plus brillante, les yeux de Chastellux et son visage s'animoient : tout succès le flattoit comme s'il eût été le sien.

L'abbé Morellet, avec plus d'ordre et de clarté, dans un très riche magasin de connoissances de toute espèce, étoit, pour la conversation, une source d'idées saines, pures, profondes, qui, sans jamais tarir, ne débordoit jamais. Il se montroit à nos dîners avec une âme ouverte, un esprit juste et ferme, et dans le cœur autant de droiture que dans l'esprit. L'un de ses talens, et le plus distinctif, étoit un tour de plaisanterie finement ironique, dont Swift avoit eu seul le secret avant lui. Avec cette facilité d'être mordant, s'il avoit voulu l'être, jamais homme ne le fut moins; et, s'il se permit quelquefois la raillerie personnelle, ce ne fut qu'un fouet dans sa main pour châtier l'insolence ou pour punir la malignité.

Saint-Lambert, avec une politesse délicate, quoiqu'un peu froide, avoit dans la conversation le tour d'esprit élégant et fin qu'on remarque dans ses ouvrages. Sans être naturellement gai, il s'animoit de la gaieté des autres; et, dans un entretien philosophique ou littéraire, personne ne causoit avec une raison plus saine, ni avec un goût plus exquis. Ce goût étoit celui de la petite cour de Lunéville, où il avoit vécu, et dont il conservoit le ton.

Helvétius, préoccupé de son ambition de célébrité littéraire, nous arrivoit la tête encore fumante de son travail de la matinée. Pour faire un livre distingué dans son siècle, son premier soin avoit été de chercher ou quelque vérité nouvelle à mettre au jour, ou quelque pensée hardie et neuve à produire et à soutenir. Or, comme depuis deux mille ans les vérités nouvelles et fécondes sont infiniment rares, il avoit pris pour thèse le paradoxe qu'il a développé dans son livre *De l'Esprit*. Soit donc qu'à force de contention il se fût persuadé à lui-même ce qu'il vouloit persuader aux autres, soit qu'il en fût encore à se débattre contre ses propres doutes, et qu'il s'exerçât à les vaincre, nous nous amusions à lui voir jeter successivement sur le tapis les questions qui l'occupoient, ou les difficultés dont il étoit en peine; et, après lui avoir donné quelque temps le plaisir de les entendre discuter, nous l'engagions lui-même à se laisser aller au courant de nos entretiens. Alors il s'y livroit pleinement et avec chaleur, aussi simple, aussi naturel, aussi naïvement sincère dans ce commerce familier, que vous le voyez systématique et sophistique dans ses ouvrages. Rien ne ressemble moins à l'ingénuité de son caractère et de sa vie habituelle que la singularité préméditée et factice de ses écrits; et cette dissemblance se trouvera toujours entre les mœurs et les opinions de ceux qui se fatiguent à penser des choses étranges. Helvétius avoit dans l'âme tout le contraire de ce qu'il a dit. Il n'y avoit pas un meilleur homme : libéral, généreux sans faste, et bienfaisant parce qu'il étoit bon, il imagina de calomnier tous les gens de bien et lui-même, pour ne donner aux actions morales d'autre mobile que l'intérêt; mais, en faisant abstraction de ses livres, on l'aimoit lui tel qu'il étoit; et l'on verra bientôt de quel agrément fut sa maison pour les gens de lettres.

Un homme encore plus passionné que lui pour

la gloire, c'étoit Thomas ; mais, plus d'accord avec lui-même, celui-ci n'attendoit ses succès que du rare talent qu'il avoit d'exprimer ses sentimens et ses idées, sûr de donner à des sujets communs l'originalité d'une haute éloquence, et à des vérités connues des développemens nouveaux, et beaucoup d'ampleur et d'éclat. Il est vrai qu'absorbé dans ses méditations, et sans cesse préoccupé de ce qui pouvoit lui acquérir une renommée étendue, il négligeoit les petits soins et le léger mérite d'être aimable en société. La gravité de son caractère étoit douce, mais recueillie, silencieuse, et souriant à peine à l'enjouement de la conversation, sans y contribuer jamais. Rarement même se livroit-il sur les sujets qui lui étoient analogues, à moins que ce ne fût dans une société intime et peu nombreuse ; c'étoit là seulement qu'il étoit brillant de lumière, étonnant de fécondité. Pour nos dîners, il y faisoit nombre, et ce n'étoit que par réflexion sur son mérite littéraire et sur ses qualités morales qu'il y étoit considéré. Thomas sacrifia toujours à la vertu, à la vérité, à la gloire, jamais aux grâces ; et il a vécu dans un siècle où, sans l'influence et la faveur des grâces, il n'y avoit point en littérature de brillante réputation.

A propos des grâces, parlons d'une personne qui en avoit tous les dons dans l'esprit et dans le langage, et qui étoit la seule femme que Mme Geoffrin eût admise à son dîner des gens de lettres; c'étoit l'amie de d'Alembert, Mlle de Lespinasse : étonnant composé de bienséance, de raison, de sagesse, avec la tête la plus vive, l'âme la plus ardente, l'imagination la plus inflammable qui ait existé depuis Sapho. Ce feu qui circuloit dans ses veines et dans ses nerfs, et qui donnoit à son esprit tant d'activité, de brillant et de charme, l'a consumée avant le temps. Je dirai dans la suite quels regrets elle nous laissa. Je ne marque ici que la place qu'elle occupoit à nos dîners, où sa présence étoit d'un intérêt inexprimable. Continuel objet d'attention, soit qu'elle écoutât, soit qu'elle parlât elle-même (et personne ne parloit mieux), sans coquetterie, elle nous inspiroit l'innocent désir de lui plaire; sans pruderie, elle faisoit sentir à la liberté des propos jusqu'où elle pouvoit aller sans inquiéter la pudeur et sans effleurer la décence.

Mon dessein n'est pas de décrire tout le cercle de nos convives. Il y en avoit d'oiseux et qui ne faisoient guère que jouir : gens instruits cependant, mais avares de leurs richesses, et qui, sans se donner la peine de semer, venoient recueillir. De ce nombre n'étoit assurément pas l'abbé Raynal; et, dans l'usage qu'il faisoit de l'instruction dont il étoit plein, s'il donnoit quelquefois dans un excès, ce n'étoit pas dans un excès d'économie. La robuste vigueur de sa philosophie ne s'étoit pas montrée ; le vaste amas de ses connoissances n'étoit pas pleinement formé ; la sagacité, la justesse, la précision, étoient encore les qualités les plus marquées de son esprit, et il y ajoutoit une bonté d'âme et une aménité de mœurs qui nous le rendoient cher à tous. On trouvoit cependant que la facilité de son élocution et l'abondance de sa mémoire ne se tempéroient pas assez. Son débit étoit rarement susceptible de dialogue ; ce n'a été que dans sa vieillesse que, moins vif et moins abondant, il a connu le plaisir de causer.

Soit qu'il fût entré dans le plan de Mme Geoffrin d'attirer chez elle les plus considérables des étrangers qui venoient à Paris, et de rendre par là sa maison célèbre dans toute l'Europe ; soit que ce fût la suite et l'effet naturel de l'agrément et de l'éclat que donnoit à cette maison la société des gens de lettres, il n'arrivoit d'aucun pays ni prince, ni ministre, ni hommes ou femmes de nom qui, en allant voir Mme Geoffrin, n'eussent l'ambition d'être invités à l'un de nos dîners, et ne se fissent un grand plaisir de nous voir réunis à table. C'étoit singulièrement ces jours-là que Mme Geoffrin déployoit tous les charmes de son esprit, et nous disoit : « Soyons aimables. » Rarement, en effet, ces dîners manquoient d'être animés par de bons propos.

Parmi ceux de ces étrangers qui venoient faire à Paris leur résidence, ou quelque long séjour, elle faisoit un choix des plus instruits, des plus aimables, et ils étoient admis dans le nombre de ses convives. J'en distinguerai trois, qui, pour les agrémens de l'esprit et l'abondance des lumières, ne le cédoient à aucun des François les plus cultivés : c'étoient l'abbé Galiani, le marquis de Caraccioli, depuis ambassadeur de Naples, et le comte de Creutz, ministre de Suède.

L'abbé Galiani étoit, de sa personne, le plus joli petit arlequin qu'eût produit l'Italie; mais sur les épaules de cet arlequin étoit la tête de Machiavel. Épicurien dans sa philosophie, et, avec une âme mélancolique, ayant tout vu du côté ridicule, il n'y avoit rien ni en politique, ni en morale, à propos de quoi il n'eût quelque bon conte à faire; et ces contes avoient toujours la justesse de l'à-propos, et le sel d'une allusion imprévue et ingénieuse. Figurez-vous avec cela, dans sa manière de conter et dans sa gesticulation, la gentillesse la plus naïve, et voyez quel plaisir devoit nous faire le contraste du sens profond que présentoit le conte avec l'air badin du conteur. Je n'exagère point en disant qu'on oublioit tout pour l'entendre quelquefois des heures entières. Mais, son rôle joué, il n'étoit plus de rien dans la société; et, triste et muet, dans un coin, il avoit l'air d'attendre impatiemment le mot du guet pour rentrer sur la scène. Il en étoit de ses raisonnemens comme de ses contes : il falloit l'écouter. Si quelquefois on l'interrompoit : « Laissez-moi donc achever, disoit-il, vous aurez bientôt tout le loisir de me répondre. » Et lorsque, après avoir décrit un long cercle d'inductions (car c'étoit sa manière), il concluoit enfin, si l'on vouloit lui répliquer, on le voyoit se glisser dans la foule, et tout doucement s'échapper.

Caraccioli, au premier coup d'œil, avoit, dans la physionomie, l'air épais et massif avec lequel on peindroit la bêtise. Pour animer ses yeux et débrouiller ses traits, il falloit qu'il parlât; mais alors, et à mesure que cette intelligence vive, perçante et lumineuse, dont il étoit doué, se réveilloit, on en voyoit jaillir comme des étincelles; et la finesse, la gaieté, l'originalité de la pensée, le naturel de l'expression, la grâce du sourire, la sensibilité du regard, se réunissoient pour donner un caractère aimable, ingénieux, intéressant à la laideur. Il parloit mal et péniblement notre langue; mais il étoit éloquent dans la sienne, et, lorsque le terme françois lui manquoit, il empruntoit de l'italien le mot, le tour, l'image dont il avoit besoin. Ainsi, à tout moment, il enrichissoit son langage de mille expressions hardies et pittoresques qui nous faisoient envie. Il les accompagnoit aussi de ce geste napolitain qui, dans l'abbé Galiani, animoit si bien l'expression; et l'on disoit de l'un comme de l'autre qu'ils avoient de l'esprit jusqu'au bout des doigts. L'un comme l'autre avoit aussi d'excellens contes, et presque tous d'un sens fin, moral et profond. Caraccioli avoit fait des hommes une étude philosophique, mais il les avoit observés plus en politique et en homme d'État qu'en moraliste satirique. Il y avoit vu en grand les mœurs des nations, leurs usages et leurs polices; et, s'il en citoit quelques traits particuliers, ce n'étoit qu'en exemple, et à l'appui des résultats qui formoient son opinion.

Avec des richesses inépuisables du côté du savoir, et un naturel très aimable dans la manière de les répandre, il avoit de plus à nos yeux le mérite d'être un excellent homme. Aucun de nous n'auroit pensé à faire son ami de l'abbé Galiani; chacun de nous ambitionnoit l'amitié de Caraccioli; et moi, qui en ai joui longtemps, je ne puis dire assez combien elle étoit désirable.

Mais l'un des hommes qui m'a le plus chéri, et que j'ai le plus tendrement aimé, a été le comte de Creutz. Il étoit aussi de la société littéraire et des dîners de Mme Geoffrin; moins empressé à plaire, moins occupé du soin d'attirer l'attention, souvent pensif, plus souvent distrait, mais le plus charmant des convives lorsque, sans distraction, il se livroit à nous. C'étoit à lui que la nature avoit donné, par excellence, la sensibilité, la chaleur, la délicatesse du sens moral et de celui du goût, l'amour du beau dans tous les genres, et la passion du génie comme celle de la vertu; c'étoit à lui qu'elle avoit accordé le don d'exprimer et de peindre en traits de feu tout ce qui avoit frappé son imagination ou vivement saisi son âme; jamais homme n'est né poète si celui-là ne l'étoit pas. Jeune encore, et l'esprit orné d'une instruction prodigieuse, parlant le françois comme nous, et presque toutes les langues de l'Europe comme la sienne, sans compter les langues savantes, versé dans tous les genres de littérature ancienne et moderne, parlant de chimie en chimiste, d'histoire naturelle en disciple de Linnæus, et singulièrement de la Suède et de l'Espagne en curieux observateur des propriétés de ces climats et de leurs productions diverses, il étoit pour nous une source d'instruction embellie par la plus brillante élocution.

Je vous en dis assez pour vous faire sentir combien ce rendez-vous des gens de lettres devoit avoir d'intérêt et de charmes. Quant à moi, j'y tenois mon coin, ni trop hardi, ni trop timide, gai, naturel, même un peu libre, bien voulu dans la société, chéri de ceux que j'estimois le plus et que j'aimois le plus moi-même. Pour Mme Geoffrin, quoique logé chez elle, je n'étois pas l'un des premiers dans sa faveur; non qu'elle ne me sût bon gré d'égayer à mon tour, et même assez souvent, nos dîners et nos entretiens, ou par de petits contes, ou par des traits de plaisanterie que j'accommodois à son goût; mais, quant à ma conduite personnelle, je n'avois pas assez la complaisance de la consulter et de suivre les avis qu'elle me donnoit; et, de son côté, elle n'étoit pas assez sûre de ma sagesse pour n'avoir pas à craindre de ma part quelqu'un de ces chagrins que lui donnoit parfois l'imprudence de ses amis. Ainsi elle étoit avec moi sur un ton de bonté soucieuse et mal assurée; et moi, en réserve avec elle, je tâchois de lui être agréable; mais je ne voulois pas me laisser dominer.

Cependant elle me voyoit réussir avec tout son monde; et, à son dîner du lundi, je n'étois pas moins bien accueilli qu'à son dîner des gens de lettres. Les artistes m'aimoient, parce qu'en même temps curieux et docile, je leur parlois sans cesse de ce qu'ils savoient mieux que moi. J'ai oublié de dire qu'à Versailles, au-dessous de mon logement, étoit la salle des tableaux qui successivement alloient décorer le palais, et qui étoient presque tous de la main des grands maîtres. C'étoit, dans mes délassemens, ma promenade du matin; j'y passois des heures entières avec le bonhomme Portail[1], digne gardien de ce trésor, à causer avec lui sur le génie et la manière des différentes écoles d'Italie, et sur le caractère distinctif des grands peintres. Dans les jardins, j'avois pris aussi quelques idées comparatives de la sculpture antique et de la moderne. Ces études préliminaires m'avoient mis en état de raisonner avec nos convives; et, en leur laissant l'avantage et l'amusement de m'instruire, j'avois à leurs yeux le mérite de me plaire à les écouter et à recueillir leurs leçons. Avec eux, je me gardois bien d'étaler en littérature d'autres connoissances que celles qui intéressoient les beaux-arts. Je n'avois pas eu de peine à m'apercevoir qu'avec de l'esprit naturel ils manquoient presque tous d'instruction et de culture. Le bon Carle Van Loo possédoit à un haut degré tout le talent qu'un peintre peut avoir sans génie; mais l'inspiration lui manquoit, et pour y suppléer il avoit peu fait de ces études qui élèvent l'âme, et qui remplissent l'imagination de grands objets et de grandes pensées. Vernet,

---

1. Jacques-André Portail, à qui ses délicats *crayons*, longtemps confondus avec ceux de Watteau et de Lancret, ont conquis aujourd'hui une place d'honneur chez les raffinés. Ce passage, souvent cité, est à peu près tout ce que les contemporains nous ont laissé sur ce petit maître, dont la date et le lieu de naissance (Nantes, selon les uns; Brest, selon les registres de l'Académie royale) ne sont même pas encore exactement connus.

admirable dans l'art de peindre l'eau, l'air, la lumière et le jeu de ces élémens, avoit tous les modèles de ces compositions très vivement présens à la pensée; mais, hors de là, quoique assez gai, c'étoit un homme du commun. Soufflot étoit un homme de sens, très avisé dans sa conduite, habile et savant architecte; mais sa pensée étoit inscrite dans le cercle de son compas. Boucher avoit du feu dans l'imagination, mais peu de vérité, encore moins de noblesse; il n'avoit pas vu les grâces en bon lieu; il peignoit Vénus et la Vierge d'après les nymphes des coulisses; et son langage se ressentoit, ainsi que ses tableaux, des mœurs de ses modèles et du ton de son atelier. Lemoyne, le sculpteur, étoit attendrissant par la modeste simplicité qui accompagnoit son génie; mais sur son art même, qu'il possédoit si bien, il parloit peu, et, aux louanges qu'on lui donnoit, il répondoit à peine : timidité touchante dans un homme dont le regard étoit tout esprit et tout âme! La Tour avoit de l'enthousiasme, et il l'employoit à peindre les philosophes de ce temps-là; mais, le cerveau déjà brouillé de politique et de morale, dont il croyoit raisonner savamment, il se trouvoit humilié lorsqu'on lui parloit de peinture. Vous avez de lui, mes enfans, une esquisse[1] de

---

1. Cette esquisse, qui n'a figuré, que je sache, à aucune

mon portrait : ce fut le prix de la complaisance avec laquelle je l'écoutois réglant les destins de l'Europe. Avec les autres je m'instruisois de ce qui concernoit leur art ; et, par là, ces dîners d'artistes avoient pour moi leur intérêt d'agrément et d'utilité.

Parmi les amateurs qui étoient de ces dîners, il y en avoit d'imbus d'assez bonnes études. Avec ceux-ci je n'étois pas en peine de varier la conversation, ni de la ranimer lorsqu'elle languissoit ; et ils me sembloient assez contens de ma façon de causer avec eux. Un seul ne me marquoit aucune bienveillance, et dans sa froide politesse je voyois de l'éloignement : c'étoit le comte de Caylus.

Je ne saurois dire lequel de nous deux avoit prévenu l'autre ; mais à peine avois-je connu le caractère du personnage que j'avois eu pour lui

---

exposition rétrospective, avait dû, comme tant d'autres, rester de longues années entre les mains du peintre, puisqu'il s'en dessaisit seulement à la fin de 1783. Par une lettre datée du 19 décembre de cette année, Marmontel le remercie d'un présent « qui lui sera précieux toute sa vie », et il ajoute : « Je souhaite bien vivement que l'état de vos yeux vous permette bientôt de finir cette belle esquisse ; mais, telle quelle, je la préfère au tableau le plus achevé qui ne seroit pas de votre main. » (*Catalogue de la collection d'autographes Lucas de Montigny*, n° 1969 ; Aug. Laverdet, expert.) Quand Marmontel reçut son portrait, l'esprit du peintre était irrémédiablement ébranlé ; il quitta peu après Paris, et se survécut quatre ans encore à Saint-Quentin.

autant d'aversion qu'il en avoit pour moi. Je ne me suis jamais donné le soin d'examiner en quoi j'avois pu lui déplaire; mais je savois bien, moi, ce qui me déplaisoit en lui : c'étoit l'importance qu'il se donnoit pour le mérite le plus futile et le plus mince des talens; c'étoit la valeur qu'il attachoit à ses recherches minutieuses et à ses babioles antiques; c'étoit l'espèce de domination qu'il avoit usurpée sur les artistes, et dont il abusoit en favorisant les talens médiocres qui lui faisoient la cour, et en déprimant ceux qui, plus fiers de leur force, n'alloient pas briguer son appui; c'étoit enfin une vanité très adroite et très raffinée, et un orgueil très âpre et très impérieux, sous les formes brutes et simples dont il savoit l'envelopper. Souple et soyeux avec les gens en place de qui dépendoient les artistes, il se donnoit près de ceux-là un crédit dont ceux-ci redoutoient l'influence. Il accostoit les gens instruits, se faisoit composer par eux des mémoires sur les breloques que les brocanteurs lui vendoient; faisoit un magnifique recueil de ces fadaises, qu'il donnoit pour antiques; proposoit des prix sur Isis et Osiris pour avoir l'air d'être lui-même initié dans leurs mystères; et, avec cette charlatanerie d'érudition, il se fourroit dans les académies sans savoir ni grec ni latin. Il avoit tant dit, tant fait dire par ses prôneurs qu'en architecture il étoit le restaurateur *du style simple, des formes simples, du beau simple*, que les ignorans le croyoient ; et, par ses relations avec les *dilettanti*, il se faisoit passer en Italie et dans toute l'Europe pour l'inspirateur des beaux-arts. J'avois donc pour lui cette espèce d'antipathie naturelle que les hommes simples et vrais ont toujours pour les charlatans.

Après avoir dîné chez Mme Geoffrin avec les gens de lettres ou avec les artistes, j'étois chez elle encore, le soir, d'une société plus intime, car elle m'avoit fait aussi la faveur de m'admettre à ses petits soupers. La bonne chère en étoit succincte : c'étoit communément un poulet, des épinards, une omelette. La compagnie en étoit peu nombreuse : c'étoient tout au plus cinq ou six de ses amis particuliers, ou un quadrille d'hommes et de femmes du plus grand monde, assortis à leur gré, et réciproquement bien aises d'être ensemble. Mais, quel que fût ce petit cercle de convives, Bernard et moi nous en étions. Un seul avoit exclu Bernard et n'avoit agréé que moi. Le groupe en étoit composé de trois femmes et d'un seul homme. Les trois femmes, assez semblables aux trois déesses du mont Ida, étoient la belle comtesse de Brionne[1], la belle marquise de Du-

---

1. Louise-Charlotte de Grammont, épouse de Charles-Louis de Lorraine, comte de Brionne.

ras [1] et la jolie comtesse d'Egmont [2]. Leur Pâris étoit le prince Louis de Rohan [3]; mais je soupçonne que dans ce temps-là il donnoit la pomme à Minerve : car, à mon gré, la Vénus du souper étoit la séduisante et piquante comtesse d'Egmont. Fille du maréchal de Richelieu, elle avoit la vivacité, l'esprit, les grâces de son père; elle en avoit aussi, disoit-on, l'humeur volage et libertine; mais c'étoit là ce que ni Mme Geoffrin ni moi ne faisions semblant de savoir. La jeune marquise de Duras, avec autant de modestie que Mme d'Egmont avoit de gentillesse, donnoit assez l'idée de Junon par sa noble sévérité, et par un caractère de beauté qui n'avoit rien d'élégant ni de svelte. Pour la comtesse de Brionne, si elle n'étoit pas Vénus même, ce n'étoit pas que, dans la régularité parfaite de sa taille et de tous ses traits, elle ne réunît tout ce qu'on peut imaginer pour définir ou peindre la beauté idéale. De tous les charmes, un seul lui manquoit, sans lequel il n'y a point de Vénus au monde, et qui étoit le prestige de Mme d'Egmont : c'étoit l'air de la volupté. Pour

---

1. Louise-Henriette-Philippine de Noailles, épouse de Emmanuel-Céleste-Augustin, marquis, puis duc de Duras, alors brigadier d'infanterie.
2. Jeanne-Sophie-Élisabeth-Louise-Armande Septimanie (1740-1773), épouse de Casimir Pignatelli, comte d'Egmont.
3. Le futur cardinal qui devait jouer dans l'affaire du Collier le rôle que l'on sait, et qu'on désignait alors d'ordinaire sous le simple titre du *prince Louis*.

le prince de Rohan, il étoit jeune, leste, étourdi, bon enfant, haut par boutades en concurrence avec des dignités rivales de la sienne, mais gaiement familier avec des gens de lettres libres et simples comme moi.

Vous croyez bien qu'à ces petits soupers mon amour-propre étoit en jeu avec tous les moyens que je pouvois avoir d'être amusant et d'être aimable. Les nouveaux contes que je faisois alors, et dont ces dames avoient la primeur, étoient, avant ou après le souper, une lecture amusante pour elles. On se donnoit rendez-vous pour l'entendre; et, lorsque le petit souper manquoit par quelque événement, c'étoit à dîner chez Mme de Brionne que l'on se rassembloit. J'avoue que jamais succès ne m'a plus sensiblement flatté que celui qu'avoient mes lectures dans ce petit cercle, où l'esprit, le goût, la beauté, toutes les grâces, étoient mes juges ou plutôt mes applaudisseurs. Il n'y avoit, ni dans mes peintures, ni dans mon dialogue, pas un trait tant soit peu délicat ou fin qui ne fût vivement senti, et le plaisir que je causois avoit l'air du ravissement. Ce qui me ravissoit moi-même, c'étoit de voir de près les plus beaux yeux du monde donner des larmes aux petites scènes touchantes où je faisois gémir la nature ou l'amour. Mais, malgré les ménagemens d'une politesse excessive, je m'apercevois bien aussi des endroits froids ou foibles qu'on passoit sous silence, et de ceux où j'avois manqué le mot, le ton de la nature, la juste nuance du vrai ; et c'étoit là ce que je notois pour le corriger à loisir.

D'après l'idée que je vous donne de la société de Mme Geoffrin, vous jugerez sans doute qu'elle auroit dû me tenir lieu de toute autre société ; mais j'avois à Paris d'anciens et bons amis qui étoient bien aises de me revoir, et avec qui j'étois moi-même bien aise de me retrouver. Mme Harenc, Mme Desfourniels, Mlle Clairon, et singulièrement Mme d'Hérouville, avoient droit au partage de mes plus doux momens. Je m'étois fait aussi quelques amis nouveaux d'une société charmante. Les intendans des Menus-Plaisirs n'étoient pas non plus négligés.

J'avois d'ailleurs bien observé que, pour valoir aux yeux de Mme Geoffrin ce qu'on valoit réellement, il falloit avec elle savoir tenir un certain milieu entre la négligence et l'assiduité ; ne la laisser ni se plaindre de l'une, ni se lasser de l'autre, et, dans les soins qu'on lui rendoit, ne manquer à rien, mais ne rien prodiguer. Les empressemens la suffoquoient. De la société même la plus aimable elle ne vouloit prendre que ce qu'il lui falloit, à ses heures et à son aise. Je me ménageois donc imperceptiblement l'avantage d'avoir des sacrifices à lui faire ; et, en lui parlant de la vie que je menois dans le monde, je lui faisois entendre, sans affectation, que le temps où j'étois chez elle j'aurois pu le passer fort doucement ailleurs. C'est ainsi que, durant dix ans que j'ai été son locataire, sans lui inspirer une amitié bien tendre, je n'ai jamais perdu son estime ni ses bontés; et, jusqu'à l'accident de sa paralysie, je ne cessai jamais d'être du nombre des gens de lettres ses convives et ses amis.

Il faut tout dire cependant : il manquoit à la société de Mme Geoffrin l'un des agrémens dont je faisois le plus de cas, la liberté de la pensée. Avec son doux *voilà qui est bien,* elle ne laissoit pas de tenir nos esprits comme à la lisière; et j'avois ailleurs des dîners où l'on étoit plus à son aise.

Le plus libre, ou plutôt le plus licencieux de tous, avoit été celui que donnoit toutes les semaines un fermier général nommé Pelletier, à huit ou dix garçons, tous amis de la joie. A ce dîner, les têtes les plus folles étoient Collé et Crébillon le fils. C'étoit entre eux un assaut continuel d'excellentes plaisanteries, et se mêloit du combat qui vouloit. Le personnel n'y étoit jamais atteint; l'amour-propre du bel-esprit y étoit seul attaqué, mais il l'étoit sans ménagement, et il falloit s'en détacher et le sacrifier en entrant dans la lice. Collé y étoit brillant au delà de toute expression;

et Crébillon, son adversaire, avoit surtout l'adresse de l'animer en l'agaçant. Ennuyé d'être spectateur oisif, je me lançois quelquefois dans l'arène à mes périls et risques, et j'y recevois des leçons de modestie un peu sévères. Quelquefois aussi s'engageoit dans la querelle un certain Monticourt, railleur adroit et fin, et ce qu'on appeloit alors un persifleur de la première force; mais la vanité littéraire, qu'il attaquoit en se jouant, ne nous donnoit sur lui aucune prise : en s'avouant lui-même dénué de talens, il se rendoit invulnérable à la critique. Je le comparois à un chat, qui, couché sur le dos, et les pattes en l'air, ne nous présentoit que les griffes. Le reste des convives rioit de nos attaques, et ce plaisir leur étoit permis; mais, lorsque la gaieté, cessant d'être railleuse, quittoit l'arme de la critique, chacun s'y livroit à l'envi. Bernard lui seul (car il étoit aussi de ces dîners) se tenoit toujours en réserve.

C'est une chose singulière que le contraste du caractère de Bernard avec sa réputation. Le genre de ses poésies avoit bien pu dans sa jeunesse lui mériter le surnom de *Gentil*, mais il n'étoit rien moins que *gentil* quand je l'ai connu. Il n'avoit plus avec les femmes qu'une galanterie usée; et, quand il avoit dit à l'une qu'elle étoit fraîche comme Hébé, ou qu'elle avoit le teint de Flore, à l'autre qu'elle avoit le sourire des Grâces, ou la

taille des nymphes, il leur avoit tout dit. Je l'ai vu
à Choisy, à la fête des roses, qu'il y célébroit tous
les ans dans une espèce de petit temple qu'il avoit
décoré de toiles d'opéra, et qui, ce jour-là, étoit
orné de tant de guirlandes de roses que nous en
étions entêtés. Cette fête étoit un souper où les
femmes se croyoient toutes les divinités du printemps. Bernard en étoit le grand prêtre. Assurément c'étoit pour lui le moment de l'inspiration,
pour peu qu'il en fût susceptible : eh bien! là
même, jamais une saillie, ni d'enjouement, ni de
galanterie un peu vive, ne lui échappoit; il y étoit
froidement poli. Avec les gens de lettres, dans
leur gaieté même la plus brillante, il n'étoit que
poli encore; et, dans nos entretiens sérieux et
philosophiques, rien de plus stérile que lui. Il
n'avoit, en littérature, qu'une légère superficie; il
ne savoit que son Ovide. Ainsi, réduit presque au
silence sur tout ce qui sortoit de la sphère de ses
idées, il n'avoit jamais un avis, et, sur aucun objet
de quelque conséquence, jamais personne n'a pu
dire ce que Bernard avoit pensé. Il vivoit, comme
on dit, sur la réputation de ses poésies galantes,
qu'il avoit la prudence de ne pas publier. Nous en
avions prévu le sort lorsqu'elles seroient imprimées : nous savions qu'elles étoient froides, vice
impardonnable, surtout dans un poème de l'*Art
d'aimer;* mais telle étoit la bienveillance que sa

réserve, sa modestie, sa politesse, nous inspiroient, qu'aucun de nous, du vivant de Bernard, ne divulgua ce fatal secret. J'en reviens au dîner où Collé déployoit un caractère si différent de celui de Bernard.

Jamais la verve de la gaieté ne fut d'une chaleur si continue et si féconde. Je ne saurois plus dire de quoi nous riions tant, mais je sais bien qu'à tous propos il nous faisoit tous rire aux larmes. Tout devenoit comique ou plaisant dans sa tête, sitôt qu'elle étoit exaltée. Il est vrai qu'il manquoit assez souvent à la décence; mais, à ce dîner, on n'étoit pas excessivement sévère sur ce point.

Un incident assez singulier rompit cette joyeuse société. Pelletier devint amoureux d'une aventurière, qui lui fit accroire qu'elle étoit fille de Louis XV. Tous les dimanches elle alloit à Versailles voir, disoit-elle, Mesdames, ses sœurs; et toujours elle revenoit avec quelque petit présent : c'étoit une bague, un étui, une montre, une boîte avec le portrait d'une de ces dames. Pelletier, qui avoit de l'esprit, mais une tête foible et légère, crut tout cela, et en grand mystère il épousa cette bohémienne. Dès lors vous pensez bien que sa maison ne nous convint plus; et lui, bientôt après, ayant reconnu son erreur, et la honteuse sottise qu'il avoit faite, en devint fou, et alla mourir à Charenton.

Mémoires de Marmontel. II.

Une liberté plus décente et plus aimable, une gaieté moins folle et assez vive encore, régnoient dans les soupers de Mme Filleul, où la jeune comtesse de Séran brilloit dans tout l'éclat de sa beauté naissante et de son naïf enjouement. A ces soupers, personne ne songeoit à avoir de l'esprit : c'étoit le moindre des soucis et de l'hôtesse et des convives ; et cependant il y en avoit infiniment et du plus naturel et du plus délicat. Mais, avant que de m'occuper des agrémens de cette société, il en est une dont l'attrait va bientôt me coûter assez cher pour ne pas échapper à mon souvenir. Écoutez, mes enfans, par quel enchaînement de circonstances, fortuitement rassemblées, fut amené l'un des événemens les plus notables de ma vie.

Dans la société de Mme Filleul, je revoyois Cury ; il étoit malheureux, et je l'en aimois davantage. J'ai déjà dit que dans le temps de sa prospérité il m'avoit témoigné beaucoup de bienveillance. Tout récemment encore il m'avoit invité à passer, avec lui et ses amis intimes, quelques beaux jours à Chennevières[1], sa maison de campagne, voisine d'Andrésy, où il avoit un canton de chasse. C'étoit là qu'à la vue d'une chaumière pittoresque

---

1. Chennevières-lès-Louvre (Seine-et-Oise), hameau du canton de Luzarches, qu'il ne faut pas confondre avec Chennevières-sur-Marne.

j'avois imaginé le conte de la *Bergère des Alpes*. Heureux moment de calme et de sérénité, que devoit bientôt suivre un violent orage! Là, tout le monde étoit chasseur, excepté moi; mais je suivois la chasse, et, dans une île de la Seine où elle se passoit, assis au pied d'un saule, le crayon à la main, rêvant que j'étois sur les Alpes, je méditois mon conte, et je gardois le dîner des chasseurs. A leur retour, l'air vif et pur de la rivière m'avoit tenu lieu d'exercice, et me donnoit un appétit aussi dévorant que le leur.

Le soir, une table couverte du gibier de leur chasse, et couronnée de bouteilles d'excellent vin, offroit comme un champ libre à la joie et à la licence. Ce furent là pour Cury les dernières caresses et les adieux trompeurs de l'infidèle prospérité :

> *Hinc apicem rapax*
> *Fortuna cum stridore acuto*
> *Sustulit.*

Une petite gaieté qu'il s'étoit permise au théâtre de Fontainebleau, en y tournant en ridicule, dans un prologue de sa façon, les gentilshommes de la chambre, les lui avoit aliénés; et, après avoir fait semblant de rire eux-mêmes de sa plaisanterie, ils s'en vengèrent en le forçant de quitter sa charge d'intendant des Menus-Plaisirs. Le plus sot de ces gentilshommes, le plus vain, le plus colérique, étoit le duc d'Aumont. Il s'étoit obstiné à la ruine de Cury; il en étoit la principale cause, et il en tiroit vanité. Cela seul m'eût fait prendre ce petit duc en aversion; mais j'avois personnellement à m'en plaindre, et voici pourquoi.

Mme de Pompadour ayant désiré que le *Venceslas* de Rotrou fût purgé des grossièretés de mœurs et de langage qui déparoient cette tragédie, j'avois bien voulu, pour lui complaire, me charger de ce travail ingrat; et, les comédiens ayant eux-mêmes, à la lecture, approuvé mes corrections, la tragédie avoit été apprise et répétée avec ces changemens pour être jouée à Versailles; mais Le Kain, qui me détestoit (j'en ai dit ailleurs la raison)[1], ayant fait semblant d'adopter les corrections de son rôle, m'avoit joué le tour perfide de rétablir, à mon insu, l'ancien rôle tel qu'il étoit, ce qui avoit étourdi tous les autres acteurs, et fait manquer à tous momens les répliques du dialogue et tous les effets de la scène. Je m'en étois plaint hautement comme d'une noirceur et d'une insolence inouïe; et, dans les débats qu'elle avoit excités parmi les comédiens, me trouvant compromis, j'allois, dans le *Mercure,* instruire le public

---

1. Voyez ce que l'auteur dit du jeu de Le Kain, sans le nommer, dans ses *Élémens de littérature,* article *Déclamation.*

de la conduite de Le Kain, et démentir les bruits que faisoit courir sa cabale, lorsque le duc d'Aumont, qui la favorisoit, m'avoit fait imposer silence. J'avois donc bien aussi quelque raison de ne pas l'aimer.

Cury, dans son malheur, avoit conservé pour amis ses anciens camarades dans les Menus-Plaisirs. L'un d'eux, avec lequel j'étois particulièrement lié, Gagny[1], amateur de peinture et de musique françoise, et l'un des plus fidèles habitués de l'Opéra, avoit pris pour maîtresse une aspirante à ce théâtre, et il vouloit qu'elle débutât dans les grands rôles de Lully, à commencer par celui d'Oriane[2]. Il nous invita, Cury et moi, et quelques autres amateurs, à aller passer les fêtes de Noël à sa maison de campagne de Garges[3], pour y entendre la nouvelle Oriane et lui donner quelques

---

1. Barthélemy-Augustin Blondel de Gagny (1695-1776), trésorier de la Caisse des amortissements, possesseur de l'un des plus curieux et des plus riches cabinets du XVIIIe siècle ; voir les appendices du *Livre-Journal* de Lazare Duvaux, publié par M. L. Courajod pour la Société des bibliophiles français (1873, 2 vol. in-8), et *les Amateurs d'autrefois*, par Clément de Ris (1877, in-8).

2. Mlle Saint-Hilaire débuta dans *Amadis* le 30 décembre 1759. Voir le compte rendu de Marmontel, *Mercure*, année 1760, page 197.

3. Garches (Seine-et-Oise). Clément de Ris assurait (en 1868) qu'une partie du pavillon de Blondel de Gagny subsistait encore.

leçons. Il faut noter que, de cette partie de plaisir, étoit La Ferté, intendant des Menus, et la belle Rosetti, sa maîtresse. La bonne chère, le bon vin, la bonne mine de l'hôte, nous faisoient trouver admirable la voix de Mlle Saint-Hilaire. Gagny croyoit entendre la Le Maure; et, en pointe de vin, nous étions tous de son avis.

Tout se passoit le mieux du monde, lorsqu'un matin j'appris que Cury étoit attaqué d'un cruel accès de sa goutte. Je descendis chez lui bien vite. Je le trouvai au coin de son feu, les deux jambes emmaillotées, mais griffonnant sur son genou, et riant de l'air d'un satyre, car il en avoit tous les traits. Je voulus lui parler de son accès de goutte; il me fit signe de ne pas l'interrompre, et, d'une main crochue, il acheva d'écrire. « Vous avez bien souffert, lui dis-je alors, mais je vois que le mal s'est adouci. — Je souffre encore, me dit-il, mais je n'en ris pas moins. Vous allez rire aussi. Vous savez avec quelle rage le duc d'Aumont m'a poursuivi? Ce n'est pas trop, je crois, de m'en venger par une petite malice; et voici celle qu'en dépit de la goutte j'ai ruminée cette nuit. »

Il avoit déjà fait une trentaine de vers de la fameuse parodie de *Cinna*; il me les lut, et je confesse que, les ayant trouvés très plaisans, je l'invitai à continuer. « Laissez-moi donc travailler, me dit-il, car je suis en verve. » Je le laissai, et, lorsqu'au son de la cloche pour le dîner je descendis, je le trouvai qui, clopin-clopant, étoit lui-même descendu affublé de fourrure, et qui, avant qu'on fût assemblé, lisoit à La Ferté et à Rosetti ce qu'il m'avoit lu le matin, et quelques vers encore qu'il y avoit ajoutés. A cette seconde lecture, je retins aisément ces malins vers d'un bout à l'autre, aidé par les vers de Corneille, dont ils étoient la parodie, et que je savois tous par cœur. Le lendemain, Cury avança son ouvrage, et j'en fus toujours confident; si bien qu'à mon retour à Paris j'en rapportai une cinquantaine de vers bien recueillis dans ma mémoire.

Je sais qu'en roulant dans le monde la pelote s'en est grossie; mais voilà tout ce que je crois avoir été de la main de Cury. Je dois ajouter que dans ces vers il n'y avoit pas une seule injure, et j'en ai vu des plus grossières dans les copies infidèles qui s'en étoient multipliées.

Dans ces copies on avoit pris en gros l'idée de la parodie; mais les détails en étoient presque tous altérés et défigurés. Il y avoit même des morceaux qui, n'étant pas calqués sur les vers de Corneille, avoient absolument échappé aux copistes. Par exemple, en contrefaisant cette manière d'opiner qui avoit valu à d'Argental le nom de Gobe-Mouche, ils avoient bien enfilé des mots vides de sens; mais, dans ces mots entrecoupés, il n'y avoit aucune finesse, et pas un trait de ressemblance avec l'endroit de la parodie où d'Argental opinoit ainsi :

> Oui, je serois d'avis... cependant il me semble
> Que l'on peut... car enfin vous devez... mais je tremble.
> Ce n'est pas qu'après tout, comme vous sentez bien,
> Je ne fusse tenté de ne ménager rien ;
> Mon froid enthousiasme est fait pour les extrèmes.
> Mais les comédiens, les poètes eux-mêmes...
> Je ne sais que vous dire, et crois, en attendant,
> Que le plus sûr parti seroit le plus prudent.
> C'est la seule raison qui fait que je balance,
> Seigneur, et vous savez combien mon excellence
> Délibère et consulte avant de décider.
> Sans doute mieux que moi Le Kain peut vous guider ;
> A sa subtilité je sais que rien n'échappe :
> Il a pu vous convaincre, et moi-même il me frappe.
> Toutefois je prétends qu'il est de certains cas
> Où souvent... on croit voir ce que l'on ne voit pas.
> Tel est mon sentiment, Seigneur, je le hasarde.
> Jugez-nous ; c'est vous seul que l'affaire regarde.

C'étoit là le style et le ton de la plaisanterie de Cury. Tous ceux qui l'ont connu le savent comme moi ; et lorsque le duc d'Aumont disoit à ses confidens :

> Et, par vos seuls avis, je serai cet hiver
> Ou directeur de troupe, ou simple duc et pair ;

lorsqu'il répondoit à d'Argental, en admirant son éloquence :

> Vous ne savez que dire ! ah ! c'est en dire assez :
> Vous en dites toujours plus que vous ne pensez ;

je ne conçois pas comment ceux qui, tous les jours, entendoient Cury plaisanter ne reconnurent pas sa finesse ironique. Dès sa jeunesse, ce tour d'esprit s'étoit signalé par un trait remarquable et qui étoit connu.

Sa mère étoit en liaison intime avec M. Poultier, intendant de Lyon. Un jour qu'elle dînoit chez lui en grand gala, et son fils avec elle, celui-ci à côté de madame l'intendante, et sa mère à côté de monsieur l'intendant, M. Poultier, ayant attiré les yeux des convives sur une tabatière qu'on ne lui avoit pas vue encore, dit qu'elle lui venoit d'une main qui lui étoit bien chère.

Madame, est-ce la vôtre ou celle de ma mère?

demanda le jeune Cury en s'adressant à l'intendante. L'un des convives, voulant faire preuve d'érudition, observa que ce vers étoit de *Rodogune*. « Non, répliqua M. Poultier, il est de *l'Étourdi*. » C'étoit rabattre avec bien de l'esprit une sottise et une impertinence.

Ce trait et beaucoup d'autres avoient rendu célèbre le talent de Cury pour de fines allusions. Heureusement on l'oublia.

La tête pleine de la parodie qu'il venoit de me confier, j'arrivai à Paris chez Mme Geoffrin, et, dès le jour suivant, j'y entendis parler de cette pièce curieuse. On n'en citoit que les deux premiers vers :

> Que chacun se retire, et qu'aucun n'entre ici.
> Vous, Le Kain, demeurez ; vous, d'Argental, aussi.

Mais c'en fut assez pour me faire croire qu'elle couroit le monde, et il m'échappa de dire en souriant : « Quoi ! n'en savez-vous que cela ? » Aussitôt on me presse de dire ce que j'en savois ; il n'y avoit là, me disoit-on, que d'honnêtes gens, des gens sûrs, et Mme Geoffrin répondoit elle-même de la discrétion de ce petit cercle d'amis. Je cédai, je leur récitai ce que je savois de la parodie ; et, le lendemain, je fus dénoncé au duc d'Aumont, et par lui au roi, comme auteur de cette satire.

J'étois tranquillement à l'Opéra, à la répétition d'*Amadis,* pour entendre notre Oriane, lorsqu'on vint me dire que tout Versailles étoit en feu contre moi, qu'on m'accusoit d'être l'auteur d'une satire contre le duc d'Aumont, que la haute noblesse en crioit vengeance, et que le duc de Choiseul étoit à la tête de mes ennemis.

Je revins chez moi sur-le-champ, et j'écrivis au duc d'Aumont pour l'assurer que les vers qu'on m'attribuoit n'étoient pas de moi, et que, n'ayant jamais fait de satire contre personne, je n'aurois pas commencé par lui. Il eût fallu m'en tenir là ;

mais, tout en écrivant, je me souvins qu'à propos de *Venceslas* et des mensonges publiés contre moi le duc d'Aumont m'avoit écrit lui-même qu'il falloit mépriser ces choses-là, et qu'elles tomboient d'elles-mêmes lorsqu'on ne les relevoit point. Je trouvai naturel et juste de lui renvoyer sa maxime, en quoi je fis une sottise. Aussi ma lettre fut-elle prise pour une nouvelle insulte, et le duc d'Aumont la produisit au roi comme la preuve du ressentiment qui m'avoit dicté la satire. Me moquer de lui en la désavouant, n'étoit-ce pas m'en accuser? Ma lettre ne fit donc qu'attiser sa colère et celle de toute la cour. Je ne laissai pas de me rendre à Versailles, et, en y arrivant, j'écrivis au duc de Choiseul :

Monseigneur,

On me dit que vous prêtez l'oreille à la voix qui m'accuse et qui sollicite ma perte. Vous êtes puissant, mais vous êtes juste; je suis malheureux, mais je suis innocent. Je vous prie de m'entendre et de me juger.
Je suis, etc.

Le duc de Choiseul, pour réponse, écrivit au bas de ma lettre, *dans demi-heure,* et me la renvoya. Dans demi-heure je me rendis à son hôtel, et je fus introduit.

« Vous voulez que je vous entende, me dit-il,

j'y consens. Qu'avez-vous à me dire? — Que je n'ai rien fait, Monsieur le duc, qui mérite l'accueil sévère que je reçois de vous, qui avez l'âme noble et sensible, et qui jamais n'avez pris plaisir à humilier les malheureux. — Mais, Marmontel, comment voulez-vous que je vous reçoive, après la satire punissable que vous venez de faire contre M. le duc d'Aumont? — Je n'ai point fait cette satire; je le lui ai écrit à lui-même. — Oui, et dans votre lettre vous lui avez fait une nouvelle insulte en lui rendant, en propres termes, le conseil qu'il vous avoit donné. — Comme ce conseil étoit sage, je me suis cru permis de le lui rappeler; je n'y ai pas entendu malice. — Ce n'en est pas moins une impertinence, trouvez bon que je vous le dise. — Je l'ai senti après que ma lettre a été partie. — Il en est fort blessé; il a raison de l'être. — Oui, j'ai eu ce tort-là, et je me le reproche comme un oubli des convenances. Mais, Monsieur le duc, cet oubli seroit-il un crime à vos yeux? — Non, mais la parodie? — La parodie n'est point de moi, je vous l'assure en honnête homme. — N'est-ce pas vous qui l'avez récitée? — Oui, ce que j'en savois, dans une société où chacun dit tout ce qu'il sait; mais je n'ai pas permis qu'on l'écrivît, quoiqu'on eût bien voulu l'écrire. — Elle court cependant. — On la tient de quelque autre. — Et vous, de qui la tenez-vous? (Je gardai le silence.) Vous êtes le premier, ajouta-t-il, qu'on dise l'avoir récitée, et récitée de manière à déceler en vous l'auteur. — Quand j'ai dit ce que j'en savois, lui répondis-je, on en parloit déjà, on en citoit les premiers vers. Pour la manière dont je l'ai récitée, elle prouveroit aussi bien que j'ai fait *le Misanthrope,* le *Tartuffe,* et *Cinna* lui-même : car je me vante, Monsieur le duc, de lire tout cela comme si j'en étois l'auteur. — Mais enfin, cette parodie, de qui la tenez-vous? C'est là ce qu'il faut dire. — Pardonnez-moi, Monsieur le duc, c'est là ce qu'il ne faut pas dire, et ce que je ne dirai pas. — Je gage que c'est de l'auteur... — Eh bien! Monsieur le duc, si c'étoit de l'auteur, devrois-je le nommer?— Et comment, sans cela, voulez-vous que l'on croie qu'elle n'est pas de vous? Toutes les apparences vous accusent. Vous aviez du ressentiment contre le duc d'Aumont; la cause en est connue; vous avez voulu vous venger. Vous avez fait cette satire, et, la trouvant plaisante, vous l'avez récitée; voilà ce qu'on dit, voilà ce que l'on croit, voilà ce que l'on a droit de croire. Que répondez-vous à cela? — Je réponds que cette conduite seroit celle d'un fou, d'un sot, d'un méchant imbécile, et que l'auteur de la parodie n'est rien de tout cela. Eh quoi! Monsieur le duc, celui qui l'auroit faite auroit eu la simplicité, l'imprudence, l'étourderie de l'aller réciter lui-même, sans mystère, en société? Non, il en auroit fait, en déguisant son écriture, une douzaine de copies qu'il auroit adressées aux comédiens, aux mousquetaires, aux auteurs mécontens. Je connois comme un autre cette manière de garder l'anonyme; et, si j'avois été coupable, je l'aurois prise pour me cacher. Veuillez donc vous dire à vous-même : Marmontel, devant dix personnes qui n'étoient pas ses amis intimes, a récité ce qu'il savoit de cette parodie; donc il n'en étoit pas l'auteur. Sa lettre à M. le duc d'Aumont est d'un homme qui ne craint rien ; donc il se sentoit fort de son innocence, et croyoit n'avoir rien à craindre. Ce raisonnement, Monsieur le duc, est le contre-pied de celui qu'on m'oppose, et n'en est pas moins concluant. J'ai fait deux imprudences : l'une de réciter des vers que ma mémoire avoit surpris, et de les avoir dits sans l'aveu de l'auteur. — C'est donc bien à l'auteur que vous les avez entendu dire. — Oui, à l'auteur lui-même, car je ne veux point vous mentir. C'est donc à lui que j'ai manqué, et c'est là ma première faute. L'autre a été d'écrire à M. le duc d'Aumont d'un ton qui avoit l'air ironique et pas assez respectueux. Ce sont là mes deux torts, j'en conviens, mais je n'en ai point d'autres. — Je le crois, me dit-il; vous me parlez en honnête homme. Cependant vous allez être envoyé à la

Bastille. Voyez M. de Saint-Florentin : il en a reçu l'ordre du roi. — J'y vais, lui dis-je; mais puis-je me flatter que vous ne serez plus au nombre de mes ennemis? » Il me le promit de bonne grâce, et je me rendis chez le ministre, qui devoit m'expédier ma lettre de cachet.

Celui-ci me vouloit du bien. Sans peine il me crut innocent. « Mais que voulez-vous? me dit-il; M. le duc d'Aumont vous accuse, et veut que vous soyez puni. C'est une satisfaction qu'il demande pour récompense de ses services et des services de ses ancêtres. Le roi a bien voulu la lui accorder. Allez-vous-en trouver M. de Sartine; je lui adresse l'ordre du roi; vous lui direz que c'est de ma part que vous venez le recevoir. » Je lui demandai si, auparavant, je pouvois me donner le temps de dîner à Paris; il me le permit.

J'étois invité à dîner ce jour-là chez mon voisin M. de Vaudesir [1], homme d'esprit et homme sage,

---

[1]. Georges-Nicolas Baudard de Vaudesir, fils du receveur des tailles de l'élection d'Angers, à qui il avait succédé, puis trésorier général des colonies françaises. Son fils Claude reçut, lorsque cette dernière charge fut supprimée, le titre de trésorier général de la marine, qu'il perdit en 1780. Mêlé comme témoin à l'affaire du Collier, il mourut en 1787 à la Bastille, après une banqueroute de vingt millions. Il avait bâti au bois de Boulogne la Folie *Saint-James,* dont le nom est resté à un quartier de Neuilly (C. Port, *Dictionnaire du Maine-et-Loire*). Il sera question plus loin d'une

qui, sous une épaisse enveloppe, ne laissoit pas de réunir une littérature exquise, beaucoup de politesse et d'amabilité. Hélas ! son fils unique étoit ce malheureux Saint-James, qui, après avoir dissipé follement une grande fortune qu'il lui avoit laissée, est allé mourir insolvable à cette Bastille où l'on m'envoyoit.

Après dîner, je confiai mon aventure à Vaudesir, qui me fit de tendres adieux. De là je me rendis chez M. de Sartine, que je ne trouvai point chez lui ; il dînoit ce jour-là en ville, et ne devoit rentrer qu'à six heures. Il en étoit cinq ; j'employai l'intervalle à aller prévenir et rassurer sur mon infortune ma bonne amie Mme Harenc. A six heures, je retournai chez le lieutenant de police. Il n'étoit pas instruit de mon affaire, ou il feignit de ne pas l'être. Je la lui racontai ; il en parut fâché. « Lorsque nous dînâmes ensemble, me dit-il, chez M. le baron d'Holbach, qui auroit prévu que la première fois que je vous reverrois ce seroit pour vous envoyer à la Bastille ? Mais je n'en ai pas reçu l'ordre. Voyons si en mon absence il est arrivé dans mes bureaux. » Il fit appeler ses commis ; et ceux-ci n'ayant entendu parler de rien : « Allez-vous-en coucher chez vous, me

---

visite que fit Marmontel au château de Baudard de Vaudesir.

dit-il, et revenez demain sur les dix heures; cela sera tout aussi bon. »

J'avois besoin de cette soirée pour arranger le *Mercure* du mois. J'envoyai donc prier à souper deux de mes amis; et, en les attendant, je passai chez Mme Geoffrin pour lui annoncer ma disgrâce. Elle en savoit déjà quelque chose, car je la trouvai froide et triste; mais, quoique mon malheur eût pris sa source dans sa société, et qu'elle-même en fût la cause involontaire, je ne touchai point cet article, et je crois qu'elle m'en sut bon gré.

Les deux amis que j'attendois étoient Suard et Coste[1] : celui-ci, jeune Toulousain, avec lequel j'avois été en société dans sa ville; l'autre, sur qui je comptois pour la vie, étoit l'ami de cœur que je m'étois choisi. Il vouloit bien m'entretenir dans cette douce illusion en m'offrant librement lui-même les occasions de lui être utile. Il m'auroit offensé s'il eût paru douter du plein droit qu'il avoit de disposer de moi. Le désir de les occuper

---

1. Louis Coste de Pujolas, né à Toulouse en 1719, mort à Paris le 25 juin 1777, longtemps directeur des *Affiches, Annonces et Avis divers*, connus sous le nom d'*Affiche de province* (1752-1784, 33 vol. in-4°). Le *Nécrologe* de 1778 contient une notice anonyme sur Coste de Pujolas par un de ses amis; dans une note autographe que je possède, Meusnier de Querlon, véritable rédacteur de l'*Affiche de province*, conteste les titres de son chef de file aux éloges que lui prodiguait le *Nécrologe*.

utilement pour eux-mêmes m'avoit fait entreprendre une collection des morceaux les plus curieux des anciens *Mercures* [1]. Ils en faisoient le choix en se jouant ; et les mille écus nets que me produisoit cette partie de mon domaine se partageoient entre eux.

Nous passâmes ensemble une partie de la nuit à tout disposer pour l'impression du *Mercure* prochain ; et, après avoir dormi quelques heures, je me levai, fis mes paquets, et me rendis chez M. de Sartine, où je trouvai l'exempt qui alloit m'accompagner. M. de Sartine vouloit qu'il se rendît à la Bastille dans une autre voiture que la mienne. Ce fut moi qui me refusai à cette offre obligeante ; et, dans le même fiacre, mon introducteur et moi, nous arrivâmes à la Bastille [2]. J'y fus reçu dans la

---

1. *Choix des anciens Mercures, avec un extrait du Mercure françois.* Paris, Chaubert, 1757-1764, 108 vol. in-12 et une *Table générale*, 1765, in-12.

2. Les documents sur cet épisode capital de l'existence de Marmontel ne manquent pas, mais ils sont singulièrement dispersés. Dès 1829, J. Delort, dans son *Histoire de la détention des gens de lettres à la Bastille et à Vincennes*, faisait connaître quelques lettres provenant, semble-t-il, des archives de la Bastille et relatives à l'entrée et à la sortie de Marmontel. En 1835, Mommerqué communiqua au *Bulletin de la Société de l'histoire de France* un dossier beaucoup plus important, extrait, selon toute apparence, de ces mêmes archives, entassées alors dans les caves et dans les combles de l'Arsenal, et qui, depuis, n'y a pas fait retour. Ce dossier renfermait la lettre de Marmontel au duc d'Au-

salle du conseil par le gouverneur et son état-major; et là je commençai à m'apercevoir que j'étois bien recommandé. Ce gouverneur, M. d'Abadie [1], après avoir lu les lettres que l'exempt lui avoit remises, me demanda si je voulois qu'on me laissât mon domestique, à condition cependant que nous serions dans une même chambre, et qu'il ne sortiroit de prison qu'avec moi. Ce domestique étoit Bury. Je le consultai là-dessus; il me répondit qu'il ne vouloit pas me quitter. On visita légèrement mes paquets et mes livres, et

---

mont (30 novembre 1759) à laquelle il fait allusion plus haut; diverses lettres à Sartine, par Saint-Florentin, d'Abadie, gouverneur de la Bastille, et Marmontel; le rapport d'un exempt sur Durand, « vieil homme vivant de son bien », dont le sort tourmentait si vivement le prisonnier, ainsi que le prouve une nouvelle lettre au lieutenant de police; un désaveu formel de Cury, daté de Clichy, 5 janvier 1760, et adressé à Saint-Florentin; l'avis de mise en liberté de Marmontel, 7 janvier 1760, et une note de la main de Sartine sur le revenu que celui-ci était menacé de perdre. Il existe un tirage à part de ces documents sous le titre de : *Détention à la Bastille de Marmontel et de Morellet* (imp. Crapelet, 1835, in-8, 16 p.). M. Cocheris a publié en fac-similé dans le *Bibliophile français illustré* (t. II, p. 184 et 191) la lettre de cachet et l'ordre de mise en liberté de Marmontel, reliés dans un registre de la Bastille appartenant à la Bibliothèque Mazarine.

1. D'après une note que veut bien me communiquer M. Fernand Bournon, François-Jérôme d'Abadie (appelé quelquefois de L'Abadie), lieutenant de roi à la Bastille, fut nommé gouverneur à la mort de Baisle, le 8 décembre 1758. Il mourut subitement le 18 mai 1761.

l'on me fit monter dans une vaste chambre, où il y avoit pour meubles deux lits, deux tables, un bas d'armoire et trois chaises de paille. Il faisoit froid; mais un geôlier nous fit bon feu et m'apporta du bois en abondance. En même temps on me donna des plumes, de l'encre et du papier, à condition de rendre compte de l'emploi et du nombre des feuilles que l'on m'auroit remises.

Tandis que j'arrangeois ma table pour me mettre à écrire, le geôlier revint me demander si je trouvois mon lit assez bon. Après l'avoir examiné, je répondis que les matelas en étoient mauvais et les couvertures malpropres. Dans la minute tout cela fut changé. On me fit demander aussi quelle étoit l'heure de mon dîner. Je répondis : l'heure de tout le monde. La Bastille avoit une bibliothèque; le gouverneur m'en envoya le catalogue, en me donnant le choix des livres qui la composoient. Je le remerciai pour mon compte; mais mon domestique demanda pour lui les romans de Prévost, et on les lui apporta.

De mon côté, j'avois assez de quoi me sauver de l'ennui. Impatienté depuis longtemps du mépris que les gens de lettres témoignoient pour le poème de Lucain, qu'ils n'avoient pas lu et qu'ils ne connoissoient que par la version barbare et ampoulée de Brébeuf, j'avois résolu de le traduire plus décemment et plus fidèlement en prose, et ce travail, qui m'appliqueroit sans fatiguer ma tête, se trouvoit le plus convenable au loisir solitaire de ma prison. J'avois donc apporté avec moi la *Pharsale,* et, pour l'entendre mieux, j'avois eu soin d'y joindre les *Commentaires* de César.

Me voilà donc au coin d'un bon feu, méditant la querelle de César et de Pompée, et oubliant la mienne avec le duc d'Aumont. Voilà, de son côté, Bury, aussi philosophe que moi, s'amusant à faire nos lits, placés dans les deux angles opposés de ma chambre, éclairée dans ce moment par un beau jour d'hiver, nonobstant les barreaux de deux fortes grilles de fer qui me laissoient la vue du faubourg Saint-Antoine.

Deux heures après, les verrous des deux portes qui m'enfermoient me tirent par leur bruit de ma profonde rêverie, et les deux geôliers, chargés d'un dîner que je crois le mien, viennent le servir en silence. L'un dépose devant le feu trois petits plats couverts d'assiettes de faïence commune; l'autre déploie, sur celle des deux tables qui étoit vacante, un linge un peu grossier, mais blanc. Je lui vois mettre sur cette table un couvert assez propre, cuillère et fourchette d'étain, du bon pain de ménage et une bouteille de vin. Leur service fait, les geôliers se retirent, et les deux portes se referment avec le même bruit des serrures et des verrous.

Alors Bury m'invite à me mettre à table, et il me sert la soupe. C'étoit un vendredi. Cette soupe en maigre étoit une purée de fèves blanches, au beurre le plus frais, et un plat de ces mêmes fèves fut le premier que Bury me servit. Je trouvai tout cela très bon. Le plat de morue qu'il m'apporta pour le second service étoit meilleur encore. La petite pointe d'ail l'assaisonnoit, avec une finesse de saveur et d'odeur qui auroit flatté le goût du plus friand Gascon. Le vin n'étoit pas excellent, mais il étoit passable; point de dessert : il falloit bien être privé de quelque chose. Au surplus, je trouvai qu'on dînoit fort bien en prison.

Comme je me levois de table, et que Bury alloit s'y mettre (car il y avoit encore à dîner pour lui dans ce qui restoit), voilà mes deux geôliers qui rentrent avec des pyramides de nouveaux plats dans les mains. A l'appareil de ce service en beau linge, en belle faïence, cuillère et fourchette d'argent, nous reconnûmes notre méprise; mais nous ne fîmes semblant de rien; et, lorsque nos geôliers, ayant déposé tout cela, se furent retirés : « Monsieur, me dit Bury, vous venez de manger mon dîner, vous trouverez bon qu'à mon tour je mange le vôtre. — Cela est juste », lui répondis-je; et les murs de ma chambre furent, je crois, bien étonnés d'entendre rire.

Ce dîner étoit gras; en voici le détail : un

excellent potage, une tranche de bœuf succulent, une cuisse de chapon bouilli ruisselant de graisse et fondant, un petit plat d'artichauts frits en marinade, un d'épinards, une très belle poire de crésane, du raisin frais, une bouteille de vin vieux de Bourgogne , et du meilleur café de Moka; ce fut le dîner de Bury, à l'exception du café et du fruit, qu'il voulut bien me réserver.

L'après-dîner, le gouverneur vint me voir, et me demanda si je me trouvois bien nourri, m'assurant que je le serois de sa table, qu'il auroit soin lui-même de couper mes morceaux, et que personne que lui n'y toucheroit. Il me proposa un poulet pour mon souper; je lui rendis grâce, et lui dis qu'un reste de fruit de mon dîner me suffiroit. On vient de voir quel fut mon ordinaire à la Bastille, et l'on peut en induire avec quelle douceur, plutôt quelle répugnance, l'on se prêtoit à servir contre moi la colère du duc d'Aumont.

Tous les jours j'avois la visite du gouverneur. Comme il avoit quelque teinture de belles-lettres et même de latin, il se plaisoit à suivre mon travail, il en jouissoit; mais bientôt, se dérobant lui-même à ces petites dissipations : « Adieu, me disoit-il, je m'en vais consoler des gens plus malheureux que vous. » Les égards qu'il avoit pour moi pouvoient bien n'être pas une preuve de son humanité; mais j'en avois d'ailleurs un bien fidèle témoignage. L'un des geôliers s'étoit pris d'amitié pour mon domestique, et bientôt il s'étoit familiarisé avec moi. Un jour donc que je lui parlois du naturel sensible et compatissant de M. d'Abadie : « Ah! me dit-il, c'est le meilleur des hommes; il n'a pris cette place, qui lui est si pénible, que pour adoucir le sort des prisonniers. Il a succédé à un homme dur et avare, qui les traitoit bien mal; aussi, quand il mourut, et que celui-ci prit sa place, ce changement se fit sentir jusque dans les cachots; vous auriez dit (expression bien étrange dans la bouche d'un geôlier), vous auriez dit qu'un rayon de soleil avoit pénétré dans ces cachots. Des gens auxquels il nous est défendu de dire ce qui se passe au dehors nous demandoient : « Qu'est-il « donc arrivé? » Enfin, Monsieur, vous voyez comment est nourri votre domestique, nos prisonniers le sont presque tous aussi bien; et les soulagemens qu'il dépend de lui de leur donner le soulagent lui-même, car il souffre à les voir souffrir. »

Je n'ai pas besoin de vous dire que ce geôlier lui-même étoit aussi un bon homme dans son état; et je gardai bien de le dégoûter de cet état, où la compassion est si précieuse et si rare.

La manière dont on me traitoit à la Bastille me faisoit bien penser que n'y serois pas longtemps, et mon travail, entremêlé de lectures intéressantes (car j'avois avec moi Montaigne, Horace et La Bruyère), me laissoit peu de momens d'ennui. Une seule chose me plongeoit quelquefois dans la mélancolie : les murs de ma chambre étoient couverts d'inscriptions qui toutes portoient le caractère des réflexions tristes et sombres dont, avant moi, des malheureux avoient été sans doute obsédés dans cette prison. Je croyois les y voir encore errans et gémissans, et leurs ombres m'environnoient.

Mais un objet qui m'étoit personnel vint plus cruellement tourmenter ma pensée. En parlant de la société de Mme Harenc, je n'ai pas fait mention d'un brave homme appelé Durand, qui avoit de l'amitié pour moi, mais qui, d'ailleurs, n'étoit remarquable que par une grande simplicité de mœurs.

Or, un matin, le neuvième jour de ma captivité, le major de la Bastille entra chez moi, et, d'un air grave et froid, sans aucun préambule, il me demanda si un nommé Durand étoit connu de moi. Je répondis que je connoissois un homme de ce nom. Alors, s'asseyant pour écrire, il continue son interrogatoire. L'âge, la taille, la figure de ce nommé Durand, son état, sa demeure, depuis quel temps je l'avois connu, dans quelle maison, rien ne fut oublié ; et, à chacune de mes réponses, le major écrivoit avec un visage de marbre. Enfin, m'ayant fait la lecture de mon interrogatoire, il me présente la plume pour le signer. Je le signe, et il se retire.

A peine est-il sorti, tous les peut-être les plus sinistres s'emparent de mon imagination. « Qu'aura-t-il donc fait, ce bon Durand? Il va tous les matins au café, il y aura pris ma défense; il y aura parlé avec trop de chaleur contre le duc d'Aumont; il se sera répandu en murmures contre une autorité partiale, injuste, oppressive, qui accable l'homme innocent et foible pour complaire à l'homme puissant. Sur l'imprudence de ces propos, on l'aura lui-même arrêté; et, à cause de moi et pour l'amour de moi, il va gémir dans une prison plus rigoureuse que la mienne. Foible comme il est, bien moins jeune et bien plus timide que moi, le chagrin va le prendre, il y succombera; je serai cause de sa mort. Et la pauvre Mme Harenc, et tous nos bons amis, dans quel état ils doivent être, ô Dieu! que de malheurs mon imprudence aura causés! » C'est ainsi que, dans la pensée d'un homme captif, isolé, solitaire, dans les liens du pouvoir absolu, la réflexion grossit tous les mauvais présages et lui environne l'âme de noirs pressentimens. Dès ce moment je ne dormis plus d'un bon sommeil. Tous ces mets que le gouverneur me réservoit avec tant de soin furent trempés d'amertume. Je sentois dans le foie comme une meurtrissure; et, si ma détention à la Bastille avoit duré huit jours encore, elle auroit été mon tombeau.

Dans cette situation, je reçus une lettre que M. de Sartine me faisoit parvenir. Elle étoit de Mlle S**[1], jeune personne intéressante et belle, avec qui j'étois sur le point de m'unir avant ma disgrâce. Dans cette lettre elle me témoignoit, de la manière la plus touchante, la part sincère et tendre qu'elle prenoit à mon malheur, en m'assurant qu'il n'étonnoit point son courage, et que, loin d'affoiblir ses sentimens pour moi, il les rendoit plus vifs et plus constans.

Je répondis d'abord par l'expression de toute ma sensibilité pour une amitié si généreuse ; mais j'ajoutai que la grande leçon que je recevois du malheur étoit de ne jamais associer personne aux dangers imprévus et aux révolutions soudaines auxquelles m'exposoit la périlleuse condition d'homme de lettres ; que, si dans ma situation je me sentois quelque courage, j'en étois redevable à mon isolement ; que ma tête seroit déjà perdue si, hors de ma prison, j'avois laissé une femme et des enfans dans la douleur, et qu'au moins de ce côté-là, qui seroit pour moi le plus sensible, je ne voulois jamais donner prise à l'adversité.

---

[1]. Mlle Sau..., dit la table des matières de l'édition de 1821. J'ignore qui elle entend désigner.

Mlle S** fut plus piquée qu'affligée de ma réponse, et peu de temps après elle s'en consola en épousant M. S**.

Enfin, le onzième jour de ma détention, à la nuit tombante, le gouverneur vint m'annoncer que la liberté m'étoit rendue, et le même exempt qui m'avoit amené me ramena chez M. de Sartine. Ce magistrat me témoigna quelque joie de me revoir, mais une joie mêlée de tristesse. « Monsieur, lui dis-je, dans vos bontés, dont je suis bien reconnoissant, je ne sais quoi m'afflige encore : en me félicitant, vous avez l'air de me plaindre. Auriez-vous quelque autre malheur à m'annoncer (je pensois à Durand)? — Hélas! oui, me dit-il; et ne vous en doutez-vous pas? le roi vous ôte le *Mercure*. » Ces mots me soulagèrent; et d'un signe de tête exprimant ma résignation je répondis : « Tant pis pour le *Mercure*. — Le mal, ajouta-t-il, n'est peut-être pas sans remède. M. de Saint-Florentin est à Paris, il s'intéresse à vous, allez le voir demain matin. »

En quittant M. de Sartine, je courus chez Mme Harenc, impatient de voir Durand. Je l'y trouvai; et, au milieu des acclamations de joie de toute la société, je ne vis que lui. « Ah! vous voilà, lui dis-je en lui sautant au cou, que je suis soulagé! » Ce transport, à la vue d'un homme pour qui je n'avois jamais eu de sentiment passionné, étonna tout le monde. On crut que la Bastille m'avoit troublé la tête. « Ah ! mon ami, me dit Mme Harenc en m'embrassant, vous voilà libre ! que j'en suis aise ! Et le *Mercure ?* — Le *Mercure* est perdu, lui dis-je. Mais, Madame, permettez-moi de m'occuper de ce malheureux homme. Qu'a-t-il donc fait pour me causer tant de chagrin ? » Je racontai l'histoire du major. Il se trouva que Durand étoit allé solliciter auprès de M. de Sartine la permission de me voir et qu'il s'étoit dit mon ami. M. de Sartine m'avoit fait demander ce que c'étoit que ce Durand, et, de cette question toute simple, le major avoit fait un interrogatoire. Éclairci et tranquille sur ce point-là, j'employai mon courage à relever les espérances de mes amis, et, après avoir reçu d'eux mille marques sensibles du plus tendre intérêt, j'allai voir Mme Geoffrin.

« Eh bien ! vous voilà, me dit-elle ; Dieu soit loué ! Le roi vous ôte le *Mercure ;* M. le duc d'Aumont est bien content, cela vous apprendra à écrire des lettres. — Et à dire des vers », ajoutai-je en souriant. Elle me demanda si je n'allois pas faire encore quelque folie. « Non, Madame ; mais je vais tâcher de remédier à celles que j'ai faites. » Comme elle étoit réellement affligée de mon malheur, il fallut, pour se soulager, qu'elle m'en fît une querelle : pourquoi avois-je fait ces vers? « Je ne les ai pas faits, lui dis-je. — Pourquoi donc les avez-vous dits? — Parce que vous l'avez voulu. — Eh! savois-je, moi, que ce fût une satire aussi piquante? Vous qui la connoissiez, falloit-il vous vanter de la savoir? Quelle imprudence! Et puis vos bons amis de Presle et Vaudesir vont publiant qu'on vous envoie à la Bastille sur votre parole avec toutes sortes d'égards et de ménagemens! — Eh quoi! Madame, falloit-il laisser croire qu'on m'y traînoit en criminel? — Il falloit se taire et ne pas narguer ces gens-là. Le maréchal de Richelieu a bien su dire qu'on l'avoit deux fois mené à la Bastille comme un coupable, et qu'il étoit bien singulier qu'on vous eût traité mieux que lui. — Voilà, Madame, un digne objet d'envie pour le maréchal de Richelieu. — Eh! oui, Monsieur, ils sont blessés que l'on ménage celui qui les offense, et ils emploient tout leur crédit à se venger de lui; cela est naturel. Ne voulez-vous pas qu'ils se laissent manger la laine sur le dos! — Quels moutons! » m'écriai-je d'un air un peu moqueur; mais bientôt, m'apercevant que mes répliques l'animoient, je pris le parti du silence. Enfin, lorsqu'elle m'eut bien tout dit ce qu'elle avoit sur le cœur, je me levai d'un air modeste, et lui souhaitai le bonsoir.

Le lendemain matin, je m'éveillois à peine,

lorsque Bury, en entrant dans ma chambre, m'annonça Mme Geoffrin. « Eh bien, mon voisin, me demanda-t-elle, comment avez-vous passé la nuit? — Fort bien, Madame; ni le bruit des verrous, ni le *qui vive* des rondes, n'a interrompu mon sommeil. — Et moi, dit-elle, je n'ai pas fermé l'œil. — Pourquoi donc, Madame? — Ah! pourquoi? ne le savez-vous pas? J'ai été injuste et cruelle. Je vous ai, hier au soir, accablé de reproches. Voilà comme on est : dès qu'un homme est dans le malheur, on l'accable, on lui fait des crimes de tout (et elle se mit à pleurer). — Eh! bon Dieu, Madame, lui dis-je, pensez-vous encore à cela? Pour moi, je l'avois oublié. Si je m'en ressouviens, ce ne sera jamais que comme d'une marque de vos bontés pour moi. Chacun a sa façon d'aimer : la vôtre est de gronder vos amis du mal qu'ils se sont fait, comme une mère gronde son enfant lorsqu'il est tombé. » Ces mots la consolèrent. Elle me demanda ce que j'allois faire. « Je vais suivre, lui dis-je, le conseil que m'a donné M. de Sartine, voir M. de Saint-Florentin, et de là me rendre à Versailles, et aborder, s'il est possible, Mme de Pompadour et M. le duc de Choiseul. Mais je suis de sang-froid, je possède ma tête, je me conduirai bien, n'en ayez point d'inquiétude. » Tel fut cet entretien, qui fait, je crois, autant d'honneur au caractère de

Mme Geoffrin qu'aucune des bonnes actions de sa vie.

M. de Saint-Florentin me parut touché de mon sort. Il avoit fait pour moi tout ce que sa foiblesse et sa timidité lui avoient permis de faire; mais ni Mme de Pompadour ni M. de Choiseul ne l'avoient secondé. Sans s'expliquer, il approuva que je les visse l'un et l'autre, et je me rendis à Versailles.

Mme de Pompadour, chez qui je me présentai d'abord, me fit dire par Quesnay que, dans la circonstance présente, elle ne pouvoit pas me voir. Je n'en fus point surpris; je n'avois aucun droit de prétendre qu'elle se fît pour moi des ennemis puissans.

Le duc de Choiseul me reçut, mais pour m'accabler de reproches. « C'est bien à regret, me dit-il, que je vous revois malheureux; mais vous avez bien fait tout ce qu'il falloit pour l'être, et vos torts se sont tellement aggravés par votre imprudence que les personnes qui vous vouloient le plus de bien ont été obligées de vous abandonner. — Qu'ai-je donc fait, Monsieur le duc? qu'ai-je pu faire entre quatre murailles qui m'ait donné un tort de plus que ceux dont je me suis accusé devant vous? — D'abord, reprit-il, le jour même que vous deviez vous rendre à la Bastille, vous êtes allé à l'Opéra vous vanter, d'un air insultant, que votre envoi à la Bastille n'étoit qu'une dérision et qu'une vaine complaisance qu'on avoit pour un duc et pair, contre lequel vous n'aviez cessé de déclamer dans les foyers de la Comédie, contre lequel vous avez écrit à l'armée les lettres les plus injurieuses; contre lequel enfin vous avez fait, non pas seul, mais en société, la parodie de *Cinna*, dans un souper, chez Mlle Clairon, avec le comte de Valbelle, l'abbé Galiani, et autres joyeux convives : voilà ce que vous ne m'avez pas dit, et dont on est bien assuré. »

Pendant qu'il me parloit, je me recueillois en moi-même, et, lorsqu'il eut fini, je pris la parole à mon tour. « Monsieur le duc, lui dis-je, vos bontés me sont chères; votre estime m'est encore plus précieuse que vos bontés, et je consens à perdre et vos bontés et votre estime si, dans tous ces rapports qu'on vous a faits, il y a un mot de vrai. — Comment! s'écria-t-il avec un haut-le-corps, dans ce que je viens de vous dire pas un mot de vrai? — Pas un mot, et je vous prie de permettre que, sur votre bureau, je signe article par article tout ce que je vais y répondre.

« Le jour que je devois aller à la Bastille, je n'eus certainement aucune envie d'aller à l'Opéra. » Et, après lui avoir rendu compte de l'emploi de mon temps depuis que je l'avois quitté : « Envoyez savoir, ajoutai-je, de M. de

Sartine et de Mme Harenc, le temps que j'ai passé chez eux : ce sont précisément les heures du spectacle.

« Quant aux foyers de la Comédie, le hasard fait que depuis six mois je n'y ai pas mis les pieds. La dernière fois qu'on m'y a vu (et j'en ai l'époque présente), c'est au début de Durancy[1]; et, auparavant même, je défie que l'on me cite aucun mauvais propos de moi contre le duc d'Aumont.

« Par un hasard non moins heureux, il se trouve, Monsieur le duc, que, depuis l'ouverture de la campagne, je n'ai pas écrit à l'armée; et, si on me fait voir une lettre, un billet qu'on y ait reçu de moi, je veux être déshonoré.

« A l'égard de la parodie, il est de toute fausseté qu'elle ait été faite aux soupers ni dans la société de Mlle Clairon. J'atteste même que chez elle jamais je n'ai entendu dire un seul vers de cette parodie; et, si depuis qu'elle est connue on y en a parlé, comme il est très possible, ce n'a pas été devant moi.

---

1. C'est-à-dire de Madeleine-Céleste Fieuzal, dite Durancy, dont il a été question tome Ier, p. 219, et qui débuta le 19 juillet 1759 dans les rôles de Dorine de *Tartufe* et de Marinette du *Florentin*. L'arrestation de Marmontel étant du 27 décembre 1759, il ne saurait être question dans ce passage du début de Durancy père, qui, selon une note assez obscure de de Manne (*Troupe de Voltaire*, p. 202), aurait eu lieu le 15 novembre de la même année.

« Voilà, Monsieur le duc, quatre assertions que je vais écrire et signer sur votre bureau, si vous voulez bien me le permettre ; et soyez bien sûr qu'âme qui vive ne vous prouvera le contraire, ni n'osera me le soutenir en face et devant vous. »

Vous pensez bien qu'en m'écoutant, la vivacité du duc de Choiseul s'étoit un peu modérée. « Marmontel, me dit-il, je vois qu'on m'en a imposé. Vous me parlez d'un ton à ne me laisser aucun doute sur votre bonne foi, et il n'y a que la vérité qui ose tenir ce langage; mais il faut me mettre moi-même en état d'affirmer que la parodie n'est point de vous. Dites-moi quel en est l'auteur, et le *Mercure* vous est rendu. — Le *Mercure*, Monsieur le duc, ne me sera point rendu à ce prix. — Pourquoi donc ? — Parce que je préfère votre estime à quinze mille livres de rente. — Ma foi, dit-il, puisque l'auteur n'a pas l'honnêteté de se faire connoître, je ne sais pas pourquoi vous le ménageriez. — Pourquoi, Monsieur le duc ? parce qu'après avoir abusé imprudemment de sa confiance, le comble de la honte seroit de la trahir. J'ai été indiscret, mais je ne serai point perfide. Il ne m'a pas fait confidence de ses vers pour les publier. C'est un larcin que lui a fait ma mémoire ; et, si ce larcin est punissable, c'est à moi d'en être puni : me préserve le Ciel qu'il se nomme ou qu'il soit connu! ce seroit bien alors que je serois coupable! J'aurois fait son malheur, j'en mourrois de chagrin. Mais, à présent, quel est mon crime? d'avoir fait ce que, dans le monde, chacun fait sans mystère; et vous-même, Monsieur le duc, permettez-moi de vous demander si, dans la société, vous n'avez jamais dit l'épigramme, les vers plaisans ou les couplets malins que vous aviez entendu dire? Qui jamais, avant moi, a été puni pour cela? Les *Philippiques,* vous le savez, étoient un ouvrage infernal. Le Régent, la seconde personne du royaume, y étoit calomnié d'une manière atroce, et cet ouvrage infâme couroit de bouche en bouche, on le dictoit, on l'écrivoit, il y en avoit mille copies; et cependant quel autre que l'auteur en a été puni? J'ai su des vers, je les ai récités, je ne les ai laissé copier à personne; et tout le crime de ces vers est de tourner en ridicule la vanité du duc d'Aumont. Tel est l'état de la cause en deux mots. S'il s'agissoit d'un complot parricide, d'un attentat, on auroit droit à me contraindre d'en dénoncer l'auteur; mais pour une plaisanterie, en vérité, ce n'est pas la peine de me charger du rôle infâme de délateur, et il iroit non seulement de ma fortune, mais de ma vie, que je dirois comme Nicomède :

> Le maître qui prit soin de former ma jeunesse
> Ne m'a jamais appris à faire une bassesse. »

Je m'aperçus que le duc de Choiseul trouvoit du ridicule dans mon petit orgueil; et, pour me le faire sentir, il me demanda, en souriant, quel avoit été mon Annibal. « Mon Annibal, lui répondis-je, Monsieur le duc, c'est le malheur, qui depuis longtemps m'éprouve et m'apprend à souffrir.

— Et voilà, reprit-il, ce que j'appelle un honnête homme. » Alors, le voyant ébranlé : « C'est cet honnête homme, lui dis-je, que l'on ruine et que l'on accable pour complaire à M. le duc d'Aumont, sans autre motif que sa plainte, sans autre preuve que sa parole. Quelle effroyable tyrannie ! » Ici le duc de Choiseul m'arrêta. « Marmontel, me dit-il, le brevet du *Mercure* étoit une grâce du roi ; il la retire quand il lui plaît ; il n'y a point là de tyrannie. — Monsieur le duc, lui répliquai-je, du roi à moi, le brevet du *Mercure* est une grâce ; mais, de M. le duc d'Aumont à moi, le *Mercure* est mon bien, et, par une accusation fausse, il n'a pas droit de me l'ôter... Mais non, ce n'est pas moi qu'il dépouille, ce n'est pas moi que l'on immole à sa vengeance. On égorge, pour l'assouvir, de plus innocentes victimes. Sachez, Monsieur le duc, qu'à l'âge de seize ans, ayant perdu mon père, et me voyant environné d'orphelins comme moi, et d'une pauvre et nombreuse famille, je leur promis à tous de leur servir de père. J'en pris à témoin le ciel et la nature; et, dès lors jusqu'à ce moment, j'ai fait ce que j'avois promis. Je vis de peu ; je sais réduire et mes besoins et ma dépense ; mais cette foule de malheureux qui subsistoient du fruit de mon travail, mais deux sœurs que j'allois établir et doter, mais des femmes dont la vieillesse avoit besoin d'un peu d'aisance, mais la sœur de ma mère, veuve, pauvre et chargée d'enfans, que vont-ils devenir? Je les avois flattés de l'espérance du bien-être ; ils ressentoient déjà l'influence de ma fortune ; le bienfait qui en étoit la source ne devoit plus tarir pour eux, et tout à coup ils vont apprendre... Ah ! c'est là que le duc d'Aumont doit aller savourer les fruits de sa vengeance; c'est là qu'il entendra des cris et qu'il verra couler des larmes. Qu'il aille y compter ses victimes et les malheureux qu'il a faits ; qu'il aille s'abreuver des pleurs de l'enfance et de la vieillesse, et insulter aux misérables auxquels il arrache leur pain. C'est là que l'attend son triomphe. Il l'a demandé, m'at-on dit, pour récompense de ses services; il devoit dire pour salaire: c'en est un digne de son cœur. » A ces mots, mes larmes coulèrent, et le duc de Choiseul, aussi ému que moi, me dit en m'embrassant : « Vous me pénétrez l'âme, mon cher Marmontel : je vous ai peut-être fait bien du mal, mais je m'en vais le réparer. »

Alors, prenant la plume avec sa vivacité naturelle, il écrivit à l'abbé Barthélemy : « Mon cher abbé, le roi vous a accordé le brevet du *Mercure;* mais je viens de voir et d'entendre Marmontel; il m'a touché, il m'a persuadé de son innocence; ce n'est pas à vous d'accepter la dépouille d'un innocent; refusez le *Mercure;* je vous en dédommagerai. » Il écrivit à M. de Saint-Florentin : « Vous avez reçu, mon cher confrère, l'ordre du roi pour expédier le brevet du *Mercure;* mais j'ai vu Marmontel, et j'ai à vous parler de lui. Ne pressez rien que nous n'ayons causé ensemble. » Il me lut ces billets, les cacheta, les fit partir, et me dit d'aller voir Mme de Pompadour, en me donnant pour elle un billet qu'il ne me lut point, mais qui m'étoit bien favorable, car je fus introduit dès qu'elle y eut jeté les yeux.

Mme de Pompadour étoit incommodée et gardoit le lit. J'approchai; j'eus d'abord à essuyer les mêmes reproches que m'avoit faits le duc de Choiseul; et, avec plus de douceur encore, j'y opposai les mêmes réponses. Ensuite : « Voilà donc, lui dis-je, les nouveaux torts qu'on me suppose pour obtenir du roi qu'après onze jours de prison il porte la sévérité jusqu'à prononcer ma ruine! Si j'avois été libre, j'aurois peut-être enfin, Madame, pénétré jusqu'à vous. J'aurois démenti ces mensonges, et, en vous avouant ma seule et véritable faute, j'aurois trouvé grâce à vos yeux; mais on commence par obtenir que je sois enfermé entre quatre murailles; on profite du temps de ma captivité pour me calomnier impunément tout à son aise; et les portes de ma prison ne s'ouvrent que pour me faire voir l'abîme que l'on a creusé sous mes pas. Mais c'est peu de nous y traîner, ma malheureuse famille et moi; on sait qu'une main secourable peut nous en retirer encore; on craint que cette main, dont nous avons déjà reçu tant de bienfaits, ne redevienne notre appui; on nous ôte cette dernière et unique espérance; et, parce que l'orgueil de M. le duc d'Aumont est irrité, il faut qu'une foule d'innocens soient privés de toute consolation. Oui, Madame, tel a été le but de ces mensonges, qui, en me faisant passer dans votre esprit pour un méchant ou pour un fou, vous indisposoient contre moi. C'est là surtout l'endroit sensible par où mes ennemis avoient su me percer le cœur.

« A présent, pour me mettre hors de défense, on exige de moi que je nomme l'auteur de cette parodie dont j'ai su et dit quelques vers. On me connoît assez, Madame, pour être bien sûr que jamais je ne le nommerai; mais ne pas l'accuser, c'est, dit-on, me condamner moi-même; et, si je ne veux pas être infâme, je suis perdu. Certes, si je ne puis me sauver qu'à ce prix, ma ruine est bien décidée. Mais depuis quand, Madame, est-ce un crime que d'être honnête? depuis quand même est-ce à l'accusé de prouver qu'il est innocent? et depuis quand l'accusateur est-il dispensé de la preuve? Je veux bien cependant repousser par des preuves une attaque qui n'en a point; et mes preuves sont mes écrits, mon caractère assez connu, et la conduite de ma vie. Depuis que j'ai eu le malheur d'être nommé parmi les gens de lettres, j'ai eu pour ennemis tous les écrivains satiriques. Il n'est point d'insolences que je n'en aie reçues et patiemment endurées. Que l'on me cite de moi une épigramme, un trait mordant, une ironie, enfin une raillerie approchant du caractère de celle-ci, et je consens qu'on me l'impute; mais, si j'ai dédaigné ces petites vengeances, si ma plume, toujours décente et modérée, n'a jamais trempé dans le fiel, pourquoi, sur la parole et sur la foi d'un homme que la colère aveugle, croit-on que cette plume ait commencé par distiller contre lui son premier venin? Je suis calomnié, Madame, je le suis devant vous, je le suis devant ce bon roi, qui ne peut croire qu'on lui en impose; et, sans la pitié généreuse que je viens d'inspirer à M. le duc de Choiseul, ni le roi, ni vous-même, vous n'auriez jamais su que je fusse calomnié. »

A peine j'achevois, on annonça le duc de Choiseul. Il n'avoit pas perdu de temps, car je l'avois laissé à sa toilette. « Eh bien! dit-il, Madame, vous l'avez entendu? Que pensez-vous de ce qu'il éprouve? — Que cela est horrible, répondit-elle, et qu'il faut, Monsieur, que le *Mercure* lui soit rendu. — C'est mon avis, dit le duc de Choiseul. — Mais, reprit-elle, il seroit peu convenable que le roi parût d'un jour à l'autre passer du noir au blanc. C'est à M. le duc d'Aumont à faire lui-même une démarche... — Ah! Madame, vous prononcez mon arrêt, m'écriai-je : cette démarche que vous voulez qu'il fasse, il ne la fera point. — Il la fera, insista-t-elle. M. de Saint-Florentin est chez le roi; il va venir me voir, et je vais lui parler. Allez l'attendre à son hôtel. »

Le vieux ministre ne fut pas plus content que moi du biais que prenoit la foiblesse de Mme de Pompadour, et il ne me dissimula point qu'il en tiroit un mauvais augure. En effet, l'opiniâtre orgueil du duc d'Aumont fut intraitable : ni le comte d'Angiviller, son ami, ni Bouvard, son médecin, ni le duc de Duras, son camarade, ne purent lui inspirer un sentiment tant soit peu noble. Comme en lui-même il n'avoit rien qui pût le faire respecter, il prétendit au moins se faire craindre; et il ne revint à la cour que bien déterminé à ne pas se laisser fléchir, déclarant qu'il regarderoit comme ses ennemis ceux qui lui parleroient d'une démarche en ma faveur. Personne n'osa tenir tête à l'un des hommes qui approchoient de plus près de la personne du roi, et tout cet intérêt que l'on prenoit à moi se réduisit à me laisser une pension de mille écus sur le *Mercure;* l'abbé Barthélemy en refusa le brevet, et il fut accordé à un nommé Lagarde [1], bibliothécaire de Mme de Pompadour, et digne protégé de Colin [2], son homme d'affaires.

Dix ans après, le duc de Choiseul, en dînant avec moi, me rappela nos conversations, auxquelles il auroit bien voulu, disoit-il, que nous eussions eu des témoins. Je n'ai pu en donner, de souvenir, qu'une esquisse légère, et telle que ma mémoire, dès longtemps refroidie, a pu me la retracer; mais il faut que la situation m'eût bien vivement inspiré, car il ajouta que de sa vie il n'avoit entendu un homme aussi éloquent que je le fus dans ces momens-là; et, à ce propos : « Savez-vous, me dit-il, ce qui empêcha Mme de Pompadour de vous faire rendre le *Mercure?* ce fut ce fripon de Colin, pour

---

1. Philippe Bridard de La Garde fort décrié en effet pour ses mœurs, et longtemps le *chaperon,* — pour ne pas dire pis, — de Mlle Le Maure; auteur d'un roman agréable et trop peu connu, les *Lettres de Thérèse* (1737, 6 parties in-12).

2. Colin, homme d'affaires de Mme de Pompadour, mort en 1775, à peu près ruiné. Sa bibliothèque, dont on a le catalogue, dénotait un curieux et un homme de goût. Il est souvent question de Colin dans la correspondance de Falconet avec Diderot et avec Catherine II.

le faire donner à son ami Lagarde. » Ce Lagarde étoit si mal famé que, dans la société des Menus-Plaisirs, où il étoit souffert, on l'appeloit *Lagarde-Bicêtre*. C'étoit donc, mes enfans, à Lagarde-Bicêtre que l'on m'avoit sacrifié, et le duc de Choiseul m'en faisoit l'aveu!

Aussi dépourvu d'instruction que de talent, ce nouveau rédacteur fit si mal sa besogne que le *Mercure*, décrié, tomboit, et n'alloit plus être en état de payer les pensions dont il étoit chargé. Les pensionnaires, effrayés, vinrent me supplier de consentir à le reprendre, et m'offrirent d'aller tous ensemble demander qu'il me fût rendu; mais, ayant une fois quitté cette chaîne importune, je ne voulus plus m'en charger. Heureusement, Lagarde étant mort, le *Mercure* fut fait un peu moins mal et dépérit plus lentement; mais, pour sauver les pensions, il fallut enfin qu'on en fît une entreprise de librairie.

LIVRE VII

MON aventure avec le duc d'Aumont m'avoit fait deux grands biens : elle m'avoit fait renoncer à un projet de mariage formé à la légère, et dont j'ai eu depuis quelque raison de croire que je me serois repenti ; elle avoit mis pour moi dans l'âme de Bouvard les germes de cette amitié qui m'a été si salutaire. Mais ces bons offices n'étoient pas les seuls que le duc d'Aumont m'eût rendus en me persécutant.

D'abord mon âme, que les délices de Paris, d'Avenay, de Passy, de Versailles, avoient trop amollie, avoit besoin que l'adversité lui rendît son ancienne trempe et le ressort qu'elle avoit perdu ; le duc d'Aumont avoit pris soin de remettre en vigueur mon courage et mon caractère. En second lieu, sans m'occuper bien sérieusement, le *Mercure* ne laissoit pas de captiver mon attention, de consumer mon temps, de me dérober à moi-même, de m'interdire toute entreprise honorable pour mes talens, et de les asservir à une rédaction minutieuse et presque mécanique; le duc d'Aumont les avoit remis en liberté, et m'avoit rendu l'heureux besoin d'en faire un digne et noble usage. Enfin, j'étois résolu à sacrifier au travail du *Mercure* huit ou dix des plus belles années de ma vie, avec l'espérance d'amasser une centaine de mille francs, auxquels je bornois mon ambition. Or, les loisirs que m'avoit procurés le duc d'Aumont ne me valurent guère moins dans le même nombre d'années, sans rien prendre sur les plaisirs de mes sociétés à la ville, ni des campagnes délicieuses où je passois le temps des trois belles saisons.

Je ne compte pas l'avantage d'avoir été reçu à l'Académie françoise plus tôt que je n'aurois dû l'être en ne faisant que le *Mercure*. L'intention du duc d'Aumont n'étoit pas de m'y conduire par la main; il le fit cependant sans le vouloir, et même en ne le voulant pas.

J'ai observé plus d'une fois, et dans les circonstances les plus critiques de ma vie, que, lorsque la fortune a paru me contrarier, elle a mieux fait pour moi que je n'aurois voulu moi-même. Ici me voilà ruiné, et, du milieu de ma ruine, vous allez, mes enfans, voir naître le bonheur le plus égal, le plus paisible et le plus rarement troublé dont un

homme de mon état se puisse flatter de jouir.
Pour l'établir solidement et sur sa base naturelle,
je veux dire sur le repos de l'esprit et de l'âme, je
commençai par me délivrer de mes inquiétudes domestiques. L'âge ou les maladies, celle surtout qui
sembloit être contagieuse dans ma famille, diminuoient successivement le nombre de ces bons parens que j'avois eu tant de plaisir à faire vivre dans
l'aisance. J'avois déjà obtenu de mes tantes de
cesser tout commerce, et, après avoir liquidé nos
dettes, j'avois ajouté des pensions au revenu de
mon petit bien. Or, ces pensions de cent écus
chacune étant réduites au nombre de cinq, il me
restoit à moi d'abord la moitié de mes mille écus
de pension sur le *Mercure;* j'avois de plus les cinq
cents livres d'intérêts de dix mille francs que j'avois
employés au cautionnement de M. Odde; j'y
ajoutai une rente de cinq cent quarante livres sur
le duc d'Orléans, et, du surplus des fonds qui me
restoient dans la caisse du *Mercure,* j'achetai quelques effets royaux. Ainsi, pour mon loyer, mon
domestique et moi, je n'avois guère moins de
mille écus à dépenser. Je n'en avois jamais dépensé davantage. Mme Geoffrin vouloit même que
le payement de mon loyer cessât dès lors; mais je
la priai de permettre que j'essayasse encore un an
si mes facultés ne me suffiroient pas, en l'assurant
que, si mon loyer me gênoit, je le lui avouerois

sans rougir. Je ne fus point à cette peine. Bien malheureusement le nombre des pensions que je faisois diminua par la mort de mes deux sœurs qui étoient au couvent de Clermont, et que m'enleva la même maladie dont étoient morts nos père et mère. Peu de temps après je perdis mes deux vieilles tantes, les seules qui me restoient à la maison. La mort ne me laissa que la sœur de ma mère, cette tante d'Albois qui vit encore. Ainsi j'héritois tous les ans de quelques-uns de mes bienfaits. D'un autre côté, les premières éditions de mes *Contes* commencèrent à m'enrichir.

Tranquille du côté de la fortune, ma seule ambition étoit l'Académie françoise, et cette ambition même étoit modérée et paisible. Avant d'atteindre à ma quarantième année j'avois encore trois ans à donner au travail, et dans trois ans j'aurois acquis de nouveaux titres à cette place. Ma traduction de Lucain s'avançoit, je préparois en même temps les matériaux de ma *Poétique*, et la célébrité de mes *Contes* alloit toujours croissant à chaque édition nouvelle. Je croyois donc pouvoir me donner du bon temps.

Vous avez vu de quelle manière obligeante l'officieux Bouret avoit débuté avec moi. La connoissance faite, la liaison formée, ses sociétés avoient été les miennes. Dans l'un des contes de *la Veillée*, j'ai peint le caractère de la plus intime de ses amies, la belle Mme Gaulard. L'un de ses deux fils[1], homme aimable, occupoit à Bordeaux l'emploi de la recette générale des fermes; il avoit fait un voyage à Paris; et, la veille de son départ, l'un des plus beaux jours de l'année, nous dînions ensemble chez notre ami Bouret, en belle et bonne compagnie. La magnificence de cet hôtel que les arts avoient décoré, la somptuosité de la table, la naissante verdure des jardins, la sérénité d'un ciel pur, et surtout l'amabilité d'un hôte qui, au milieu de ses convives, sembloit être l'amoureux de toutes les femmes, le meilleur ami de tous les hommes, enfin tout ce qui peut répandre la belle humeur dans un repas, y avoient exalté les esprits. Moi qui me sentois le plus libre des hommes, le plus indépendant, j'étois comme l'oiseau qui, échappé du lien qui le tenoit captif, s'élance dans l'air avec joie; et, pour ne rien dissimuler, l'excellent vin qu'on me versoit contribuoit à donner l'essor à mon âme et à ma pensée.

Au milieu de cette gaieté, le jeune fils de Mme Gaulard nous faisoit ses adieux; et, en me parlant de Bordeaux, il me demanda s'il pouvoit m'y être bon à quelque chose. « A m'y bien rece-

---

[1]. Catherine-Suzanne Josset, veuve de Charles Gaulard, était aussi la mère de Mme Bouret de Villaumont, dont il sera question plus loin.

voir, lui dis-je, lorsque j'irai voir ce beau port et cette ville opulente : car, dans les rêves de ma vie, c'est l'un de mes projets les plus intéressans. — Si je l'avois su, me dit-il, vous auriez pu l'exécuter dès demain : j'avois une place à vous offrir dans ma chaise. — Et moi, me dit l'un des convives (c'étoit un juif appelé Gradis [1], l'un des plus riches négocians de Bordeaux), et moi je me serois chargé de faire voiturer vos malles. — Mes malles, dis-je, n'auroient pas été lourdes; mais pour mon retour à Paris?... — Dans six semaines, reprit Gaulard, je vous y aurois ramené. — Tout cela n'est donc plus possible? leur demandai-je. — Très possible de notre part, me dirent-ils, mais nous partons demain. » Alors, disant quatre mots à l'oreille au fidèle Bury, qui me servoit à table, je l'envoyai faire mes paquets; et aussitôt, buvant à la santé de mes compagnons de voyage : « Me voilà prêt, leur dis-je, et nous partons demain. » Tout le monde applaudit à une résolution si leste, et tout le monde but à la santé des voyageurs.

Il est difficile d'imaginer un voyage plus agréable : une route superbe, un temps si beau, si doux, que nous courions la nuit, en dormant, les glaces baissées. Partout les directeurs, les receveurs des

---

1. La famille Gradis compte actuellement encore des représentants à Bordeaux.

fermes empressés à nous recevoir ; je croyois être dans ces temps poétiques et dans ces beaux climats où l'hospitalité s'exerçoit par des fêtes.

A Bordeaux, je fus accueilli et traité aussi bien qu'il étoit possible, c'est-à-dire qu'on m'y donna de bons dîners, d'excellens vins, et même des salves de canon des vaisseaux que je visitois. Mais, quoiqu'il y eût dans cette ville des gens d'esprit et faits pour être aimables, je jouis moins de leur commerce que je n'aurois voulu : un fatal jeu de dés, dont la fureur les possédoit, noircissoit leur esprit et absorboit leur âme. J'avois tous les jours le chagrin d'en voir quelqu'un navré de la perte qu'il avoit faite. Ils sembloient ne dîner et ne souper ensemble que pour s'entr'égorger au sortir de table ; et cette âpre cupidité, mêlée aux jouissances et aux affections sociales, étoit pour moi quelque chose de monstrueux.

Rien de plus dangereux pour un receveur général des fermes qu'une telle société. Quelque intacte que fût sa caisse, sa seule qualité de comptable lui devoit interdire les jeux de hasard, comme un écueil sinon de sa fidélité, au moins de la confiance qu'on y avoit mise ; et je ne fus pas inutile à celui-ci pour l'affermir dans la résolution de ne jamais se laisser gagner à la contagion de l'exemple.

Une autre cause altéroit le plaisir que m'auroit

fait le séjour de Bordeaux : la guerre maritime faisoit des plaies profondes au commerce de cette grande ville. Le beau canal que j'avois sous les yeux ne m'en offroit que les débris ; mais je me formois aisément l'idée de ce qu'il devoit être dans son état paisible, prospère et florissant.

Quelques maisons de commerçans, où l'on ne jouoit point, étoient celles que je fréquentois le plus et qui me convenoient le mieux ; mais aucune n'avoit pour moi autant d'attrait que celle d'Ansely[1]. Ce négociant étoit un philosophe anglois, d'un caractère vénérable. Son fils, quoique bien jeune encore, annonçoit un homme excellent ; et ses deux filles, sans être belles, avoient un charme naturel dans l'esprit et dans les manières qui m'engageoit autant et plus que n'eût fait la beauté. La plus jeune des deux, Jenny, avoit fait sur mon âme une impression vive. Ce fut pour elle que je composai la romance de *Pétrarque,* et je la lui chantai en lui disant adieu.

Dans les loisirs que me laissoit la société d'une

---

1. Le nom d'Ansely ne figure ni sous cette forme, ni sous aucune autre, dans les répertoires locaux de l'époque, et il ne semble pas qu'à l'exception de Marmontel, ses contemporains aient apprécié les qualités que celui-ci se plaît à lui reconnaître. La romance de *Pétrarque* et l'*Épître aux poètes* ont été recueillies dans l'édition des *Œuvres* de l'auteur donnée par lui-même (1787).

ville où, le matin, tout le monde est à ses affaires, je repris le goût de la poésie, et je composai mon *Épître aux poètes*. J'eus aussi pour amusement les facéties qu'on imprimoit à Paris dans ce moment-là contre un homme qui méritoit d'être châtié de son insolence, mais qui le fut aussi bien rigoureusement : c'étoit Le Franc de Pompignan.

Avec un mérite littéraire considérable dans sa province, médiocre à Paris, mais suffisant encore pour y être estimé, il y auroit joui paisiblement de cette estime, si l'excès de sa vanité, de sa présomption, de son ambition, ne l'avoit pas tant enivré. Malheureusement, trop flatté dans ses académies de Montauban et de Toulouse, accoutumé à s'y entendre applaudir dès qu'il ouvroit la bouche et avant même qu'il eût parlé, vanté dans les journaux dont il savoit gagner ou payer la faveur, il se croyoit un homme d'importance en littérature; et, par malheur encore, il avoit ajouté à l'arrogance d'un seigneur de paroisse l'orgueil d'un président de cour supérieure dans sa ville de Montauban; ce qui formoit un personnage ridicule dans tous les points. D'après l'opinion qu'il avoit de lui-même, il avoit trouvé malhonnête qu'à la première envie qu'il avoit témoignée d'être de l'Académie françoise on ne se fût pas empressé à l'y recevoir; et, lorsqu'en 1758 Sainte-Palaye y avoit eu sur lui la préférence, il en avoit marqué un superbe dépit. Deux ans après, l'Académie n'avoit pas laissé de lui accorder ses suffrages, et il n'y avoit pour lui que de l'agrément dans l'unanimité de son élection; mais, au lieu de la modestie que les plus grands hommes eux-mêmes affectoient, au moins en y entrant, il y apporta l'humeur de l'orgueil offensé, avec un excès d'âpreté et de hauteur inconcevable. Le malheureux avoit conçu l'ambition d'être je ne sais quoi dans l'éducation des enfans de France. Il savoit que, dans ses principes de religion, M. le Dauphin n'aimoit pas Voltaire, et qu'il voyoit de mauvais œil l'atelier encyclopédique; il faisoit sa cour à ce prince; il croyoit s'être rendu recommandable auprès de lui par ses odes sacrées, dont la magnifique édition ruinoit son libraire; il croyoit l'avoir très flatté en lui confiant le manuscrit de sa traduction des *Géorgiques;* il ne savoit pas à qui sa vanité avoit affaire; il ne savoit pas que cette traduction, si péniblement travaillée, en vers durs, raboteux, martelés, sans couleur et sans harmonie, comparée au chef-d'œuvre de la poésie latine, étoit, par le Dauphin lui-même, soumise à l'œil moqueur de la critique et tournée en dérision. Il crut faire un coup de parti en attaquant publiquement, dans son discours de réception à l'Académie françoise, cette classe de gens de lettres que l'on appeloit philosophes, et singulièrement Voltaire et les encyclopédistes.

Il venoit de faire cette sortie lorsque je partis pour Bordeaux; et, ce qui n'étoit guère moins étonnant que son arrogance, c'étoit le succès qu'elle avoit eu. L'Académie avoit écouté en silence cette insolente déclamation; le public l'avoit applaudie; Pompignan étoit sorti de là triomphant et enflé de sa vaine gloire.

Mais, peu de temps après, commença contre lui la légère escarmouche des *Facéties parisiennes;* et ce fut l'un de ses amis, le président Barbot[1], qui, étant venu me voir, m'apprit que « ce pauvre M. de Pompignan étoit la fable de Paris ». Il me montra les premières feuilles qu'il venoit de recevoir; c'étoient les *Quand* et les *Pourquoi*. Je vis la tournure et le ton que prenoit la plaisanterie.

« Vous êtes donc l'ami de M. Le Franc? lui demandai-je. — Hélas! oui, me dit-il. — Je vous plains donc, car je connois les railleurs qui sont à ses trousses. Voilà les *Quand* et les *Pourquoi;* bientôt les *Si*, les *Mais*, les *Car,* vont venir à la file; et je vous annonce qu'on ne le quittera point qu'il n'ait passé par les particules. » La correction fut encore plus sévère que je n'avois

---

1. Jean de Barbot, président à la cour des Aides de Guyenne, passait, à tort ou à raison, auprès de ses contemporains pour avoir fourni à Montesquieu le canevas de quelques-unes des *Lettres persanes*.

prévu ; on se joua de lui de toutes les manières. Il voulut se défendre sérieusement ; il n'en fut que plus ridicule. Il adressa un mémoire au roi ; son mémoire fut bafoué. Voltaire parut rajeunir pour s'égayer à ses dépens : en vers, en prose, sa malice fut plus légère, plus piquante, plus féconde en idées originales et plaisantes qu'elle n'avoit jamais été. Une saillie n'attendoit pas l'autre. Le public ne cessoit de rire aux dépens du triste Le Franc. Obligé de se tenir enfermé chez lui pour ne pas entendre chanter sa chanson dans le monde, et pour ne pas se voir montré au doigt, il finit par aller s'ensevelir dans son château, où il est mort sans avoir jamais osé reparoître à l'Académie. J'avoue que je n'eus aucune pitié de lui, non seulement parce qu'il étoit l'agresseur, mais parce que son agression avoit été sérieuse et grave, et n'alloit pas à moins, si on l'en avoit cru, qu'à faire proscrire nombre de gens de lettres, qu'il dénonçoit et désignoit comme les ennemis du trône et de l'autel.

Lorsque nous fûmes sur le point, Gaulard et moi, de revenir à Paris : « Allons-nous, me dit-il, retourner par la même route ? n'aimeriez-vous pas mieux faire le tour par Toulouse, Montpellier, Nîmes, Avignon, Vaucluse, Aix, Marseille, Toulon, et par Lyon, Genève, où nous verrions Voltaire, dont mon père a été connu ? » Vous pensez bien que j'embrassai ce beau projet avec transport ; et, avant de partir, j'écrivis à Voltaire.

A Toulouse, nous fûmes reçus par un ami intime de Mme Gaulard, M. de Saint-Amand, homme de l'ancien temps pour la franchise et la politesse, et qui dans cette ville occupoit un très bon emploi[1]. Pour moi, je n'y retrouvai plus aucune de mes connoissances. J'eus même de la peine à reconnoître la ville, tant les objets de comparaison et l'habitude de voir Paris la rapetissoient à mes yeux.

De Toulouse à Béziers, nous fûmes occupés à suivre et à observer le canal du Languedoc. Ce fut là véritablement pour moi un sujet d'admiration, parce que j'y voyois réunies la grandeur et la simplicité, deux caractères qui ne se montrent jamais ensemble sans causer d'étonnement.

La jonction des deux mers et le commerce de l'une et de l'autre étoient le résultat de deux ou trois grandes idées combinées par le génie. La première étoit celle d'un amas d'eaux immense, dans l'espèce de coupe que forment des montagnes du côté de Revel, à quelques lieues de Carcassonne, pour être perpétuellement la source et le réservoir du canal ; la seconde étoit le choix d'une

---

1. Selon l'*Almanach du Languedoc* (1755), M. de Saint-Amand était receveur général du tabac à Toulouse.

éminence inférieure au réservoir, mais dominant, d'un côté, l'intervalle de ce point-là jusqu'à Toulouse, et, de l'autre côté, l'espace du même point jusqu'à Béziers; en sorte que les eaux du réservoir, conduites jusque-là par une pente naturelle, s'y tiendroient suspendues dans un vaste niveau, et n'auroient plus qu'à s'épancher d'un côté vers Béziers, de l'autre vers Toulouse, pour alimenter le canal et aller déposer les barques dans l'Orbe d'un côté, et de l'autre dans la Garonne. Enfin, une troisième et principale idée étoit la construction des écluses dans tous les points où les barques auroient à s'élever ou à descendre; l'effet de ces écluses étant, comme l'on sait, de recevoir les barques, et, en se remplissant ou se vidant à volonté, de leur servir comme d'échelons dans les deux sens, soit pour descendre, soit pour monter au niveau du canal.

En vous épargnant des détails de prévoyance et d'industrie où l'inventeur étoit entré pour rendre intarissable la source des eaux du canal et en mesurer le volume, sans jamais le faire dépendre du cours des rivières voisines, ni communiquer avec elles, je dirai seulement que je ne négligeai aucun de ces détails. Mais le principal objet de mon attention fut le bassin de Saint-Ferréol, la source du canal et le réservoir de ses eaux. Ce bassin, formé, comme je l'ai dit, par un cercle de montagnes, a deux mille deux cent vingt-deux toises de circonférence et cent soixante pieds de profondeur. La gorge des montagnes qui l'environnent est fermée par un mur de trente-six toises d'épaisseur. Lorsqu'il est plein, ses eaux s'épanchent en cascade ; mais, dans les temps de sécheresse, ces épanchoirs n'en versent plus, et alors c'est du fond du réservoir qu'on les tire. Voici comment : dans l'épaisseur de la digue sont pratiquées deux voûtes qui, à quarante pieds de distance, se prolongent sous le réservoir ; à l'une de ces voûtes sont adaptés verticalement trois tubes de bronze du calibre des plus gros canons, et par lesquels, quand leurs robinets s'ouvrent, l'eau du réservoir tombe dans un aqueduc pratiqué le long de la seconde voûte ; en sorte que, lorsqu'on pénètre jusqu'à ces robinets, on a cent soixante pieds d'eau sur la tête. Nous ne laissâmes pas de nous avancer jusque-là, à la lueur du goudron enflammé que notre conducteur portoit dans une poêle : car nulle autre lumière n'auroit tenu à la commotion de l'air qu'excita bientôt sous la voûte l'explosion des eaux, quand tout à coup, avec un fort levier de fer, notre homme ouvrit le robinet de l'un des trois tuyaux, puis celui du second, puis celui du troisième. A l'ouverture du premier, le plus effroyable tonnerre se fit entendre sous la voûte ; et deux fois, coup sur coup, ce mugissement redoubla. Je croyois voir crever le fond du réservoir, et les montagnes des environs s'écrouler sur nos têtes. L'émotion profonde, et, à dire vrai, la frayeur que ce bruit nous avoit causée, ne nous empêcha point d'aller voir ce qui se passoit sous la seconde voûte. Nous y pénétrâmes, au bruit de ces tonnerres souterrains; et là nous vîmes trois torrens s'élancer par l'ouverture des robinets. Je ne connois dans la nature aucun mouvement comparable à la violence de la colonne d'eau qui, en flots d'écume, s'échappoit de ces tubes. L'œil ne pouvoit la suivre; sans étourdissement on ne pouvoit la regarder. Le bord de l'aqueduc où fuyoit ce torrent n'avoit que quatre pieds de large; il étoit revêtu d'une pierre de taille polie, humide et très glissante. C'étoit là que nous étions debout, pâlissans, immobiles; et, si le pied nous eût manqué, l'eau du torrent nous eût roulés à mille pas dans un clin d'œil. Nous sortîmes en frémissant, et nous sentîmes les rochers auxquels la digue est appuyée trembler à cent pas de distance.

Quoique bien familiarisé avec le mécanisme du canal, je ne laissai pas d'être émerveillé encore, lorsque du pied de la colline de Béziers je vis comme un long escalier de huit écluses contiguës, par où les barques descendoient ou montoient avec une égale facilité.

A Béziers, je trouvai un ancien militaire de mes

amis, M. de La Sablière, qui, après avoir joui longtemps de la vie de Paris, étoit venu achever de vieillir dans sa ville natale, et y jouir d'une considération méritée par ses services. Dans l'asile voluptueux qu'il s'étoit fait, il nous reçut avec cette hilarité gasconne à laquelle contribuoient l'aisance d'une fortune honnête, l'état d'une âme libre et calme, le goût de la lecture, un peu de la philosophie antique, et cette salubrité renommée de l'air qu'on respire à Béziers. Il me demanda des nouvelles de La Popelinière, chez lequel nous avions passé ensemble de beaux jours. « Hélas! lui répondis-je, nous ne nous voyons plus; son fatal égoïsme lui a fait oublier l'amitié. Je vais vous confier ce que je n'ai dit à personne :

« Immédiatement après le mariage de ma sœur, j'avois obtenu pour son mari un emploi à Chinon, l'entrepôt du tabac, emploi facile et simple, et que ma sœur auroit pu conserver si elle avoit perdu son mari. Cet emploi valoit cent louis. En même temps La Popelinière avoit obtenu, pour un de ses parens, l'emploi des traites de Saumur, emploi de receveur comptable, et qui, d'un détail infini et d'une extrême difficulté, ne valoit que douze cents livres. La Popelinière ne laissa pas de me prier d'en accepter l'échange, en alléguant la bienséance, vu que son homme, à lui, demeuroit à Chinon. Comme il me demandoit ce service au

nom de l'amitié, je ne balançai pas à le lui rendre.
Je tâchai même de me persuader que les talens de
mon beau-frère auroient été ensevelis dans un
magasin de tabac; au lieu que, dans une recette
qui demandoit un homme instruit, vigilant, appliqué, il pourroit se faire connoître et mériter de
l'avancement. Je ne crus donc pas lui faire tort;
et, généreux à ses dépens, je le fus à l'excès: car,
l'emploi de Chinon étant d'une valeur double de
celui de Saumur, La Popelinière m'offroit pour
cet échange un dédommagement annuel de douze
cents livres; et moi je ne voulus, pour compensation, que le plaisir de l'obliger. Eh bien! ce mince
emploi, où mon beau-frère avoit rétabli l'ordre,
l'activité, l'exactitude, et qu'on lui avoit permis
de joindre à celui du grenier à sel qu'il avoit obtenu depuis, quelqu'un, à mon insu, l'a sollicité
pour un autre, et mon beau-frère l'a perdu. —
Et La Popelinière a souffert qu'on vous l'ait enlevé? — Que vouliez-vous qu'il fît? — Et, sandis!
étoit-il sans crédit dans sa compagnie? et du
moins ne devoit-il pas reconnoître et faire valoir
ce que vous aviez fait pour lui? — Que direz-vous donc, ajoutai-je, quand vous saurez que c'est
lui-même qui, sans m'en dire un mot, a demandé,
sollicité cet emploi pour son secrétaire, et en a
dépouillé le mari de ma sœur? — Cela n'est pas
possible. — Cela n'est que trop vrai: les fermiers

généraux eux-mêmes me l'ont dit. » La Sablière, confondu, garda quelque temps le silence; et puis : « Mon ami, me dit-il, nous l'avons aimé, vous et moi; ne pensons qu'à cela; jetons un voile sur le reste. » En effet, nous ne fîmes plus que nous retracer l'heureux temps où La Popelinière étoit pour nous un hôte aimable, et cette galerie mouvante de tableaux et de caractères qui chez lui nous avoit passé devant les yeux. « J'en aime encore le souvenir, me dit-il, mais comme d'un songe dont le réveil est sans regrets. »

Montpellier ne nous offrit rien d'intéressant que le Jardin des plantes; encore ne fut-il pour nous qu'une promenade agréable, car nous étions en botanique aussi ignorans l'un que l'autre; mais, comme nous nous connoissions en jolies femmes, nous eûmes le plaisir d'en suivre des yeux quelques-unes qui, avec un teint brun, nous sembloient très piquantes. Ce qu'on distingue en elles, c'est un air éveillé, une démarche leste et un œil agaçant. J'observai singulièrement qu'elles étoient très bien chaussées, ce qui, par tout pays, est un présage heureux.

A Nîmes, sur la foi des voyageurs et des artistes, nous nous attendions à être frappés d'admiration : rien ne nous étonna. Il y a des choses dont la renommée exagère si fort la grandeur ou la beauté que l'opinion qu'on en a eue de loin ne peut plus que décroître lorsqu'on les voit de près. L'Amphithéâtre ne nous parut point vaste, et la structure ne nous surprit que par sa massive lourdeur. La Maison carrée nous fit plaisir à voir, mais le plaisir que fait une petite chose régulièrement travaillée.

Je ne veux pas oublier qu'à Nîmes, dans le cabinet d'un naturaliste appelé Séguier[1], nous vîmes une collection de pierres grises qui, fendues par lits, comme le talc, présentent les deux moitiés d'un poisson incrusté dont la figure est très distincte; et cela n'est pas merveilleux; mais, ce qui l'est pour moi, c'est ce que m'assura ce naturaliste, que ces pierres se trouvent dans les Alpes, et que l'espèce des poissons qu'elles renferment ne se trouvent plus dans nos mers.

Quærite, quos agitat mundi labor.
LUCAN.

Nous ne vîmes Avignon qu'en passant, pour aller nous extasier à Vaucluse. Mais il fallut encore ici rabattre de l'idée que nous avions du

---

1. M. Gaston Boissier a publié dans la *Revue des Deux-Mondes* du 15 avril 1871 une étude sur Jean-François Séguier, naturaliste et antiquaire, dont une partie des papiers a été transportée à la Bibliothèque nationale, à la suite de la mission bibliographique de Chardon de La Rochette et de Prunelle dans les départements du Midi.

séjour enchanté de Pétrarque et de Laure. Il en est de Vaucluse comme de Castalie, du Pénée et du Simoïs. La renommée en est due aux Muses, leur vrai charme est celui des vers qui les ont célébrés. Ce n'est pas que la cascade de la fontaine de Vaucluse ne soit belle, et par le volume et par les longs bondissemens de ses eaux parmi les rochers dont leur chute est entrecoupée ; mais, n'en déplaise aux poètes qui l'ont décrite, la source en est absolument dénuée des ornemens de la nature ; les deux bords en sont nus, arides, escarpés, sans ombrage ; ce n'est qu'au bas de la cascade que la rivière qu'elle forme commence à revêtir ses bords d'une assez riante verdure. Cependant, avant de quitter la source de ses eaux, nous nous assîmes, nous rêvâmes ; et, sans nous parler l'un à l'autre, les yeux fixés sur des ruines qui nous sembloient être les restes du château de Pétrarque, nous fûmes nous-mêmes quelques momens dans l'illusion poétique, en croyant voir autour de ces ruines errer les ombres des deux amans qui ont fait la gloire de ces bords.

Mais, ce qui plus réellement est fait pour le plaisir des yeux, ce sont l'enceinte et les dehors d'une petite ville que la rivière de Vaucluse vient embrasser, et dont elle baigne les murs ; ce qui l'a fait appeler *l'Ile*. Nous croyions en effet voir une île enchantée, en nous promenant alentour, sous deux rangs de mûriers et entre deux canaux d'une eau vive, pure et rapide. De jolis groupes de jeunes juives, qui se promenoient comme nous, ajoutoient à l'illusion que nous faisoit la beauté du lieu; et d'excellentes truites, de belles écrevisses, que l'on nous servit à souper dans l'auberge qui terminoit cette charmante promenade, firent succéder aux plaisirs de l'imagination et à ceux de la vue les délices d'un nouveau sens.

Le beau temps, qui depuis Paris avoit si agréablement accompagné notre voyage, nous abandonna sur les confins de la Provence. Le pays où il pleut le plus rarement fut pluvieux pour nous. La ville d'Aix ne fut d'abord sur notre route qu'un passage pour aller voir Marseille et Toulon. Il fallut cependant faire une visite d'usage au gouverneur de la province, qui résidoit dans cette ville. Ce gouverneur, l'indigne fils du maréchal de Villars[1], me reçut avec une politesse qui, dans un autre, m'auroit flatté. Il marqua de l'empressement à nous retenir jusqu'à la Fête-Dieu. Nous

---

1. Honoré-Armand, duc de Villars (1702-1770), membre de l'Académie française et l'un des correspondants de Voltaire. Grimm, en rappelant l'épitaphe proposée pour son tombeau : *Ci-gît l'ami des hommes*, ajoute : « Je ne connais que M. de Mirabeau en droit de protester contre la profanation d'un titre qu'il s'est réservé exclusivement. » (*Corresp. litt.*, octobre 1770.)

nous y refusâmes; mais il nous fit promettre que la veille de cette fête nous serions de retour à Aix, pour voir le lendemain la procession du roi René.

Ce furent pour moi deux objets d'un intérêt très vif et d'une attention très avide que ces deux ports célèbres, celui de Marseille pour le commerce, celui de Toulon pour la guerre; et, quoiqu'à Marseille, une ville neuve, très magnifiquement bâtie, fût digne de nous occuper, le peu de temps que nous y fûmes s'employa tout à visiter le port, ses défenses, ses magasins, et tous les grands objets de ce commerce que la guerre faisoit languir, mais qui redeviendroit florissant à la paix. A Toulon, le port fut de même l'unique objet de nos pensées. Nous y reconnûmes la main de Louis XIV dans ces établissemens superbes où étoit empreinte sa grandeur, et dans lesquels, soit pour la construction, soit pour l'armement des vaisseaux, tout rappeloit encore une puissance respectable.

Ici, ce qui sembloit devoir m'en imposer le plus fut ce qui m'étonna le moins. L'une de mes envies étoit de voir la pleine mer. Je la vis, mais tranquille; et les tableaux de Vernet me l'avoient si fidèlement représentée que la réalité ne m'en causa aucune émotion; mes yeux y étoient aussi accoutumés que si j'étois né sur ses bords.

Le duc de Villars sembloit avoir voulu nous rendre témoins du gala qu'il donneroit chez lui la veille de la Fête-Dieu. En y arrivant le soir, nous y trouvâmes toute la bonne compagnie de la ville, le bal, grand jeu et grand souper.

Le lendemain, le mauvais temps nous priva du spectacle de la procession qu'on nous avoit si fort vantée. Nous en vîmes pourtant quelques échantillons : par exemple, un crocheteur ivre, représentant la reine de Saba; un autre, le roi Salomon; trois autres, les rois mages, et tout cela crotté jusqu'aux oreilles. La reine de Saba n'en sautoit pas moins en cadence, et le roi Salomon n'en bondissoit pas moins derrière la reine de Saba. J'admirois le sérieux des Provençaux à ce spectacle, et nous eûmes grand soin d'imiter ce respect. J'eus pourtant quelquefois bien de la peine à ne pas rire. Je remarquai entre autres l'un de ces personnages qui, au bout d'une gaule, portoit un chiffon blanc, et derrière lui trois autres polissons qui faisoient dans la rue des mouvemens d'ivrognes toutes les fois que l'homme au chiffon blanc renversoit son bâton. Je demandai quel étoit le mystère que cela nous représentoit. « Ne voyez-vous pas, me répondit le notable à qui je parlois, que ce sont les trois mages que l'étoile conduit, et qui s'égarent de leur route dès que l'étoile disparoît ? » Je me contins. Rien n'ôte l'envie de rire comme la peur d'être lapidé.

Le gouverneur avoit exigé de nous de ne partir le lendemain de cette fête qu'après avoir dîné chez lui. A ce dîner, il se piqua d'assembler des gens de mérite, M. de Monclar[1] à leur tête. J'étois prévenu de la plus haute estime pour ce grand magistrat. Je la lui témoignai avec cette ingénuité de sentiment qui ne ressemble point à de la flatterie. Il y parut sensible, et y répondit avec bonté. Presque au sortir de table je pris congé du duc de Villars, aussi reconnoissant qu'on peut l'être des attentions et des empressemens d'un homme qu'on n'estime pas.

Sur notre route d'Aix à Lyon, il n'y eut rien de remarquable qu'un trait de bonne foi de l'hôtesse de Tain, village voisin de cette côte de l'Hermitage que ses vins ont rendue célèbre. A ce village, pendant que l'on changeoit nos chevaux, je dis à l'hôtesse, en lui présentant un louis d'or : « Madame, si vous avez d'excellent vin rouge de l'Hermitage, donnez-m'en six bouteilles, et payez-vous sur ce louis. » Elle me regarda d'un air satisfait de ma confiance. « Du vin rouge excellent, me dit-elle, je n'en ai point ; mais du

---

1. J.-P.-Fr. de Ripert de Monclar (1711-1773), procureur général au parlement d'Aix, célèbre par son mémoire en faveur du mariage des protestants (1756) et par son *Compte rendu des constitutions des Jésuites* (1763).

blanc, j'en ai du meilleur. » Je me fiai à sa parole, et ce vin, dont elle ne prit que cinquante sous la bouteille, ne se trouva pas moins que du nectar.

Pressés de nous rendre à Genève, nous ne nous donnâmes pas même le temps de voir Lyon, réservant pour notre retour le plaisir d'admirer dans ce grand atelier du luxe les chefs-d'œuvre de l'industrie.

Rien de plus singulier, de plus original, que l'accueil que nous fit Voltaire. Il étoit dans son lit lorsque nous arrivâmes. Il nous tendit les bras; il pleura de joie en m'embrassant; il embrassa de même le fils de son ancien ami M. Gaulard. « Vous me trouvez mourant, nous dit-il; venez-vous me rendre la vie ou recevoir mes derniers soupirs? » Mon camarade fut effrayé de ce début; mais moi, qui avois cent fois entendu dire à Voltaire qu'il se mouroit, je fis signe à Gaulard de se rassurer. En effet, le moment d'après, le mourant nous faisant asseoir auprès de son lit : « Mon ami, me dit-il, que je suis aise de vous voir! surtout dans le moment où je possède un homme que vous serez ravi d'entendre. C'est M. de L'Écluse, le chirurgien-dentiste du feu roi de Pologne, aujourd'hui seigneur d'une terre[1] auprès de Montargis, et qui a

---

1. Le Tilloy, commune de Corbeilles-Gâtinais, arrondissement de Montargis, canton de Ferrières (Loiret).

bien voulu venir raccommoder les dents irracommodables de Mme Denis. C'est un homme charmant. Mais ne le connoissez-vous pas? — Le seul L'Écluse que je connoisse est, lui dis-je, un acteur de l'ancien Opéra-Comique. — C'est lui, mon ami, c'est lui-même. Si vous le connoissez, vous avez entendu cette chanson du *Rémouleur*, qu'il joue et qu'il chante si bien. » Et à l'instant voilà Voltaire imitant L'Écluse, et, avec ses bras nus et sa voix sépulcrale, jouant *le Rémouleur* et chantant la chanson :

>Je ne sais où la mettre
>Ma jeune fillette ;
>Je ne sais où la mettre,
>Car on me la che...

Nous riions aux éclats ; et lui, toujours sérieusement : « Je l'imite mal, disoit-il ; c'est M. de L'Écluse qu'il faut entendre ; et sa chanson de *la Fileuse !* et celle du *Postillon !* et la querelle des *Écosseuses avec Vadé !* C'est la vérité même. Ah ! vous aurez bien du plaisir. Allez voir Mme Denis. Moi, tout malade que je suis, je m'en vais me lever pour dîner avec vous. Nous mangerons un ombre-chevalier, et nous entendrons M. de L'Écluse. Le plaisir de vous voir a suspendu mes maux, et je me sens tout ranimé. »

Mme Denis nous reçut avec cette cordialité qui faisoit le charme de son caractère. Elle nous présenta M. de L'Écluse; et, à dîner, Voltaire l'anima, par les louanges les plus flatteuses, à nous donner le plaisir de l'entendre. Il déploya tous ses talens, et nous en parûmes charmés. Il le falloit bien, car Voltaire ne nous auroit point pardonné de foibles applaudissemens.

La promenade dans ses jardins fut employée à parler de Paris, du *Mercure,* de la Bastille (dont je ne lui dis que deux mots), du théâtre, de l'*Encyclopédie,* et de ce malheureux Le Franc, qu'il harceloit encore, son médecin lui ayant ordonné, disoit-il, pour exercice, de courre une heure ou deux, tous les matins, le Pompignan. Il me chargea d'assurer nos amis que tous les jours on recevroit de lui quelque nouvelle facétie. Il fut fidèle à sa promesse.

Au retour de la promenade il fit quelques parties d'échecs avec M. Gaulard, qui, respectueusement, le laissa gagner. Ensuite il revint à parler du théâtre, et de la révolution que Mlle Clairon y avoit faite. « C'est donc, me dit-il, quelque chose de bien prodigieux que le changement qui s'est fait en elle? — C'est, lui dis-je, un talent nouveau; c'est la perfection de l'art, ou plutôt c'est la nature même telle que l'imagination peut vous la peindre en beau. » Alors, exaltant ma pensée et mon expression pour lui faire entendre à quel point, dans les divers caractères de ses rôles, elle étoit avec vérité, et une vérité sublime, Camille, Roxane, Hermione, Ariane, et surtout Électre, j'épuisai le peu que j'avois d'éloquence à lui inspirer pour Clairon l'enthousiasme dont j'étois plein moi-même ; et je jouissois, en lui parlant, de l'émotion que je lui causois, lorsque enfin prenant la parole : « Eh bien ! mon ami, me dit-il avec transport, c'est comme Mme Denis ; elle a fait des progrès étonnans, incroyables. Je voudrois que vous lui vissiez jouer Zaïre, Alzire, Idamé ! le talent ne va pas plus loin. » Mme Denis jouant Zaïre ! Mme Denis comparée à Clairon ! Je tombai de mon haut, tant il est vrai que le goût s'accommode aux objets dont il peut jouir, et que cette sage maxime :

> Quand on n'a pas ce que l'on aime,
> Il faut aimer ce que l'on a,

est en effet non seulement une leçon de la nature, mais un moyen qu'elle se ménage pour nous procurer des plaisirs.

Nous reprîmes la promenade ; et, tandis que M. de Voltaire s'entretenoit avec Gaulard de son ancienne liaison avec le père de ce jeune homme, causant de mon côté avec Mme Denis, je lui rappelois le bon temps.

Le soir, je mis Voltaire sur le chapitre du roi de Prusse. Il en parla avec une sorte de magnanimité froide, et en homme qui dédaignoit une trop facile vengeance, ou comme un amant désabusé pardonne à la maîtresse qu'il a quittée le dépit et la rage qu'elle a fait éclater.

L'entretien du souper roula sur les gens de lettres qu'il estimoit le plus ; et, dans le nombre, il me fut facile de distinguer ceux qu'il aimoit du fond du cœur. Ce n'étoient pas ceux qui se vantoient le plus d'être en faveur auprès de lui. Avant d'aller se coucher, il nous lut deux nouveaux chants de *la Pucelle,* et Mme Denis nous fit remarquer que, depuis qu'il étoit aux Délices, c'étoit le seul jour qu'il eût passé sans rentrer dans son cabinet.

Le lendemain, nous eûmes la discrétion de lui laisser au moins une partie de sa matinée, et nous lui fîmes dire que nous attendrions qu'il sonnât. Il fut visible sur les onze heures. Il étoit dans son lit encore.

« Jeune homme, me dit-il, j'espère que vous n'aurez pas renoncé à la poésie ; voyons de vos nouvelles œuvres ; je vous dis tout ce que je sais : il faut que chacun ait son tour. »

Plus intimidé devant lui que je ne l'avois jamais été, soit que j'eusse perdu la naïve confiance du premier âge, soit que je sentisse mieux que jamais combien il étoit difficile de faire de bons vers, je me résolus avec peine à lui réciter mon *Épître aux poètes* : il en fut très content; il me demanda si elle étoit connue à Paris. Je répondis que non. « Il faut donc, me dit-il, la mettre au concours de l'Académie; elle y fera du bruit. » Je lui représentai que je m'y donnois des licences d'opinions qui effaroucheroient bien du monde. « J'ai connu me dit-il, une honorable dame qui confessoit qu'un jour, après avoir crié à l'insolence, il lui étoit échappé enfin de dire : « Charmant insolent ! » L'Académie fera de même. »

Avant dîner, il me mena faire à Genève quelques visites; et, en me parlant de sa façon de vivre avec les Genevois : « Il est fort doux, me dit-il, d'habiter dans un pays dont les souverains vous envoient demander votre carrosse pour venir dîner avec vous. »

Sa maison leur étoit ouverte; ils y passoient les jours entiers; et, comme les portes de la ville se fermoient à l'entrée de la nuit pour ne s'ouvrir qu'au point du jour, ceux qui soupoient chez lui étoient obligés d'y coucher, ou dans les maisons de campagne dont les bords du lac sont couverts.

Chemin faisant, je lui demandai comment, presque sans territoire et sans aucune facilité de commerce avec l'étranger, Genève s'étoit enrichie. « A fabriquer des mouvemens de montre, me dit-il, à lire vos gazettes, et à profiter de vos sottises. Ces gens-ci savent calculer les bénéfices de vos emprunts. »

A propos de Genève, il me demanda ce que je pensois de Rousseau. Je répondis que, dans ses écrits, il ne me sembloit être qu'un éloquent sophiste, et, dans son caractère, qu'un faux cynique qui crèveroit d'orgueil et de dépit dans son tonneau si on cessoit de le regarder. Quant à l'envie qui lui avoit pris de revêtir ce personnage, j'en savois l'anecdote, et je la lui contai.

Dans l'une des lettres de Rousseau à M. de Malesherbes, l'on a vu dans quel accès d'inspiration et d'enthousiasme il avoit conçu le projet de se déclarer contre les sciences et les arts. « J'allois, dit-il dans le récit qu'il fait de ce miracle, j'allois voir Diderot, alors prisonnier à Vincennes; j'avois dans ma poche un *Mercure de France* que je me mis à feuilleter le long du chemin. Je tombe sur la question de l'Académie de Dijon, qui a donné lieu à mon premier écrit. Si jamais quelque chose a ressemblé à une inspiration subite, c'est le mouvement qui se fit en moi à cette lecture. Tout à coup je me sens l'esprit ébloui de mille lumières; des foules d'idées vives s'y présentent à la fois avec une force et une confusion qui me jetèrent dans un désordre inexprimable. Je sens ma tête prise par un étourdissement semblable à l'ivresse. Une violente palpitation m'oppresse, soulève ma poitrine. Ne pouvant plus respirer en marchant, je me laisse tomber sous un arbre de l'avenue, et j'y passe une demi-heure dans une telle agitation qu'en me relevant j'aperçus tout le devant de ma veste mouillé de mes larmes, sans avoir senti que j'en répandois. »

Voilà une extase éloquemment décrite. Voici le fait dans sa simplicité, tel que me l'avoit raconté Diderot, et tel que je le racontai à Voltaire.

« J'étois (c'est Diderot qui parle), j'étois prisonnier à Vincennes; Rousseau venoit m'y voir. Il avoit fait de moi son Aristarque, comme il l'a dit lui-même. Un jour, nous promenant ensemble, il me dit que l'Académie de Dijon venoit de proposer une question intéressante, et qu'il avoit envie de la traiter. Cette question étoit : *Le rétablissement des sciences et des arts a-t-il contribué à épurer les mœurs?* « Quel parti prendrez-vous? » lui demandai-je. Il me répondit : « Le parti de l'affir-
« mative.—C'est le pont aux ânes, lui dis-je; tous
« les talens médiocres prendront ce chemin-là, et
« vous n'y trouverez que des idées communes; au
« lieu que le parti contraire présente à la philoso-
« phie et à l'éloquence un champ nouveau, riche
« et fécond. — Vous avez raison, me dit-il après y
« avoir réfléchi un moment, et je suivrai votre
« conseil. » Ainsi, dès ce moment, ajoutai-je, son rôle et son masque furent décidés. »

« Vous ne m'étonnez pas, me dit Voltaire; cet homme-là est factice de la tête aux pieds, il l'est de l'esprit et de l'âme; mais il a beau jouer tantôt le stoïcien et tantôt le cynique, il se démentira sans cesse, et son masque l'étouffera. »

Parmi les Genevois que je voyois chez lui, les seuls que je goûtai et dont je fus goûté furent le chevalier Huber et Cramer le libraire. Ils étoient tous les deux d'un commerce facile, d'une humeur joviale, avec de l'esprit sans apprêt, chose rare dans leur cité. Cramer jouoit, me disoit-on, passablement la tragédie; il étoit l'Orosmane de Mme Denis, et ce talent lui valoit l'amitié et la pratique de Voltaire, c'est-à-dire des millions. Huber avoit un talent moins utile, mais amusant et très curieux dans sa futilité. L'on eût dit qu'il avoit des yeux au bout des doigts. Les mains derrière le dos, il découpoit en profil un portrait aussi ressemblant et plus ressemblant même qu'il ne l'auroit fait au crayon. Il avoit la figure de Voltaire si vivement empreinte dans l'imagination qu'absent comme présent ses ciseaux le représentoient rêvant, écrivant, agissant, et dans toutes ses attitudes. J'ai vu de lui des paysages en découpures sur des feuilles de papier blanc où la perspective étoit observée avec un art prodigieux. Ces deux aimables Genevois furent assidus aux Délices le peu de temps que j'y passai.

M. de Voltaire voulut nous faire voir son château de Tournay, où étoit son théâtre, à un quart de lieue de Genève. Ce fut, l'après-dînée, le but de notre promenade en carrosse. Tournay étoit une petite gentilhommière assez négligée, mais dont la vue est admirable. Dans le vallon, le lac de Genève, bordé de maisons de plaisance, et terminé par deux grandes villes ; au delà et dans le lointain, une chaîne de montagnes de trente lieues d'étendue, et ce Mont-Blanc chargé de neiges et de glaces qui ne fondent jamais : telle est la vue de Tournay. Là je vis ce petit théâtre qui tourmentoit Rousseau, et où Voltaire se consoloit de ne plus voir celui qui étoit encore plein de sa gloire. L'idée de cette privation injuste et tyrannique me saisit de douleur et d'indignation. Peut-être qu'il s'en aperçut : car plus d'une fois, par ses réflexions, il répondit à ma pensée, et, sur la route, en revenant, il me parla de Versailles, du long séjour que j'y avois fait, et des bontés que Mme de Pompadour lui avoit autrefois témoignées. « Elle vous aime encore, lui dis-je ; elle me l'a répété souvent ; mais elle est foible et n'ose pas ou ne peut pas tout ce qu'elle veut, car la malheureuse n'est plus aimée, et peut-être elle porte envie au sort de Mme Denis et voudroit bien être aux Délices. — Qu'elle y vienne, dit-il avec transport, jouer avec nous la tragédie. Je lui ferai des rôles, et des rôles de reine : elle est belle, elle doit connoître le jeu des passions. — Elle connoît aussi, lui dis-je, les profondes douleurs et les larmes amères. — Tant mieux! c'est là ce qu'il nous faut », s'écria-t-il comme enchanté d'avoir une nouvelle actrice. Et, en vérité, l'on eût dit qu'il croyoit la voir arriver. « Puisqu'elle vous convient, lui dis-je, laissez faire ; si le théâtre de Versailles lui manque, je lui dirai que le vôtre l'attend. »

Cette fiction romanesque réjouit la société. On y trouvoit de la vraisemblance ; et Mme Denis, donnant dans l'illusion, prioit déjà son oncle de ne pas l'obliger à céder ses rôles à l'actrice nouvelle. Il se retira quelques heures dans son cabinet, et le soir, à souper, les rois et leurs maîtresses étant l'objet de l'entretien, Voltaire, en comparant l'esprit et la galanterie de la vieille cour et de la cour actuelle, nous déploya cette riche mémoire à laquelle rien d'intéressant n'échappoit. Depuis Mme de La Vallière jusqu'à Mme de Pompadour, l'histoire-anecdote des deux règnes, et dans l'intervalle celle de la Régence, nous passa sous les yeux avec une rapidité et un brillant de traits et de couleurs à éblouir. Il se reprocha cependant d'avoir dérobé à M. de L'Écluse des momens qu'il auroit occupés, disoit-il, plus agréablement pour nous. Il le pria de nous dédommager par quelques scènes des *Écosseuses*, et il en rit comme un enfant.

Le lendemain (c'étoit le dernier jour que nous devions passer ensemble), il me fit appeler dès le matin, et, me donnant un manuscrit : « Entrez dans mon cabinet, me dit-il, et lisez cela ; vous m'en direz votre sentiment. » C'étoit la tragédie de *Tancrède,* qu'il venoit d'achever. Je la lus, et, en revenant le visage baigné de larmes, je lui dis qu'il n'avoit rien fait de plus intéressant. « A qui donneriez-vous, me demanda-t-il, le rôle d'Aménaïde? — A Clairon, lui répondis-je, à la sublime Clairon, et je vous réponds d'un succès égal au moins à celui de Zaïre.—Vos larmes, reprit-il, me disent bien ce qu'il m'importe le plus de savoir ; mais, dans la marche de l'action, rien ne vous a-t-il arrêté ? — Je n'y ai trouvé, lui dis-je, à faire que ce que vous appelez des critiques de cabinet. On sera trop ému pour s'en occuper au théâtre. » Heureusement il ne me parla point du style ; j'aurois été obligé de dissimuler ma pensée, car il s'en falloit bien qu'à mon avis *Tancrède* fût écrit comme ses belles tragédies. Dans *Rome sauvée* et dans *l'Orphelin de la Chine,* j'avois encore trouvé la belle versification de *Zaïre,* de *Mérope* et de *la Mort de César ;* mais dans *Tancrède* je croyois voir la décadence de son style, des vers lâches, diffus, chargés de ces mots redondans qui déguisent le manque de force et de vigueur, en un mot la vieillesse du poète : car en lui, comme dans Corneille, la poésie de style fut la première qui vieillit ; et après *Tancrède,* où ce feu du génie jetoit encore des étincelles, il fut absolûment éteint.

Affligé de nous voir partir, il voulut bien ne nous dérober aucun moment de ce dernier jour. Le désir de me voir reçu à l'Académie françoise, l'éloge de mes *Contes,* qui faisoient, disoit-il, leurs plus agréables lectures, enfin mon analyse de la *Lettre,* de Rousseau, *à d'Alembert sur les spectacles,* réfutation qu'il croyoit sans réplique, et dont il me sembloit faire beaucoup de cas, furent, durant la promenade, les sujets de son entretien. Je lui demandai si Genève avoit pris le change sur le vrai motif de cette lettre de Rousseau. « Rousseau, me dit-il, est connu à Genève mieux qu'à Paris. On n'y est dupe ni de son faux zèle, ni de sa fausse éloquence. C'est à moi qu'il en veut, et cela saute aux yeux. Possédé d'un orgueil outré, il voudroit que, dans sa patrie, on ne parlât que de lui seul. Mon existence l'y offusque, il m'envie l'air que j'y respire, et surtout il ne peut souffrir qu'en amusant quelquefois Genève, je lui dérobe à lui les momens où l'on pense à moi. »

Devant partir au point du jour, dès que, les portes de la ville étant ouvertes, nous pourrions avoir des chevaux, nous résolûmes, avec Mme Denis et MM. Huber et Cramer, de prolonger jusque-là le plaisir de veiller et de causer ensemble.

Voltaire voulut être de la partie, et inutilement le pressâmes-nous d'aller se coucher; plus éveillé que nous, il nous lut encore quelques chants du poème de *Jeanne*. Cette lecture avoit pour moi un charme inexprimable : car, si Voltaire, en récitant les vers héroïques, affectoit, selon moi, une emphase trop monotone, une cadence trop marquée, personne ne disoit les vers familiers et comiques avec autant de naturel, de finesse et de grâce ; ses yeux et son sourire avoient une expression que je n'ai vue qu'à lui. Hélas ! c'étoit pour moi le chant du cygne, et je ne devois plus le revoir qu'expirant.

Nos adieux mutuels furent attendris jusqu'aux larmes, mais beaucoup plus de mon côté que du sien : cela devoit être, car, indépendamment de ma reconnoissance et de tous les motifs que j'avois de l'aimer, je le laissois dans l'exil.

A Lyon, nous donnâmes un jour à la famille de Fleurieu[1], qui m'attendoit à La Tourette, sa maison de campagne. Les deux jours suivans furent employés à voir la ville ; et, depuis la filature de l'or avec la soie jusqu'à la perfection des plus

---

1. Jacques-Annibal Claret de Fleurieu (1692-1776), seigneur de La Tourette, terre située à Éveux, près de l'Arbresle (Rhône), prévôt des marchands de Lyon, et Marc-Antoine-Louis Claret de Fleurieu (1729-1793), secrétaire perpétuel de l'Académie de Lyon, ami de J.-J. Rousseau et de Voltaire.

riches tissus, nous suivîmes rapidement toutes les opérations de l'art qui faisoit la richesse de cette ville florissante. Les ateliers, l'Hôtel de ville, le bel hôpital de la Charité, la bibliothèque des Jésuites, le couvent des Chartreux, la salle de spectacle, partagèrent notre attention.

Ici, je me rappelle qu'à mon passage pour aller à Genève, la demoiselle Destouches[1], directrice du spectacle, m'avoit fait demander laquelle de mes tragédies je voulois que l'on donnât à mon retour. Je fus sensible à cette honnêteté, mais je me bornai à lui en rendre grâces; et je lui demandai, pour mon retour, celle des tragédies de Voltaire que ses acteurs jouoient le mieux. Ils donnèrent *Alzire*.

Tandis que ma philosophie épicurienne s'égayoit en province, la haine de mes ennemis ne s'endormoit pas à Paris. J'appris, en y arrivant, que d'Argental et sa femme faisoient courir le bruit que j'étois perdu dans l'esprit du roi, et que l'Académie auroit beau m'élire, Sa Majesté refuseroit son agrément à mon élection. Je trouvai mes amis frappés de cette opinion; et, si j'avois eu

---

1. Mme Lobreau-Destouches fut longtemps directrice du théâtre de Lyon. En 1776, Voltaire sollicitait de La Tourette, de Vasselier et de Turgot, le renouvellement du bail qu'elle exploitait depuis 1752, et qui devait expirer deux ans plus tard.

autant d'impatience qu'ils en avoient eux-mêmes de me voir à l'Académie, j'aurois été bien malheureux. Mais, en les assurant qu'en dépit de l'intrigue j'obtiendrois cette place d'où l'on vouloit m'exclure, je leur déclarai qu'au surplus je serois encore assez fier si je la méritois même sans l'obtenir. Je m'appliquai donc à finir ma traduction de la *Pharsale* et ma *Poétique françoise* ; je mis l'*Épître aux poètes* au concours de l'Académie, et, à mesure que les éditions de mes *Contes* se succédoient, j'en faisois de nouveaux.

Le succès de l'*Épître aux poètes* fut tel que Voltaire l'avoit prédit ; mais ce ne fut pas sans difficulté qu'elle l'emporta sur deux ouvrages estimables qui lui disputoient le prix : l'un étoit l'*Épître au peuple,* de Thomas ; l'autre l'*Épître,* de l'abbé Delille, *sur les avantages de la retraite pour les gens de lettres.* Cette circonstance de ma vie fut assez remarquable pour nous occuper un moment.

A peine avois-je mis mon épître au concours, lorsque Thomas, selon sa coutume, vint me communiquer celle qu'il y alloit envoyer. Je la trouvai belle, et d'un ton si noble et si ferme que je crus au moins très possible qu'elle l'emportât sur la mienne. « Mon ami, lui dis-je après l'avoir entendue et fort applaudie, j'ai de mon côté une confidence à vous faire ; mais j'y mets deux conditions : l'une, que vous me garderez le secret le plus absolu; l'autre, qu'après avoir appris ce que je vais vous confier, vous n'en ferez aucun usage, c'est-à-dire que vous vous conduirez comme si je ne vous avois rien dit. J'en exige votre parole. » Il me la donna. « A présent, poursuivis-je, apprenez que j'ai mis moi-même un ouvrage au concours. — En ce cas, me dit-il, je retire le mien. — C'est là ce que je ne veux point, répliquai-je, et pour deux raisons : l'une, parce qu'il est très possible que l'on rejette mon ouvrage comme hérétique, et qu'on lui refuse le prix : vous en allez juger vous-même; l'autre, parce qu'il n'est pas décidé que mon ouvrage vaille mieux que le vôtre, et que je ne veux pas vous voler un prix qui peut-être vous appartient. Je m'en tiens donc à la parole que vous m'avez donnée. Écoutez mon épître. » Il l'entendit, et il convint qu'il y avoit des endroits hardis et périlleux. Nous voilà donc rivaux confidens l'un de l'autre, et concurrens de l'abbé Delille.

Or un jour, lorsque l'Académie examinoit, pour adjuger le prix, les pièces mises au concours, je rencontrai Duclos à l'Opéra, et lui en demandai des nouvelles. « Ne m'en parlez pas, me dit-il; je crois que ce concours mettra le feu à l'Académie. Trois pièces, comme on n'en voit guère, se disputent le prix. Il y en a deux dont le mérite n'est pas douteux, tout le monde en convient; mais la troisième nous tourne la tête. C'est l'ouvrage d'un jeune fou, plein de verve et d'audace, qui ne ménage rien, qui brave tous les préjugés littéraires, qui parle des poètes en poète et qui les peint tous de leur propre couleur, avec une pleine franchise ; ose louer Lucain et censurer Virgile, venger le Tasse des mépris de Boileau, apprécier Boileau lui-même et le réduire à sa juste valeur. D'Olivet en est furieux ; il dit que l'Académie se déshonore si elle couronne cet insolent ouvrage, et je crois cependant qu'il sera couronné. » Il le fut ; mais, lorsque je me présentai pour recevoir le prix, d'Olivet jura qu'il ne me le pardonneroit de sa vie.

Ce fut, je crois, dans ce temps-là que je publiai ma traduction de la *Pharsale*: dès lors, la rhétorique et la poétique se partagèrent mes études ; et mes *Contes,* par intervalles, leur dérobèrent quelques momens.

C'étoit surtout à la campagne que cette manière de rêver m'étoit favorable, et quelquefois l'occasion m'y faisoit rencontrer d'assez heureux sujets. Par exemple un soir, à Bezons, où M. de Saint-Florentin avoit une maison de campagne, étant à souper avec lui, comme on me parloit de mes *Contes :* « Il est arrivé, me dit-il, dans ce village, une aventure dont vous feriez peut-être quelque chose d'intéressant. » Et, en peu de mots, il me raconta qu'un jeune paysan et une jeune paysanne, cousins germains, faisant l'amour ensemble, la fille s'étoit trouvée grosse ; que, ni le curé ni l'official ne voulant leur permettre de se marier, ils avoient eu recours à lui, et qu'il avoit été obligé de leur faire venir la dispense de Rome. Je convins qu'en effet ce sujet, mis en œuvre, pouvoit avoir son intérêt. La nuit, quand je fus seul, il me revint dans la pensée, et s'empara de mes esprits, si bien que, dans une heure, tous les tableaux, toutes les scènes et les personnages eux-mêmes, tels que je les ai peints, en furent dessinés et comme présens à mes yeux. Dans ce temps-là le style de ce genre d'écrits ne me coûtoit aucune peine ; il couloit de source, et, dès que le conte étoit bien conçu dans ma tête, il étoit écrit. Au lieu de dormir, je rêvai toute la nuit à celui-ci. Je voyois, j'entendois parler *Annette* et *Lubin* aussi distinctement que si cette fiction eût été le souvenir tout frais encore de ce que j'aurois vu la veille. En me levant, au point du jour, je n'eus donc qu'à répandre rapidement sur le papier ce que j'avois rêvé ; et mon conte fut fait tel qu'il est imprimé.

L'après-dînée, avant la promenade, on me demanda, comme on faisoit souvent à la campagne, si je n'avois pas quelque chose à lire, et je lus *Annette et Lubin*. Je ne puis exprimer quelle fut la surprise de toute la société, et singulièrement la joie de M. de Saint-Florentin, de voir comme en si peu de temps j'avois peint le tableau dont il m'avoit donné l'esquisse. Il vouloit faire venir l'Annette et le Lubin véritables. Je le priai de me dispenser de les voir en réalité. Cependant, lorsqu'on fit un opéra-comique de ce conte, le Lubin et l'Annette de Bezons furent invités à venir se voir sur la scène. Ils assistèrent à ce spectacle dans une loge qu'on leur donna, et ils furent fort applaudis.

Mon imagination tournée à ce genre de fiction étoit pour moi, à la campagne, une espèce d'enchanteresse, qui, dès que j'étois seul, m'environnoit de ses prestiges; tantôt à la Malmaison, au bord de ce ruisseau qui, par une pente rapide, roule du haut de la colline, et, sous des berceaux de verdure, va par de longs détours sillonner des gazons fleuris; tantôt à Croix-Fontaine, sur ces bords que la Seine arrose, en décrivant un demi-cercle immense, comme pour le plaisir des yeux; tantôt dans ces belles allées de Sainte-Assise ou sur cette longue terrasse qui domine la Seine, et d'où l'œil en mesure au loin le lit majestueux et le tranquille cours.

Dans ces campagnes on avoit la bonté de paroître me désirer, de m'y recevoir avec joie, de ne pas plus compter que moi les heureux jours que j'y passois, de ne jamais me voir m'en aller sans me dire qu'on en avoit quelque regret. Pour moi, j'aurois voulu pouvoir réunir toutes mes sociétés ensemble, ou me multiplier pour n'en quitter aucune. Elles ne se ressembloient pas ; mais chacune d'elles avoit pour moi ses délices et ses attraits.

La Malmaison appartenoit alors à M. Desfourniels ; c'étoit la société de Mme Harenc ; et j'ai dit assez de quels étroits liens d'amitié, de reconnoissance, mon cœur y étoit enveloppé. La femme qui m'a le plus chéri après ma mère, c'étoit Mme Harenc. Elle sembloit avoir inspiré à tous ses amis le tendre intérêt qu'elle prenoit à moi. Aimer et être aimé dans cette société intime étoit ma vie habituelle.

A Sainte-Assise, chez Mme de Montullé, l'amitié n'étoit pas sans réserve et sans défiance ; j'étois jeune, et de jeunes femmes croyoient devoir s'observer avec moi. De mon côté, je n'avois avec elles qu'une liberté mesurée et respectueusement timide ; mais, dans cette contrainte même, il y avoit je ne sais quoi de délicat et de piquant. D'ailleurs, la vie régulière et agréablement appliquée que l'on menoit à Sainte-Assise étoit de mon goût. Un père et une mère continuellement occupés à rendre l'instruction facile et attrayante pour leurs enfans ; l'un faisant pour eux de sa main ce curieux extrait des *Mémoires de l'Académie des sciences*, dont je conserve une copie ; l'autre abrégeant et réduisant l'*Histoire naturelle* de Buffon à ce qui, sans danger et avec bienséance, pouvoit en être lu par eux; une institutrice attachée aux deux filles, leur enseignant l'histoire, la géographie, l'arithmétique, l'italien, et plus soigneusement encore les règles de la langue françoise, en les exerçant tous les jours à l'écrire correctement; l'après-dînée, les pinceaux dans les mains de Mme de Montullé, les crayons dans les mains de ses filles et de leur gouvernante, et cette occupation, égayée par de rians propos ou par d'agréables lectures, leur servant de récréation; à la promenade, M. de Montullé[1] excitant la curiosité de ses enfans pour la connoissance des arbres et des plantes, dont il leur faisoit faire une espèce d'herbier où étoient expliqués la nature, les propriétés, l'usage de ces végétaux; enfin, dans nos jeux mêmes, d'ingénieuses ruses et des défis continuels pour piquer leur émulation, et rendre l'agréable utile en insinuant l'instruction jusque dans les amusemens: tel étoit pour moi le tableau de cette école domestique, où l'étude n'avoit jamais l'air de la gêne, ni l'enseignement l'air de la sévérité.

Vous pensez bien qu'un père et une mère qui instruisoient si bien leurs enfans étoient très cultivés eux-mêmes. M. de Montullé ne se piquoit

---

1. J.-B.-François de Montullé, ancien conseiller au Par-

pas d'être aimable, et se donnoit peu de soin pour cela ; mais Mme de Montullé avoit dans l'esprit et dans le caractère ce grain d'honnête coquetterie qui, mêlé avec la décence, donne aux agrémens d'une femme plus de vivacité, de brillant et d'attrait. Elle m'appeloit philosophe, bien persuadée que je ne l'étois guère ; et se jouer de ma philosophie étoit l'un de ses passe-temps. Je m'en aperçois ; mais je lui en laissois le plaisir.

Avec plus de cordialité, la bonne et toute simple Mme de Chalut m'attiroit à Saint-Cloud ; et, pour m'y retenir, elle avoit un charme irrésistible, celui d'une amitié qui, du fond de son cœur, versoit dans le mien, sans réserve, ce qu'elle avoit de plus caché, ses sentimens les plus intimes et ses intérêts les plus chers. Elle n'étoit pas nécessaire à mon bonheur, il faut que je l'avoue ; mais j'étois nécessaire au sien. Son âme avoit besoin de l'appui de la mienne ; elle s'y reposoit ; elle s'y soulageoit

---

lement, secrétaire des commandements de la reine (charge achetée, dit le duc de Luynes, 140,000 livres à Rossignol, son prédécesseur), associé libre de l'Académie royale de peinture et de sculpture. Montullé avait épousé la fille du fermier général Audry-Neveu. Exécuteur testamentaire du fameux amateur Jean de Jullienne, il lui avait consacré une notice dans le *Nécrologe* de 1767. Ses propres collections furent dispersées en 1783 sous les initiales M*** T***, et après sa mort (29 novembre 1787). Ses plus beaux dessins de l'École française provenaient de M. de Jullienne.

du poids de ses peines, de ses chagrins. Elle en eut un dont l'horreur est inexprimable : ce fut de voir ses anciens maîtres, ses bienfaiteurs, ses amis, le Dauphin, la Dauphine, frappés en même temps comme d'une invisible main, et, consumés de ce qu'elle appeloit un poison lent, se flétrir, sécher et s'éteindre[1]. Ce fut moi qui reçus ses regrets sur cette mort lente. Elle y mêloit des confidences qu'elle n'a faites qu'à moi seul, et dont le secret me suivra dans le silence du tombeau.

Mais des campagnes où je passois successivement les belles saisons de l'année, Maisons et Croix-Fontaine étoient celles qui avoient pour moi le plus d'attraits. A Croix-Fontaine, ce n'étoient que des voyages ; mais toutes les voluptés du luxe, tous les raffinemens de la galanterie la plus ingénieuse et la plus délicate, y étoient réunis par l'enchanteur Bouret. Il étoit reconnu pour le plus obligeant des hommes et le plus magnifique. On ne parloit que de la grâce qu'il savoit mettre dans sa manière d'obliger. Hélas! vous allez bientôt voir dans quel abîme de malheurs l'entraîna ce penchant aimable et funeste.

---

1. Sur les soupçons d'empoisonnement qu'éveilla la mort du Dauphin et de la Dauphine, voir *l'Espion dévalisé*, p. 81-97, et la *Vie privée de Louis XV*, t. IV p. 36.

Cependant, comme il réunissoit deux grandes places de finance, celle de fermier général et celle de fermier des postes ; comme il avoit d'ailleurs, par ses relations et par la voie des courriers, toute facilité de se procurer, pour sa table, ce qu'il y avoit de plus exquis et de plus rare dans le royaume ; qu'il recevoit de tous côtés des présens de ses protégés, dont il avoit fait la fortune, ses amis ne voyoient dans ses profusions que les effets de son crédit et l'usage de ses richesses.

Mais Mme Gaulard, qui, vraisemblablement, voyoit mieux et plus loin que nous dans les affaires de son ami, et qui s'affligeoit des dépenses où se répandoit sa fortune, ne voulant plus en être ni l'occasion ni le prétexte, avoit pris à Maisons, sur la route de Croix-Fontaine, une maison simple et modeste, où elle vivoit habituellement solitaire, avec une nièce d'un naturel aimable et d'une gaieté de quinze ans. J'ai peint le caractère de Mme Gaulard dans l'un des contes de *la Veillée*, où, sous le nom d'Ariste, je me suis mis en scène. Ce caractère uni, simple, doux, naturel, et d'une égalité paisible, s'étoit si aisément accommodé du mien qu'à peine m'eut-elle connu à Paris et à Croix-Fontaine, elle me désira pour société intime dans sa retraite de Maisons ; et insensiblement je m'y trouvai si bien moi-même que je finis par y passer non seulement le temps de la belle saison, mais les hivers entiers, lorsqu'au tumulte et au bruit de la ville elle préféra le silence et le repos de la campagne. Quel charme avoit pour moi cette solitude, on s'en doute, et je le dirois sans mystère, car rien n'étoit plus légitime que mes intentions et mes vues; mais, comme le succès n'y répondit pas, ce n'est là que l'un de ces songes dont le souvenir n'a rien d'intéressant que pour celui qui les a faits. Il suffit de savoir que cette retraite tranquille étoit celle où mes jours couloient avec le plus de calme et de rapidité.

Tandis que j'oubliois ainsi et le monde et l'Académie, et que je m'oubliois moi-même, mes amis, qui croyoient les honneurs littéraires usurpés par tous ceux qui les obtenoient avant moi, s'impatientoient de voir dans une seule année quatre nouveaux académiciens me passer sur le corps sans que j'en fusse ému; tandis qu'à chaque élection nouvelle mes ennemis, assiégeant les portes de l'Académie, redoubloient de manœuvres et d'efforts pour m'en écarter.

En parlant de la parodie de *Cinna*, j'ai oublié de dire qu'il y avoit un mot piquant pour le comte de Choiseul-Praslin, alors ambassadeur à Vienne. On sait qu'Auguste dit à Cinna et à Maxime :

Vous qui me tenez lieu d'Agrippe et de Mécène.

Ce vers étoit ainsi parodié :

> Vous qui me tenez lieu du Merle et de ma femme.

Or, ce nom de *le Merle* étoit un sobriquet donné au comte de Praslin. C'est pourquoi, lorsqu'il avoit pris pour maîtresse la Dangeville, Grandval, qui l'avoit eue, et qu'elle vouloit conserver pour suppléant, lui répondit :

> Le merle a trop souillé la cage,
> Le moineau n'y veut plus rentrer.

On m'avoit donc fait un crime auprès du duc de Choiseul de ce vers de la parodie :

> Vous qui me tenez lieu du Merle et de ma femme.

Et, dans l'une de nos conférences, il me le cita comme insulte faite à son cousin. J'eus la foiblesse de répondre que ce vers n'étoit pas de ceux que j'avois sus. « Et comment donc étoit le vers que vous saviez? demanda-t-il en me pressant. » Je répondis pour sortir d'embarras :

> « Vous qui me tenez lieu de ma défunte femme.

— Fi donc, s'écria-t-il, ce vers est plat; l'autre est bien meilleur! il n'y a pas de comparaison. » Praslin n'étoit pas homme à prendre aussi gaiement la plaisanterie. Il avoit l'âme basse et triste; et, dans les hommes de ce caractère, l'orgueil blessé est inexorable.

De retour de son ambassade, il fut fait ministre d'État pour les affaires étrangères. Alors, en profond politique, il tint conseil avec d'Argental et sa femme sur les moyens de m'interdire, au moins pour quelque temps encore, l'entrée de l'Académie.

Thomas y remportoit les prix d'éloquence avec une grande supériorité de talent sur tous ses rivaux. On résolut de me l'opposer; et, pour cela, le comte de Praslin commença par se l'attacher en le prenant pour secrétaire, et en lui faisant accorder la place de secrétaire-interprète auprès des Ligues suisses. C'étoit se donner à soi-même l'honorable apparence de protéger un homme de mérite. Ainsi se décoroit et croyoit s'ennoblir la petitesse de la vengeance que l'on exerçoit contre moi, et l'on n'attendoit que le moment de mettre Thomas en avant pour me barrer le chemin de l'Académie.

Cependant mes amis et moi, en nous réjouissant du bien qui arrivoit à Thomas, nous ne pensions qu'à lever l'obstacle qui, dans l'opinion des académiciens, s'opposoit à mon élection. « Tant que l'on croira, me disoit d'Alembert, que le roi vous refuseroit, on n'osera pas vous élire. D'Argental, Praslin, le duc d'Aumont, assurent que nous essuierons ce refus. Il faut absolument détruire ce bruit-là. »

Rentré en grâce auprès de Mme de Pompadour, je lui communiquai ma peine, la suppliant de savoir du roi s'il me seroit favorable. Elle eut la bonté de le lui demander, et sa réponse fut que, si j'étois élu, il agréeroit mon élection. « Je puis donc, Madame, lui dis-je, en assurer l'Académie ? — Non, me dit-elle, non, vous me compromettriez ; il faut seulement dire que vous avez lieu d'espérer l'agrément du roi. — Mais, Madame, insistai-je, si le roi vous a dit formellement... — Je sais ce que le roi m'a dit, reprit-elle avec vivacité, mais sais-je ce que là-haut on lui fera dire ? » Ces mots me fermèrent la bouche, et je revins contrister d'Alembert en lui rendant compte de mon voyage.

Quand il eut bien pesté contre les âmes foibles, il fut décidé entre nous de m'en tenir à annoncer des espérances, mais d'un ton à laisser entendre qu'elles étoient fondées ; et, en effet, la mort de Marivaux, en 1763, laissa une place vacante ; je fis les visites d'usage de l'air d'un homme qui n'avoit rien à craindre du côté de la cour. Cependant cette inquiétude de Mme de Pompadour sur ce qu'on feroit dire au roi me tracassoit ; je cherchois dans ma tête quelque moyen de m'assurer de lui ; je crus en trouver un ; mais dans ce moment-là je ne pouvois en faire usage. Ma *Poétique* s'imprimoit : il me falloit encore quelques mois pour la mettre au jour, et c'étoit l'instrument du dessein que j'avois formé. Heureusement l'abbé de Radonvilliers, ci-devant sous-précepteur des enfans de France, se présenta en même temps que moi pour la place vacante, et c'étoit faire une chose agréable à M. le Dauphin, peut-être au roi lui-même, que de lui céder cette place. J'allai donc à Versailles déclarer à mon concurrent que je me retirois. J'y avois peu de mérite, il l'auroit emporté sur moi, et telle étoit sa modestie qu'il fut sensible à cette déférence, comme s'il n'avoit dû qu'à moi tous les suffrages qu'il réunit en sa faveur.

Une circonstance bien remarquable de cette élection fut l'artifice qu'employèrent mes ennemis et ceux de d'Alembert et de Duclos pour nous rendre odieux à la cour du Dauphin. Ils avoient commencé par répandre le bruit que mon parti seroit contraire à l'abbé de Radonvilliers, et que si, dans le premier scrutin, il obtenoit la pluralité, au moins dans le second n'échapperoit-il pas à l'injure des boules noires. Cette prédiction faite, il ne s'agissoit plus que de la vérifier, et voici comment ils s'y prirent. Il y avoit à l'Académie quatre hommes désignés sous le nom de philosophes, étiquette odieuse dans ce temps-là. Ces académiciens notés étoient Duclos, d'Alembert, Saurin et Watelet. Les dignes chefs du parti contraire, d'Olivet, Batteux, et vraisemblablement

Paulmy et Séguier, complotèrent de donner eux-mêmes des boules noires qu'on ne manqueroit pas d'attribuer aux philosophes; et en effet quatre boules noires se trouvèrent dans le scrutin.

Grand étonnement, grand murmure de la part de ceux qui les avoient données; et, les yeux fixés sur les quatre auxquels s'attachoit le soupçon, les fourbes disoient hautement qu'il étoit bien étrange qu'un homme aussi irrépréhensible et aussi estimable que M. l'abbé de Radonvilliers essuyât l'affront de quatre boules noires. L'abbé d'Olivet s'indignoit d'un scandale aussi honteux, aussi criant; les quatre philosophes avoient l'air confondu. Mais la chance tourna bien vite à leur avantage, et à la honte de leurs ennemis. Voici par quel coup de baguette. L'usage de l'Académie, en allant au scrutin des boules, étoit de distribuer à chacun des électeurs deux boules, une blanche et une noire. La boîte dans laquelle on les faisoit tomber avoit aussi deux capsules, et au-dessus deux gobelets, l'un noir et l'autre blanc. Lorsqu'on vouloit être favorable au candidat, on mettoit la boule blanche dans le gobelet blanc, la noire dans le noir; et, lorsqu'on lui étoit contraire, on mettoit la boule blanche dans le gobelet noir, la noire dans le blanc. Ainsi, lorsqu'on vérifioit le scrutin, il falloit retrouver le nombre des boules, et en trouver autant de blanches dans la capsule noire qu'il y en avoit de noires dans la capsule blanche.

Or, par une espèce de divination, l'un des philosophes, Duclos, ayant prévu le tour qu'on vouloit leur jouer, avoit dit à ses camarades : « Gardons dans nos mains nos boules noires, afin que, si ces coquins-là ont la malice d'en donner, nous ayons à produire la preuve que ces boules ne viennent pas de nous. » Après avoir donc bien laissé d'Olivet et les autres fourbes éclater en murmures contre les malveillans : « Ce n'est pas moi, dit Duclos en ouvrant la main, qui ai donné une boule noire, car j'ai heureusement gardé la mienne, et la voilà. — Ce n'est pas moi non plus, dit d'Alembert, voici la mienne. » Watelet et Saurin dirent la même chose en montrant les leurs. A ce coup de théâtre, la confusion retomba sur les auteurs de l'artifice. D'Olivet eut la naïveté de trouver mauvais qu'on eût paré le coup en retenant ses boules noires, alléguant les lois de l'Académie sur le secret inviolable du scrutin. « Monsieur l'abbé, lui dit d'Alembert, la première des lois est celle de la défense personnelle, et nous n'avions que ce moyen d'éloigner de nous le soupçon dont on a voulu nous charger. »

Ce trait de prévoyance de la part de Duclos fut connu dans le monde, et les d'Olivet, pris à leur piège, furent la fable de la cour.

Enfin, l'impression de ma *Poétique* étant achevée, je priai Mme de Pompadour d'obtenir du roi qu'un ouvrage qui manquoit à notre littérature lui fût présenté. « C'est, lui dis-je, une grâce qui ne coûtera rien au roi ni à l'État, et qui prouvera que je suis bien voulu et bien reçu du roi. » Je dois ce témoignage à la mémoire de cette femme bienfaisante, qu'à ce moyen facile et simple de décider publiquement le roi en ma faveur, son beau visage fut rayonnant de joie. « Volontiers, me dit-elle, je demanderai pour vous au roi cette grâce, et je l'obtiendrai. » Elle l'obtint sans peine, et, en me l'annonçant : « Il faut, me dit-elle, donner à cette présentation toute la solennité possible, et que le même jour toute la famille royale et tous les ministres reçoivent votre ouvrage de votre main. »

Je ne confiai mon secret qu'à mes amis intimes; et, mes exemplaires étant bien magnifiquement reliés (car je n'y épargnai rien), je me rendis un samedi au soir à Versailles avec mes paquets. En arrivant, je fis prier, par Quesnay, Mme de Pompadour de disposer le roi à me bien recevoir.

Le lendemain je fus introduit par le duc de Duras. Le roi étoit à son lever. Jamais je ne l'ai vu si beau. Il reçut mon hommage avec un regard enchanteur. J'aurois été au comble de la joie s'il m'eût dit trois paroles, mais ses yeux parlèrent pour lui. Le Dauphin, que l'abbé de Radonvilliers avoit favorablement prévenu, voulut bien me parler. « J'ai ouï dire beaucoup de bien de cet ouvrage, me dit-il ; j'en pense beaucoup de l'auteur. » En me disant ces mots, il me navra le cœur de tristesse, car je lui vis la mort sur le visage et dans les yeux.

Dans toute cette cérémonie le bon duc de Duras fut mon conducteur, et je ne puis dire avec quel intérêt il s'empressa à me faire bien accueillir.

Lorsque je descendis chez Mme de Pompadour, à qui j'avois déjà présenté mon ouvrage : « Allez-vous-en, me dit-elle, chez M. de Choiseul lui offrir son exemplaire, il vous recevra bien, et laissez-moi celui de M. de Praslin, je le lui offrirai moi-même. »

Après mon expédition, j'allai bien vite annoncer à d'Alembert et à Duclos le succès que je venois d'avoir, et le lendemain je fis présent de mon livre à l'Académie. J'en distribuai des exemplaires à ceux des académiciens que je savois bien disposés pour moi. Mairan disoit que cet ouvrage étoit un pétard que j'avois mis sous la porte de l'Académie pour la faire sauter, si on me la fermoit ; mais toutes les difficultés n'étoient pas encore aplanies.

Duclos et d'Alembert avoient eu je ne sais quelle altercation, en pleine Académie, au sujet du roi de Prusse et du cardinal de Bernis ; ils étoient brouillés tellement qu'ils ne se parloient point; et, au moment où j'allois avoir besoin de leur accord et de leur bonne intelligence, je les trouvois ennemis l'un de l'autre. Duclos, le plus brusque des deux, mais le moins vif, étoit aussi le moins piqué. L'inimitié d'un homme tel que d'Alembert lui étoit pénible; il ne demandoit qu'à se réconcilier avec lui; mais il vouloit obtenir par moi que d'Alembert fît les avances.

« Je suis indigné, me dit-il, de l'oppression sous laquelle vous avez gémi, et de la persécution sourde et lâche que vous éprouvez encore. Il est temps que cela finisse. Bougainville est mourant; il faut que vous ayez sa place. Dites à d'Alembert que je ne demande pas mieux que de vous l'assurer; qu'il m'en parle à l'Académie, nous arrangerons votre affaire pour la prochaine élection. »

D'Alembert bondit de colère quand je lui proposai de parler à Duclos. « Qu'il aille au diable, me dit-il, avec son abbé de Bernis : je ne veux pas plus avoir affaire à l'un qu'à l'autre. — En ce cas-là, je renonce à l'Académie; mon seul regret, lui dis-je, est d'y avoir pensé. — Pourquoi donc? reprit-il avec chaleur; est-ce que pour en être vous avez besoin de Duclos? — Et de qui n'aurois-je pas besoin, lorsque mes amis m'abandonnent, et que mes ennemis sont plus ardens à me nuire et plus agissans que jamais? Ah! ceux-là

parleroient au diable pour m'ôter une seule voix ;
mais ce que j'ai dit autrefois en vers, je l'éprouve
moi-même :

> L'amitié se rebute, et le malheur la glace ;
> La haine est implacable, et jamais ne se lasse.

— Vous serez de l'Académie malgré vos ennemis,
reprit-il. — Non, Monsieur, non, je n'en serai
point, et je ne veux point en être. Je serois ballotté, supplanté, insulté par un parti déjà trop
nombreux et trop fort. J'aime mieux vivre obscur ;
pour cela, grâce au Ciel, je n'aurai besoin de personne. — Mais, Marmontel, vous vous fâchez,
je ne sais pas pourquoi... — Ah ! je le sais bien,
moi : l'ami de mon cœur, l'homme sur qui je
comptois le plus au monde, n'a que deux mots à
dire pour me tirer de l'oppression... — Eh bien !
morbleu ! je les dirai ; mais rien ne m'a tant coûté
en ma vie. — Duclos a donc des torts bien graves
envers vous ? — Comment ! vous ne savez donc
pas avec quelle insolence, en pleine Académie, il
a parlé du roi de Prusse ? — Du roi de Prusse ! et
que fait à ce roi une insolence de Duclos ? Ah !
d'Alembert, ayez besoin de mon ennemi le plus
cruel, et que, pour vous servir, il ne s'agisse que
de lui pardonner, je vais l'embrasser tout à l'heure.
— Allons, dit-il, ce soir je me réconcilie avec
Duclos ; mais qu'il vous serve bien, car ce n'est

qu'à ce prix et pour l'amour de vous... — Il me servira bien », lui dis-je. Et, en effet, Duclos, ravi de voir d'Alembert revenir à lui, agit en ma faveur aussi vivement que lui-même.

Mais à la mort de Bougainville, et au moment où je me flattois de lui succéder sans obstacle, d'Alembert m'envoya chercher. « Savez-vous, me dit-il, ce qui se trame contre vous ? On vous oppose un concurrent en faveur duquel Praslin, d'Argental et sa femme, briguent les voix à la ville, à la cour. Ils se vantent d'en réunir un très grand nombre, et je le crains, car ce concurrent, c'est Thomas. — Je ne crois pas, lui dis-je, que Thomas se prête à cette manœuvre. — Mais, me dit-il, Thomas y est fort embarrassé. Vous savez qu'ils l'ont empêtré de bienfaits, de reconnoissance ; ensuite ils l'ont engagé de loin à penser à l'Académie ; et, sur ce qu'il leur a fait observer que sa qualité de secrétaire personnel du ministre feroit obstacle à son élection, Praslin lui a obtenu du roi un brevet qui ennoblit sa place. A présent que l'obstacle est levé, on exige qu'il se présente et on lui répond de la grande pluralité des voix. Il est à Fontainebleau en présence de son ministre, et obsédé par d'Argental ; je vous conseille de l'aller voir. »

Je partis, et, en arrivant, j'écrivis à Thomas pour lui demander un rendez-vous. Il répondit qu'il se trouveroit sur les cinq heures au bord du grand bassin. Je l'y attendis; et, en l'abordant : « Vous vous doutez bien, mon ami, lui dis-je, du sujet qui m'amène. Je viens savoir de vous si ce que l'on m'assure est vrai. » Et je lui répétai ce que m'avoit dit d'Alembert.

« Tout cela est vrai, me répondit Thomas; et il est vrai encore que M. d'Argental m'a signifié ce matin que M. de Praslin veut que je me présente; qu'il exige de moi cette marque d'attachement; que telle a été la condition du brevet qu'il m'a fait avoir; qu'en l'acceptant j'ai dû entendre pourquoi il m'étoit accordé, et que, si je manque à mon bienfaiteur par égard pour un homme qui l'a offensé, je perds ma place et ma fortune. Voilà ma position. A présent, dites-moi ce que vous feriez à ma place. — Est-ce bien sérieusement, lui dis-je, que vous me consultez? — Oui, me dit-il en souriant, et de l'air d'un homme qui avoit pris son parti. — Eh bien! lui dis-je, à votre place, je ferois ce que vous ferez. — Non, sans détour, que feriez-vous? — Je ne sais pas, lui dis-je, me donner pour exemple; mais ne suis-je pas votre ami? n'êtes-vous pas le mien? — Oui, me dit-il, je ne m'en cache pas.

Je l'ai dit à la terre, au ciel, à Gusman même.

— Eh bien! repris-je, si j'avois un fils, et s'il

avoit le malheur de servir contre son ami la haine d'un Gusman, je lui... — N'achevez pas, me dit Thomas, en me serrant la main; ma réponse est faite, et bien faite. — Eh! mon ami, lui dis-je, croyez-vous que j'en aie douté? — Vous êtes cependant venu vous en assurer, me dit-il avec un doux reproche. — Non, certes, répondis-je, ce n'est pas pour moi que j'en ai voulu l'assurance, mais pour des gens qui ne connoissent pas votre âme aussi bien que je la connois. — Dites-leur, reprit-il, que, si jamais j'entre à l'Académie, ce sera par la belle porte. Et, à l'égard de la fortune, j'en ai si peu joui, et m'en suis passé si longtemps, que j'espère bien n'avoir pas désappris à m'en passer encore. » A ces mots, je fus si ému que je lui aurois cédé la place, s'il avoit voulu l'accepter, et s'il l'avoit pu décemment; mais la haine de son ministre contre moi étoit si déclarée que nous aurions passé, lui pour l'avoir servie, moi pour y avoir succombé. Nous nous en tînmes donc à la conduite libre et franche qui nous convenoit à tous deux. Il ne se mit point sur les rangs, et il perdit sa place de secrétaire du ministre. On n'eut pourtant pas l'impudence de lui ôter celle de secrétaire-interprète des Suisses. Il fut reçu de l'Académie immédiatement après moi; il le fut par acclamation, mais à une longue distance : car, de 1763 jusqu'en 1766, il n'y eut point de place vacante, quoique, année commune, le nombre des morts, à l'Académie, fût de trois en deux ans.

Je dois dire, à la honte du comte de Praslin et à la gloire de Thomas, que celui-ci, après s'être refusé à un acte de servitude et de bassesse, crut devoir ne se retirer de chez un homme qui lui avoit fait du bien que lorsqu'il seroit renvoyé. Il resta près de lui un mois encore, se trouvant, comme de coutume, tous les matins à son lever, sans que cet homme dur et vain lui dît une parole, ni qu'il daignât le regarder. Dans une âme naturellement noble et fière comme étoit celle de Thomas, jugez combien cette humble épreuve devoit être pénible ! Enfin, après avoir donné à la reconnoissance au delà de ce qu'il devoit, voyant combien le vil orgueil de ce ministre étoit irréconciliable avec l'honnêteté modeste et patiente, il lui fit dire qu'il se voyoit forcé de prendre son silence pour un congé, et il se retira. Cette conduite acheva de faire connoître son caractère ; et, du côté même de la fortune, il ne perdit rien à s'être conduit en honnête homme. Le roi lui en sut gré, et non seulement il obtint dans la suite une pension de deux mille livres sur le trésor royal, mais un beau logement au Louvre, que lui fit donner le comte d'Angiviller, son ami et le mien.

Vous venez de voir, mes enfans, à travers combien de difficultés j'étois arrivé à l'Académie ; mais je ne vous ai pas dit quelles épines la vanité du bel esprit avoit semées sur mon chemin.

Durant les contrariétés que j'éprouvois, Mme Geoffrin étoit mal à son aise ; elle m'en parloit quelquefois du bout de ses lèvres pincées ; et, à chaque nouvelle élection qni reculoit la mienne, je voyois qu'elle en avoit du dépit. « Eh bien ! me disoit-elle, il est donc décidé que vous n'en serez point ? » Moi qui ne voulois pas qu'elle en fût tracassée, je répondois négligemment que « c'étoit le moindre de mes soucis ; que l'auteur de *la Henriade*, de *Zaïre*, de *Mérope*, n'avoit été de l'Académie qu'à cinquante ans passés ; que je n'en avois pas quarante ; que j'en serois peut-être quelque jour ; mais qu'au surplus, d'honnêtes gens, et d'un mérite bien distingué, se consoloient de n'en pas être, et que je m'en passerois comme eux ». Je la suppliois de ne pas s'en inquiéter plus que moi. Elle ne s'en inquiétoit pas moins, et de temps en temps, à sa manière, et par de petits mots, elle tâtoit les dispositions des académiciens.

Un jour elle me demanda : « Que vous a fait M. de Marivaux, pour vous moquer de lui et le tourner en ridicule ? — Moi, Madame ? — Oui, vous-même, qui lui riez au nez et faites rire à ses dépens... — En vérité, Madame, je ne sais ce que vous voulez me dire. — Je veux vous dire ce qu'il m'a dit; Marivaux est un honnête homme qui ne m'en a pas imposé. — Il m'expliquera donc lui-même ce que je n'entends pas, car de ma vie il n'a été, ni présent, ni absent, l'objet de mes plaisanteries. — Eh bien! voyez-le donc, et tâchez, me dit-elle, de le dissuader: car, même dans ses plaintes, il ne dit que du bien de vous. » En traversant le jardin du Palais-Royal, sur lequel il logeoit, je le vis, et je l'abordai.

Il eut d'abord quelque répugnance à s'expliquer, et il me répétoit qu'il n'en seroit pas moins juste à mon égard lorsqu'il s'agiroit de l'Académie. « Monsieur, lui dis-je enfin avec un peu d'impatience, laissons l'Académie, elle n'est pour rien dans la démarche que je fais auprès de vous; ce n'est point votre voix que je sollicite, c'est votre estime que je réclame, et dont je suis jaloux. — Vous l'avez entière, me dit-il. — Si je l'ai, veuillez donc me dire en quoi j'ai donné lieu aux plaintes que vous faites de moi. — Quoi! me dit-il, avez-vous oublié que chez Mme Du Bocage, un soir, étant assis auprès de Mme de Villaumont, vous ne cessâtes l'un et l'autre de me regarder et de rire en vous parlant à l'oreille? Assurément c'étoit de moi que vous riiez, et je ne sais pourquoi, car ce jour-là je n'étois pas plus ridicule que de coutume.

— Heureusement, lui dis-je, ce que vous rappelez m'est très présent, voici le fait : Mme de Villaumont vous voyoit pour la première fois, et, comme on faisoit cercle autour de vous, elle me demanda qui vous étiez. Je vous nommai. Elle, qui connoissoit dans les gardes-françoises un officier de votre nom, me soutint que vous n'étiez pas M. de Marivaux. Son obstination me divertit; la mienne lui parut plaisante; et, en me décrivant la figure du Marivaux qu'elle connoissoit, elle vous regardoit : voilà tout le mystère. — Oui, me dit-il ironiquement, la méprise étoit fort risible ! cependant vous aviez tous deux un certain air malin et moqueur que je connois bien, et qui n'est pas celui d'un badinage simple. — Très simple étoit pourtant le nôtre, et très innocent, je vous le jure. Au surplus, ajoutai-je, c'est la vérité toute nue. J'ai cru vous la devoir, m'en voilà quitte; et, si vous ne m'en croyez pas, ce sera moi, Monsieur, qui aurai à me plaindre de vous. » Il m'assura qu'il m'en croyoit; et il ne laissa pas de dire à Mme Geoffrin qu'il n'avoit pris cette explication que pour une manière adroite de m'excuser auprès de lui. La mort m'enleva son suffrage; mais, s'il me l'avoit accordé, il se seroit cru généreux.

La dame de Villaumont, dont je vous ai parlé, étoit fille de Mme Gaulard, et la rivale de Mme de Brionne en beauté; plus vive même et plus piquante.

Mme Du Bocage, chez qui nous soupions quelquefois, étoit une femme de lettres d'un caractère estimable, mais sans relief et sans couleur. Elle avoit, comme Mme Geoffrin, une société littéraire, mais infiniment moins agréable, et analogue à son humeur douce, froide, polie et triste. J'en avois été quelque temps ; mais le sérieux m'en étouffoit, et j'en fus chassé par l'ennui. Dans cette femme, un moment célèbre, ce qui étoit vraiment admirable, c'étoit sa modestie. Elle voyoit gravé au bas de son portrait : *Forma Venus, arte Minerva ;* et jamais on ne surprit en elle un mouvement de vanité. Revenons aux plaintes que faisoient de moi des gens d'un autre caractère.

Parmi les académiciens dont les voix ne m'étoient point assurées, nous comptions le président Hénault et Moncrif. Mme Geoffrin leur parla et revint à moi courroucée. « Est-il possible, me dit-elle, que vous passiez votre vie à vous faire des ennemis! voilà Moncrif qui est furieux contre vous, et le président Hénault qui n'est guère moins irrité. — De quoi, Madame? et que leur ai-je fait?—Ce que vous avez fait! votre livre de la *Poétique,* car vous avez toujours la rage de faire des livres. — Et dans ce livre, qu'est-ce qui les irrite? — Pour Moncrif, je le sais, dit-elle, il ne s'en cache point, il le dit hautement. Vous citez de lui une chanson, et vous l'estropiez; elle

avoit cinq couplets, vous n'en citez que trois. —
Hélas! Madame, j'ai cité les meilleurs, et je n'ai
retranché que ceux qui répétoient la même idée.
— Vraiment! c'est de quoi il se plaint, que vous
ayez voulu corriger son ouvrage. Il ne vous le
pardonnera ni à la vie ni à la mort. — Qu'il vive
donc, Madame, et qu'il meure mon ennemi pour
ses deux couplets de chanson; je supporterai ma
disgrâce. Et le bon président, quelle est envers
lui mon offense? — Il ne me l'a point dit; mais
c'est encore, je crois, de votre livre qu'il se plaint.
Je le saurai. » Elle le sut. Mais, quand il fallut me
le dire et que je l'en pressai, ce fut une scène comique dont l'abbé Raynal fut témoin.

« Eh bien! Madame, vous avez vu le président
Hénault; vous a-t-il dit enfin quel est mon tort?
— Oui, je le sais; mais il vous le pardonne, il
veut bien l'oublier; n'en parlons plus. — Au
moins, Madame, dois-je savoir quel est ce crime
involontaire qu'il a la bonté d'oublier. — Le savoir, à quoi bon? cela est inutile. Vous aurez sa
voix, c'est assez. — Non, ce n'est pas assez, et
je ne suis pas fait pour essuyer des plaintes sans
savoir quel en est l'objet. — Madame, dit l'abbé
Raynal, je trouve que M. Marmontel a raison.
— Ne voyez-vous pas, reprit-elle, qu'il ne veut
le savoir que pour en plaisanter et pour en faire
un conte? — Non, Madame, je vous promets

d'en garder le silence dès que j'aurai su ce que c'est. — Ce que c'est ! toujours votre livre et votre fureur de citer. Ne l'ai-je point là, votre livre? — Oui, Madame, il est là. — Voyons cette chanson du président que vous avez citée à propos des chansons à boire. La voici :

> Venge-moi d'une ingrate maîtresse, etc.

De qui la tenez-vous, cette chanson? — De Jélyotte. — Eh bien ! Jélyotte ne vous l'a pas donnée telle qu'elle est, puisqu'il faut vous le dire. Il y a un O que vous avez retranché. — Un O, Madame ! — Eh ! oui, un O. N'y a-t-il pas un vers qui dit : *Que d'attraits?* — Oui, Madame.

> Que d'attraits ! dieux ! qu'elle étoit belle !

— Justement, c'est là qu'est la faute. Il falloit dire : *O dieux ! qu'elle étoit belle !* — Eh ! Madame, le sens est le même. — Oui, Monsieur; mais, lorsque l'on cite, il faut citer fidèlement. Chacun est jaloux de ce qu'il a fait ; cela est naturel. Le président ne vous a pas prié de citer sa chanson. — Je l'ai citée avec éloge. — Il n'y falloit donc rien changer. Puisqu'il y avoit mis *O dieux !* cela lui plaisoit davantage. Que vous avoit-il fait, pour lui ôter son *O*? Du reste, il m'a bien assuré que cela n'empêcheroit point qu'il ne rendît justice à vos talens. »

L'abbé Raynal mouroit d'envie de rire et moi aussi. Mais nous nous retînmes, car Mme Geoffrin étoit déjà assez confuse, et, lorsqu'elle avoit tort, il n'y avoit point à badiner.

En nous en allant, je contai à l'abbé mon aventure avec Marivaux et ma querelle avec Moncrif. « Ah! me dit-il, cela nous prouve que, lorsqu'on dit d'un homme qu'il a des ennemis, il faut, avant de le juger, bien regarder s'il a mérité d'en avoir. »

Lorsque ce détroit fut passé, ma vie reprit son cours libre et tranquille. D'abord elle se partagea entre la ville et la campagne, et l'une et l'autre me rendoient heureux. De mes sociétés à la ville, la seule dont je n'étois plus étoit celle des Menus-Plaisirs. Cury, qui en avoit été l'âme, étoit infirme et ruiné. Il mourut peu de temps après.

Lorsque son secret a été connu (et il ne l'a été qu'après sa mort), j'ai quelquefois entendu dire dans le monde qu'il auroit dû se déclarer pour auteur de la parodie. J'ai toujours soutenu qu'il ne le devoit pas; et malheur à moi s'il l'eût fait! car c'auroit été lui qu'on auroit opprimé, et j'en serois mort de chagrin. Ma faute étoit à moi, et il eût été souverainement injuste qu'un autre en eût porté la peine. Au reste, la parodie, telle qu'on l'avoit vue, pleine de grossières injures, n'étoit pas celle qu'il avoit faite. Il auroit donc fallu qu'en s'accusant de l'une il eût été reçu à désavouer l'autre; et, quand il auroit fait cette distinction, auroit-on voulu l'écouter? Il eût été perdu, et j'en aurois été la cause. Il fit, en gardant le silence, ce qu'il y avoit de plus juste et de meilleur à faire pour moi comme pour lui, et je lui devois les douceurs de la vie que je menois depuis que ma bienheureuse disgrâce m'avoit rendu à moi-même et à mes amis.

Je ne mets pas au nombre de mes sociétés particulières l'assemblée qui se tenoit les soirs chez Mlle de Lespinasse : car, à l'exception de quelques amis de d'Alembert, comme le chevalier de Chastellux, l'abbé Morellet, Saint-Lambert et moi, ce cercle étoit formé de gens qui n'étoient point liés ensemble. Elle les avoit pris çà et là dans le monde, mais si bien assortis que, lorsqu'ils étoient là, ils s'y trouvoient en harmonie comme les cordes d'un instrument monté par une habile main. En suivant la comparaison, je pourrois dire qu'elle jouoit de cet instrument avec un art qui tenoit du génie; elle sembloit savoir quel son rendroit la corde qu'elle alloit toucher; je veux dire que nos esprits et nos caractères lui étoient si bien connus que, pour les mettre en jeu, elle n'avoit qu'un mot à dire. Nulle part la conversation n'étoit plus vive, ni plus brillante, ni mieux réglée que chez elle. C'étoit un rare phénomène que ce degré de chaleur tempérée et toujours égale où elle savoit l'entretenir, soit en la modérant, soit en l'animant tour à tour. La continuelle activité de son âme se communiquoit à nos esprits, mais avec mesure; son imagination en étoit le mobile, sa raison le régulateur. Et remarquez bien que les têtes qu'elle remuoit à son gré n'étoient ni foibles ni légères; les Condillac et les Turgot étoient du nombre; d'Alembert étoit auprès d'elle comme un simple et docile enfant. Son talent de jeter en avant la pensée et de la donner à débattre à des hommes de cette classe; son talent de la discuter elle-même, et, comme eux, avec précision, quelquefois avec éloquence; son talent d'amener de nouvelles idées et de varier l'entretien, toujours avec l'aisance et la facilité d'une fée qui, d'un coup de baguette, change à son gré la scène de ses enchantemens; ce talent, dis-je, n'étoit pas celui d'une femme vulgaire. Ce n'étoit pas avec les niaiseries de la mode et de la vanité que, tous les jours, durant quatre heures de conversation, sans langueur et sans vide, elle savoit se rendre intéressante pour un cercle de bons esprits. Il est vrai que l'un de ses charmes étoit ce naturel brûlant qui passionnoit son langage, et qui communiquoit à ses opinions la chaleur, l'intérêt, l'éloquence du sentiment. Souvent aussi chez elle, et très souvent, la raison s'égayoit; une douce philosophie s'y permettoit un léger badinage;

d'Alembert en donnoit le ton; et qui jamais sut mieux que lui

> Mêler le grave au doux, le plaisant au sévère?

L'histoire d'une personne aussi singulièrement douée que l'étoit Mlle de Lespinasse doit être pour vous, mes enfans, assez curieuse à savoir. Le récit n'en sera pas long.

Il y avoit à Paris une marquise du Deffand, femme pleine d'esprit, d'humeur et de malice. Galante et assez belle dans sa jeunesse, mais vieille dans le temps dont je vais parler, presque aveugle et rongée de vapeurs et d'ennui, retirée dans un couvent avec une étroite fortune, elle ne laissoit pas de voir encore le grand monde où elle avoit vécu. Elle avoit connu d'Alembert chez son ancien amant, le président Hénault, qu'elle tyrannisoit encore, et qui, naturellement très timide, étoit resté esclave de la crainte longtemps après avoir cessé de l'être de l'amour. Mme du Deffand, charmée de l'esprit et de la gaieté de d'Alembert, l'avoit attiré chez elle, et si bien captivé qu'il en étoit inséparable. Il logeoit loin d'elle, et il ne passoit pas un jour sans l'aller voir.

Cependant, pour remplir les vides de sa solitude, Mme du Deffand cherchoit une jeune personne bien élevée et sans fortune qui voulût être sa compagne et à titre d'amie, c'est-à-dire de complaisante, vivre avec elle dans son couvent ; elle rencontra celle-ci ; elle en fut enchantée, comme vous croyez bien. D'Alembert ne fut pas moins charmé de trouver chez sa vieille amie un tiers aussi intéressant.

Entre cette jeune personne et lui, l'infortune avoit mis un rapport qui devoit rapprocher leurs âmes. Ils étoient tous les deux ce qu'on appelle enfans de l'amour. Je vis leur amitié naissante, lorsque Mme du Deffand les menoit avec elle souper chez mon amie Mme Harenc ; et c'est de ce temps-là que datoit notre connoissance. Il ne falloit pas moins qu'un ami tel que d'Alembert pour adoucir et rendre supportables à Mlle de Lespinasse la tristesse et la dureté de sa condition, car c'étoit peu d'être assujettie à une assiduité perpétuelle auprès d'une femme aveugle et vaporeuse ; il falloit, pour vivre avec elle, faire comme elle du jour la nuit et de la nuit le jour, veiller à côté de son lit, et l'endormir en faisant la lecture ; travail qui fut mortel à cette jeune fille, naturellement délicate, et dont jamais depuis sa poitrine épuisée n'a pu se rétablir. Elle y résistoit cependant, lorsque arriva l'incident qui rompit sa chaîne.

Mme du Deffand, après avoir veillé toute la nuit chez elle-même ou chez Mme de Luxembourg, qui veilloit comme elle, donnoit tout le jour au sommeil, et n'étoit visible que vers les six heures du soir. Mlle de Lespinasse, retirée dans sa petite chambre sur la cour du même couvent, ne se levoit guère qu'une heure avant sa dame ; mais cette heure si précieuse, dérobée à son esclavage, étoit employée à recevoir chez elle ses amis personnels, d'Alembert, Chastellux, Turgot, et moi de temps en temps. Or, ces messieurs étoient aussi la compagnie habituelle de Mme du Deffand ; mais ils s'oublioient quelquefois chez Mlle de Lespinasse, et c'étoient des momens qui lui étoient dérobés ; aussi ce rendez-vous particulier étoit-il pour elle un mystère, car on prévoyoit bien qu'elle en seroit jalouse. Elle le découvrit : ce ne fut, à l'entendre, rien de moins qu'une trahison. Elle en fit les hauts cris, accusant cette pauvre fille de lui soustraire ses amis, et déclarant qu'elle ne vouloit plus nourrir ce serpent dans son sein.

Leur séparation fut brusque ; mais Mlle de Lespinasse ne resta point abandonnée. Tous les amis de Mme du Deffand étoient devenus les siens. Il lui fut facile de leur persuader que la colère de cette femme étoit injuste. Le président Hénault lui-même se déclara pour elle. La duchesse de Luxembourg donna le tort à sa vieille amie, et fit présent d'un meuble complet à Mlle de Lespinasse, dans le logement qu'elle prit. Enfin, par le duc de Choiseul, on obtint pour elle, du roi, une gratification annuelle qui la mettoit au-dessus du besoin, et les sociétés de Paris les plus distinguées se disputèrent le bonheur de la posséder.

D'Alembert, à qui Mme du Deffand proposa impérieusement l'alternative de rompre avec Mlle de Lespinasse ou avec elle, n'hésita point, et se livra tout entier à sa jeune amie. Ils demeuroient loin l'un de l'autre; et, quoique dans le mauvais temps il fût pénible pour d'Alembert de retourner le soir de la rue de Bellechasse à la rue Michel-le-Comte, où logeoit sa nourrice, il ne pensoit point à quitter celle-ci. Mais chez elle il tomba malade, et assez dangereusement pour inquiéter Bouvart, son médecin. Sa maladie étoit une de ces fièvres putrides dont le premier remède est un air libre et pur. Or, son logement chez sa vitrière étoit une petite chambre mal éclairée, mal aérée, avec un lit à tombeau très étroit. Bouvart nous déclara que l'incommodité de ce logement pouvoit lui être très funeste. Watelet lui en offrit un dans son hôtel, voisin du boulevard du Temple : il y fut transporté; Mlle de Lespinasse, quoi qu'on en pût penser et dire, s'établit sa garde-malade. Personne n'en pensa et n'en dit que du bien.

D'Alembert revint à la vie, et dès lors, consacrant ses jours à celle qui en avoit pris soin, il désira de loger auprès d'elle. Rien de plus innocent que leur intimité; aussi fut-elle respectée; la malignité même ne l'attaqua jamais; et la considération dont jouissoit Mlle de Lespinasse, loin d'en souffrir aucune atteinte, n'en fut que plus honorablement et plus hautement établie. Mais cette liaison si pure, et du côté de d'Alembert toujours tendre et inaltérable, ne fut pas pour lui aussi douce, aussi heureuse qu'elle auroit dû l'être.

L'âme ardente et l'imagination romantique de Mlle de Lespinasse lui firent concevoir le projet de sortir de l'étroite médiocrité où elle craignoit de vieillir. Avec tous les moyens qu'elle avoit de séduire et de plaire, même sans être belle, il lui parut possible que, dans le nombre de ses amis, et même des plus distingués, quelqu'un fût assez épris d'elle pour vouloir l'épouser. Cette ambitieuse espérance, plus d'une fois trompée, ne se rebutoit point; elle changeoit d'objet, toujours plus exaltée et si vive qu'on l'auroit prise pour l'enivrement de l'amour. Par exemple, elle fut un temps si éperdument éprise de ce qu'elle appeloit l'héroïsme et le génie de Guibert que, dans l'art militaire et le talent d'écrire, elle ne voyoit rien de comparable à lui. Celui-là cependant lui échappa comme les autres. Alors ce fut à la conquête du marquis de Mora, jeune Espagnol d'une haute naissance, qu'elle crut pouvoir aspirer; et en effet, soit amour, soit enthousiasme, ce jeune homme avoit pris pour elle un sentiment passionné. Nous le vîmes plus d'une fois en adoration devant elle, et l'impression qu'elle avoit faite sur cette âme espagnole prenoit un caractère si sérieux que la famille du marquis se hâta de le rappeler. Mlle de Lespinasse, contrariée dans ses désirs, n'étoit plus la même avec d'Alembert; et non seulement il en essuyoit des froideurs, mais souvent des humeurs chagrines pleines d'aigreur et d'amertume. Il dévoroit ses peines et n'en gémissoit qu'avec moi. Le malheureux! tels étoient pour elle son dévouement et son obéissance qu'en l'absence de M. de Mora c'étoit lui qui, dès le matin, alloit quérir ses lettres à la poste et les lui apportoit à son réveil. Enfin, le jeune Espagnol étant tombé malade dans sa patrie, et sa famille n'attendant que sa convalescence pour le marier convenablement, Mlle de Lespinasse imagina de faire prononcer par un médecin de Paris que le climat de l'Espagne lui seroit mortel; que, si on vouloit lui sauver la vie, il falloit qu'on le renvoyât respirer l'air de la France; et cette consultation, dictée par Mlle de Lespinasse, ce fut d'Alembert qui l'obtint de Lorry, son ami intime, et l'un des plus célèbres médecins de Paris. L'autorité de Lorry, appuyée par le malade, eut en Espagne tout son effet. On laissa partir le jeune homme; il mourut en chemin, et le chagrin profond qu'en ressentit Mlle de Lespinasse, achevant de détruire cette frêle machine que son âme avoit ruinée, la précipita dans le tombeau.

D'Alembert fut inconsolable de sa perte. Ce fut alors qu'il vint comme s'ensevelir dans le logement qu'il avoit au Louvre. J'ai dit ailleurs comme il y passa le reste de sa vie[1]. Il se plaignoit souvent à moi de la funeste solitude où il croyoit être tombé. Inutilement je lui rappelois ce qu'il m'avoit tant dit lui-même du changement de son amie. « Oui, me répondoit-il, elle étoit changée, mais je ne l'étois pas; elle ne vivoit plus pour moi, mais je vivois toujours pour elle. Depuis qu'elle n'est plus, je ne sais plus pourquoi je vis. Ah! que n'ai-je à souffrir encore ces momens d'amertume qu'elle savoit si bien adoucir et faire oublier! Souvenez-vous des heureuses soirées que nous passions ensemble. A présent, que me reste-t-il? Au lieu d'elle, en rentrant chez moi, je ne vais plus retrouver que son ombre. Ce logement du Louvre est lui-même un tombeau où je n'entre qu'avec effroi. »

Je résume ici en substance les conversations que nous avions ensemble en nous promenant seuls le soir aux Tuileries; et je demande si c'est là le langage d'un homme à qui la nature auroit refusé la sensibilité du cœur.

Bien plus heureux que lui, je vivois au milieu

---

1. *L'Éloge de d'Alembert* a été imprimé dans le tome XVII des *Œuvres* de Marmontel publiées en 1787.

des femmes les plus séduisantes, sans tenir à aucune par les liens de l'esclavage. Ni la jolie et piquante Filleul, ni l'ingénue et belle Séran, ni l'éblouissante Villaumont, ni aucune de celles avec qui je me plaisois le plus, ne troubloit mon repos. Comme je savois bien qu'elles ne pensoient pas à moi, je n'avois ni la simplicité ni la fatuité de penser à elles. J'aurois pu dire comme Atys, et avec plus de sincérité :

> J'aime les roses nouvelles,
> J'aime à les voir s'embellir :
> Sans leurs épines cruelles,
> J'aimerois à les cueillir.

Ce qui me ravissoit en elles, c'étoient les grâces de leur esprit, la mobilité de leur imagination, le tour facile et naturel de leurs idées et de leur langage, et une certaine délicatesse de pensée et de sentiment qui, comme celle de leur physionomie, semble réservée à leur sexe. Leurs entretiens étoient une école pour moi non moins utile qu'agréable; et, autant qu'il m'étoit possible, je profitois de leurs leçons. Celui qui ne veut écrire qu'avec précision, énergie et vigueur, peut ne vivre qu'avec des hommes; mais celui qui veut, dans son style, avoir de la souplesse, de l'aménité, du liant, et ce je ne sais quoi qu'on appelle du charme, fera très bien, je crois, de vivre avec des femmes. Lorsque je lis que Périclès sacrifioit tous les matins aux

Grâces, ce que j'entends par là, c'est que tous les jours Périclès déjeunoit avec Aspasie.

Cependant, quelque intéressante que fût pour moi, du côté de l'esprit, la société de ces femmes aimables, elle ne me faisoit pas négliger d'aller fortifier mon âme, élever, étendre, agrandir ma pensée, et la féconder dans une société d'hommes dont l'esprit pénétroit le mien et de chaleur et de lumière. La maison du baron d'Holbach, et, depuis quelque temps, celle d'Helvétius, étoient le rendez-vous de cette société, composée en partie de la fleur des convives de Mme Geoffrin, et en partie de quelques têtes que Mme Geoffrin avoit trouvées trop hardies et trop hasardeuses pour être admises à ses dîners. Elle estimoit le baron d'Holbach, elle aimoit Diderot, mais à la sourdine, et sans se commettre pour eux. Il est vrai qu'elle avoit admis et comme adopté Helvétius, mais jeune encore, avant qu'il eût fait des folies.

Je n'ai jamais bien su pourquoi d'Alembert se tint éloigné de la société dont je parle. Lui et Diderot, associés de travaux et de gloire dans l'entreprise de l'*Encyclopédie*, avoient été d'abord cordialement unis, mais ils ne l'étoient plus; ils parloient l'un de l'autre avec beaucoup d'estime, mais ils ne vivoient point ensemble et ne se voyoient presque plus. Je n'ai jamais osé leur en demander la raison.

Jean-Jacques Rousseau et Buffon furent d'abord quelque temps de cette société philosophique; mais l'un rompit ouvertement; l'autre, avec plus de ménagement et d'adresse, se retira et se tint à l'écart. Pour ceux-ci, je crois bien savoir quel fut le système de leur conduite.

Buffon, avec le Cabinet du roi et son *Histoire naturelle*, se sentoit assez fort pour se donner une existence considérable. Il voyoit que l'école encyclopédique étoit en défaveur à la cour et dans l'esprit du roi; il craignit d'être enveloppé dans le commun naufrage, et, pour voguer à pleines voiles, ou du moins pour louvoyer seul prudemment parmi les écueils, il aima mieux avoir à soi sa barque libre et détachée. On ne lui en sut pas mauvais gré. Mais sa retraite avoit encore une autre cause.

Buffon, environné chez lui de complaisans et de flatteurs, et accoutumé à une déférence obséquieuse pour ses idées systématiques, étoit quelquefois désagréablement surpris de trouver parmi nous moins de révérence et de docilité. Je le voyois s'en aller mécontent des contrariétés qu'il avoit essuyées. Avec un mérite incontestable, il avoit un orgueil et une présomption égale au moins à son mérite. Gâté par l'adulation, et placé par la multitude dans la classe de nos grands hommes, il avoit le chagrin de voir que les mathématiciens, les chimistes, les astronomes, ne lui accordoient qu'un rang très inférieur parmi eux ; que les naturalistes eux-mêmes étoient peu disposés à le mettre à leur tête, et que, parmi les gens de lettres, il n'obtenoit que le mince éloge d'écrivain élégant et de grand coloriste. Quelques-uns même lui reprochoient d'avoir fastueusement écrit dans un genre qui ne vouloit qu'un style simple et naturel. Je me souviens qu'une de ses amies m'ayant demandé comment je parlerois de lui, s'il m'arrivoit d'avoir à faire son éloge funèbre à l'Académie françoise, je répondis que je lui donnerois une place distinguée parmi les poètes du genre descriptif ; façon de le louer dont elle ne fut pas contente.

Buffon, mal à son aise avec ses pairs, s'enferma donc chez lui avec des commensaux ignorans et serviles, n'allant plus ni à l'une ni à l'autre Académie, et travaillant à part sa fortune chez les ministres, et sa réputation dans les cours étrangères, d'où, en échange de ses ouvrages, il recevoit de beaux présens ; mais du moins son paisible orgueil ne faisoit du mal à personne. Il n'en fut pas de même de celui de Rousseau.

Après le succès qu'avoient eu dans de jeunes têtes ses deux ouvrages couronnés à Dijon, Rousseau, prévoyant qu'avec des paradoxes colorés de son style, animés de son éloquence, il lui seroit facile d'entraîner après lui une foule d'enthousiastes, conçut l'ambition de faire secte; et, au lieu d'être simple associé à l'école philosophique, il voulut être chef et professeur unique d'une école qui fût à lui; mais, en se retirant de notre société, comme Buffon, sans querelle et sans bruit, il n'eût pas rempli son objet. Il avoit essayé, pour attirer la foule, de se donner un air de philosophe antique : d'abord en vieille redingote, puis en habit d'Arménien, il se montroit à l'Opéra, dans les cafés, aux promenades; mais ni sa petite perruque sale et son bâton de Diogène, ni son bonnet fourré, n'arrêtoient les passans. Il lui falloit un coup d'éclat pour avertir les ennemis des gens de lettres, et singulièrement de ceux qui étoient notés du nom de philosophes, que J.-J. Rousseau avoit fait divorce avec eux. Cette rupture lui attireroit une foule de partisans; et il avoit bien calculé que les prêtres seroient du nombre. Ce fut donc peu pour lui de se séparer de Diderot et de ses amis : il leur dit des injures, et, par un trait de calomnie lancé contre Diderot, il donna le signal de la guerre qu'il leur déclaroit en partant.

Cependant leur société, consolée de cette perte, et peu sensible à l'ingratitude dont Rousseau faisoit profession, trouvoit en elle-même les plaisirs les plus doux que puissent procurer la liberté de la pensée et le commerce des esprits. Nous n'étions plus menés et retenus à la lisière, comme chez Mme Geoffrin; mais cette liberté n'étoit pas la licence, et il est des objets révérés et inviolables qui jamais n'y étoient soumis aux débats des opinions. Dieu, la vertu, les saintes lois de la morale naturelle, n'y furent jamais mis en doute, du moins en ma présence : c'est ce que je puis attester. La carrière ne laissoit pas d'être encore assez vaste; et, à l'essor qu'y prenoient les esprits, je croyois quelquefois entendre les disciples de Pythagore ou de Platon. C'étoit là que Galiani étoit quelquefois étonnant par l'originalité de ses idées, et par le tour adroit, singulier, imprévu, dont il en amenoit le développement; c'étoit là que le chimiste Roux nous révéloit, en homme de génie; les mystères de la nature; c'étoit là que le baron d'Holbach, qui avoit tout lu et n'avoit jamais rien oublié d'intéressant, versoit abondamment les richesses de sa mémoire; c'étoit là surtout qu'avec sa douce et persuasive éloquence, et son visage étincelant du feu de l'inspiration, Diderot répandoit sa lumière dans tous les esprits, sa chaleur dans toutes les âmes. Qui n'a connu Diderot que dans ses écrits ne l'a point connu. Ses systèmes sur l'art d'écrire altéroient son beau naturel. Lorsqu'en parlant il s'animoit, et que, laissant couler de source l'abondance de ses pensées, il oublioit ses théories et se laissoit aller à l'impulsion du moment, c'étoit alors qu'il étoit ravissant. Dans ses écrits, il ne sut jamais former un tout ensemble : cette première opération, qui ordonne et met tout à sa place, étoit pour lui trop lente et trop pénible. Il écrivoit de verve avant d'avoir rien médité : aussi a-t-il écrit de belles pages, comme il disoit lui-même, mais il n'a jamais fait un livre. Or, ce défaut d'ensemble disparoissoit dans le cours libre et varié de la conversation.

L'un des beaux momens de Diderot, c'étoit lorsqu'un auteur le consultoit sur son ouvrage. Si le sujet en valoit la peine, il falloit le voir s'en saisir, le pénétrer, et, d'un coup d'œil, découvrir de quelles richesses et de quelles beautés il étoit susceptible. S'il s'apercevoit que l'auteur remplît mal son objet, au lieu d'écouter la lecture, il faisoit dans sa tête ce que l'auteur avoit manqué. Étoit-ce une pièce de théâtre, il y jetoit des scènes, des incidens nouveaux, des traits de caractère; et, croyant avoir entendu ce qu'il avoit rêvé, il nous vantoit l'ouvrage qu'on venoit de lui lire, et dans lequel, lorsqu'il voyoit le jour, nous ne retrouvions presque rien de ce qu'il en avoit cité. En général, et dans toutes les branches des connoissances humaines, tout lui étoit si familier et si présent qu'il sembloit toujours préparé à ce qu'on avoit à lui dire, et ses aperçus les plus soudains étoient comme les résultats d'une étude récente ou d'une longue méditation.

Cet homme, l'un des plus éclairés du siècle, étoit encore l'un des plus aimables; et, sur ce qui touchoit à la bonté morale, lorsqu'il en parloit d'abondance, je ne puis exprimer quel charme avoit en lui l'éloquence du sentiment. Toute son âme étoit dans ses yeux, sur ses lèvres. Jamais physionomie n'a mieux peint la bonté du cœur.

Je ne vous parle point de ceux de nos amis que vous venez de voir sous l'œil de Mme Geoffrin, et soumis à sa discipline. Chez le baron d'Holbach et chez Helvétius ils étoient à leur aise, et d'autant plus aimables : car l'esprit, dans ses mouvemens, ne peut bien déployer et sa force et sa grâce que lorsqu'il n'a rien qui le gêne; et là il ressembloit au coursier de Virgile :

> *Qualis ubi abruptis fugit præsepia vinclis*
> *Tandem liber equus, campoque potitus aperto...*
> *Emicat, arrectisque fremit cervicibus alte,*
> *Luxurians.*

Vous devez comprendre combien il étoit doux pour moi de faire, deux ou trois fois la semaine, d'excellens dîners en aussi bonne compagnie : nous nous en trouvions tous si bien que, lorsque venoient les beaux jours, nous entremêlions ces dîners de promenades philosophiques en pique-nique dans les environs de Paris, sur les bords de la Seine :

car le régal de ces jours-là étoit une ample matelote, et nous parcourions tour à tour les endroits renommés pour être les mieux pourvus en beau poisson. C'étoit le plus souvent Saint-Cloud : nous y descendions le matin en bateau, respirant l'air de la rivière, et nous en revenions le soir à travers le bois de Boulogne. Vous croyez bien que, dans ces promenades, la conversation languissoit rarement.

Une fois, m'étant trouvé seul quelques minutes avec Diderot, à propos de la *Lettre à d'Alembert sur les spectacles*, je lui témoignai mon indignation de la note que Rousseau avoit mise à la préface de cette lettre : c'étoit comme un coup de stylet dont il avoit frappé Diderot. Voici le texte de la lettre :

J'avois un Aristarque sévère et judicieux; je ne l'ai plus, je n'en veux plus; et il manque bien plus encore à mon cœur qu'à mes écrits.

Voici la note qu'il avoit attachée au texte :

Si vous avez tiré l'épée contre votre ami, n'en désespérez pas, car il y a moyen de revenir vers votre ami. Si vous l'avez attristé par vos paroles, ne craignez rien. Il est possible encore de vous réconcilier avec lui; mais, pour l'outrage, le reproche injurieux, la révélation du secret et la plaie faite à son cœur en trahison, point de grâce à ses yeux : il s'éloignera sans retour. (Ecclés., XXII, 26, 27.)

Tout le monde savoit que c'étoit à Diderot que s'adressoit cette note infamante, et bien des gens croyoient qu'il l'avoit méritée, puisqu'il ne la réfutoit pas.

« Jamais, lui dis-je, entre vous et Rousseau mon opinion ne sera en balance : je vous connois, et je crois le connoître ; mais dites-moi par quelle rage et sur quel prétexte il vous a si cruellement outragé. — Retirons-nous, me dit-il, dans cette allée solitaire : là, je vous confierai ce que je ne dépose que dans le sein de mes amis. »

LIVRE VIII

L ORSQUE Diderot se vit seul avec moi, et assez loin de la compagnie pour n'en être pas entendu, il commença son récit en ces mots : « Si vous ne saviez pas une partie de ce que j'ai à vous dire, je garderois avec vous le silence, comme je le garde avec le public, sur l'origine et le motif de l'injure que m'a faite un homme que j'aimois et que je plains encore, car je le crois bien malheureux. Il est cruel d'être calomnié, de l'être avec noirceur, de l'être sur le ton perfide de l'amitié trahie, et de ne pouvoir se défendre ; mais telle est ma position. Vous allez voir que ma réputation n'est pas ici la seule intéressée. Or, dès que l'on ne peut défendre son honneur qu'aux dépens de l'honneur d'autrui, il faut se taire, et je me tais. Rousseau m'outrage sans s'expliquer ; mais moi, pour lui répondre, il faut que je m'explique ;

il faut que je divulgue ce qu'il a passé sous silence ; et il a bien prévu que je n'en ferois rien. Il étoit bien sûr que je le laisserois jouir de son outrage plutôt que de mettre le public dans la confidence d'un secret qui n'est pas le mien ; et, en cela, Rousseau est un agresseur malhonnête : il frappe un homme désarmé.

« Vous connoissez la passion malheureuse qu'avoit prise Rousseau pour Mme d'Houdetot[1]. Il eut un jour la témérité de la lui déclarer d'une manière qui devoit la blesser. Peu de temps après Rousseau vint me trouver à Paris. « Je suis un « fou, je suis un homme perdu, me dit-il : voici ce « qui m'est arrivé. » Et il me conta son aventure. « Eh bien ! lui dis-je, où est le malheur ? — Com-

---

1. Ce n'est pas ici le lieu de résumer, même sommairement, le débat qui, depuis tantôt un siècle, divise les admirateurs et les adversaires de Rousseau touchant ses procédés à l'égard de Mme d'Épinay, de Mme d'Houdetot et de Diderot ; les documents mis au jour par MM. Lucien Perey et G. Maugras, dans *la Jeunesse* et les *Dernières années de Mme d'Épinay*, ont montré avec quelle légitime méfiance devaient être lues les pages des *Confessions* qui la concernent. On ne lira pas avec moins de profit une remarquable étude de M. Lucien Brunel sur *la Nouvelle Héloïse et Mme d'Houdetot*, extraite des *Annales de l'Est* (Berger-Levrault, 1888, in-8°, 63 p.). Enfin, j'ai publié dans les Appendices de la *Correspondance littéraire* de Grimm (tome XVI, p. 218 et suiv.) les *Tablettes de Diderot*, cahier de notes où sont énumérées ce qu'il appelle « les sept scélératesses » de Rousseau contre lui et ses amis.

« ment ! où est le malheur ? reprit-il ; ne voyez-vous
« pas qu'elle va écrire à Saint-Lambert que j'ai
« voulu la séduire, la lui enlever ? et doutez-vous
« qu'il ne m'accuse d'insolence et de perfidie ? C'est
« pour la vie un ennemi mortel que je me suis fait.
« — Point du tout, lui dis-je froidement : Saint-
« Lambert est un homme juste ; il vous connoît ; il
« sait bien que vous n'êtes ni un Cyrus, ni un Sci-
« pion. Après tout, de quoi s'agit-il ? d'un moment
« de délire, d'égarement. Il faut vous-même, sans
« différer, lui écrire, lui tout avouer ; et, en vous
« donnant pour excuse une ivresse qu'il doit con-
« noître, le prier de vous pardonner ce moment
« de trouble et d'erreur. Je vous promets qu'il ne
« s'en souviendra que pour vous aimer davan-
« tage. »

« Rousseau, transporté, m'embrassa. « Vous me
« rendez la vie, me dit-il, et le conseil que vous
« me donnez me réconcilie avec moi-même : dès ce
« soir je m'en vais écrire. » Depuis, je le vis plus
tranquille, et je ne doutai pas qu'il n'eût fait ce
dont nous étions convenus.

« Mais, quelque temps après, Saint-Lambert
arriva ; et, m'étant venu voir, il me parut, sans
s'expliquer, si profondément indigné contre Rousseau que ma première idée fut que Rousseau ne lui
avoit point écrit. « N'avez-vous pas reçu de lui
« une lettre ? lui demandai-je. — Oui, me dit-

« il, une lettre qui mériteroit le plus sévère châ-
« timent.

« — Ah! Monsieur, lui dis-je, est-ce à vous de
« concevoir tant de colère d'un moment de folie
« dont il vous fait l'aveu, dont il vous demande
« pardon ? Si cette lettre vous offense, c'est moi
« qu'il en faut accuser, car c'est moi qui lui ai con-
« seillé de vous l'écrire. — Et savez-vous, me dit-
« il, ce qu'elle contient, cette lettre ? — Je sais
« qu'elle contient un aveu, des excuses, et un par-
« don qu'il vous demande. — Rien moins que tout
« cela. C'est un tissu de fourberie et d'insolence,
« c'est un chef-d'œuvre d'artifice pour rejeter sur
« Mme d'Houdetot le tort dont il veut se laver. —
« Vous m'étonnez, lui dis-je, et ce n'étoit point là
« ce qu'il m'avoit promis. » Alors, pour l'apaiser, je
lui racontai simplement la douleur et le repentir
où j'avois vu Rousseau d'avoir pu l'offenser, et la
résolution où il avoit été de lui en demander
grâce; par là, je l'amenai sans peine au point de
le voir en pitié.

« C'est à cet éclaircissement que Rousseau a
donné le nom de perfidie. Dès qu'il apprit que
j'avois fait pour lui un aveu qu'il n'avoit pas fait,
il jeta feu et flamme, m'accusant de l'avoir trahi.
Je l'appris, j'allai le trouver. « Que venez-vous
« faire ici ? me demanda-t-il. — Je viens savoir, lui
« dis-je, si vous êtes fou ou méchant. — Ni l'un

« ni l'autre, me dit-il ; mais j'ai le cœur blessé,
« ulcéré contre vous. Je ne veux plus vous voir.
« — Qu'ai-je donc fait? lui demandai-je. — Vous
« avez fouillé, me dit-il, dans les replis de mon
« âme, vous en avez arraché mon secret, vous
« l'avez trahi. Vous m'avez livré au mépris, à
« la haine d'un homme qui ne me pardon-
« nera jamais. » Je laissai son feu s'exhaler, et,
quand il se fut épuisé en reproches : « Nous
« sommes seuls, lui dis-je, et, entre nous, votre
« éloquence est inutile. Nos juges sont, ici, la
« raison, la vérité, votre conscience et la mienne.
« Voulez-vous les interroger? » Sans me répondre,
il se jeta dans son fauteuil, les deux mains sur les
yeux, et je pris la parole.

« Le jour, lui dis-je, où nous convînmes que
« vous seriez sincère dans votre lettre à Saint-
« Lambert, vous étiez, disiez-vous, réconcilié avec
« vous-même; qui vous fit donc changer de réso-
« lution? Vous ne répondez point; je vais me ré-
« pondre pour vous. Quand il vous fallut prendre
« la plume, et faire l'humble aveu d'une malheu-
« reuse folie, aveu qui cependant vous auroit
« honoré, votre diable d'orgueil se souleva (oui,
« votre orgueil : vous m'avez accusé de perfidie,
« et je l'ai souffert; souffrez, à votre tour, que
« je vous accuse d'orgueil, car, sans cela, votre
« conduite ne seroit que de la bassesse). L'or-

« gueil donc vint vous faire entendre qu'il étoit
« indigne de votre caractère de vous humilier
« devant un homme, et de demander grâce à un
« rival heureux; que ce n'étoit pas vous qu'il fal-
« loit accuser, mais celle dont la séduction, la
« coquetterie attrayante, les flatteuses douceurs,
« vous avoient engagé. Et vous, avec votre art,
« colorant cette belle excuse, vous ne vous êtes
« pas aperçu qu'en attribuant le manège d'une
« coquette à une femme délicate et sensible, aux
« yeux d'un homme qui l'estime et qui l'aime,
« vous blessiez deux cœurs à la fois. — Eh bien !
« s'écria-t-il, que j'aie été injuste, imprudent,
« insensé, qu'en inférez-vous qui vous justifie à
« mes yeux d'avoir trahi ma confiance, et d'avoir
« révélé le secret de mon cœur? — J'en infère,
« lui dis-je, que c'est vous qui m'avez trompé;
« que c'est vous qui m'avez induit à vous dé-
« fendre comme j'ai fait. Que ne me disiez-vous
« que vous aviez changé d'avis? Je n'aurois point
« parlé de votre repentir; je n'aurois pas cru répé-
« ter les propres termes de votre lettre. Vous
« vous êtes caché de moi pour faire ce que vous
« saviez bien que je n'aurois point approuvé;
« et, lorsque ce coup de votre tête a l'effet
« qu'il devoit avoir, vous m'en faites un crime
« à moi! Allez, puisque dans l'amitié la plus
« sincère et la plus tendre vous cherchez des

« sujets de haine, votre cœur ne sait que haïr.

« — Courage ! barbare, me dit-il ; achevez d'ac-
« cabler un homme foible et misérable. Il ne me res-
« toit au monde, pour consolation, que ma propre
« estime, et vous venez me l'arracher. » Alors Rousseau fut plus éloquent et plus touchant dans sa douleur qu'il ne l'a été de sa vie. Pénétré de l'état où je le voyois, mes yeux se remplirent de larmes ; en me voyant pleurer, lui-même il s'attendrit, et il me reçut dans ses bras.

« Nous voilà donc réconciliés ; lui continuant de me lire sa *Nouvelle Héloïse,* qu'il avoit achevée, et moi allant à pied, deux ou trois fois la semaine, de Paris à son Ermitage, pour en entendre la lecture, et répondre en ami à la confiance de mon ami. C'étoit dans les bois de Montmorency qu'étoit le rendez-vous ; j'y arrivois baigné de sueur, et il ne laissoit pas de se plaindre lorsque je m'étois fait attendre. Ce fut dans ce temps-là que parut la *Lettre sur les spectacles,* avec ce beau passage de Salomon par lequel il m'accuse de l'avoir outragé et de l'avoir trahi.

— Quoi ! m'écriai-je, en pleine paix ! après votre réconciliation ! cela n'est point croyable. — Non, cela ne l'est point, et cela n'en est pas moins vrai. Rousseau vouloit rompre avec moi et avec mes amis ; il en avoit manqué l'occasion la plus favorable. Quoi de plus commode en effet que de m'attribuer des torts dont je ne pouvois me laver? Fâché d'avoir perdu cet avantage, il le reprit, en se persuadant que, de ma part, notre réconciliation n'avoit été qu'une scène jouée, où je lui en avois imposé.

— Quel homme ! m'écriai-je encore ; et il croit être bon ! » Diderot me répondit : « Il seroit bon, car il est né sensible, et, dans l'éloignement, il aime assez les hommes. Il ne hait que ceux qui l'approchent, parce que son orgueil lui fait croire qu'ils sont tous envieux de lui ; qu'ils ne lui font du bien que pour l'humilier, qu'ils ne le flattent que pour lui nuire, et que ceux même qui font semblant de l'aimer sont de ce complot. C'est là sa maladie. Intéressant par son infortune, par ses talens, par un fonds de bonté, de droiture qu'il a dans l'âme, il auroit des amis, s'il croyoit aux amis. Il n'en aura jamais, ou ils l'aimeront seuls, car il s'en méfiera toujours. »

Cette méfiance funeste, cette. facilité si légère et si prompte non seulement à soupçonner, mais à croire de ses amis tout ce qu'il y avoit de plus noir, de plus lâche, de plus infâme ; à leur attribuer des bassesses, des perfidies, sans autre preuve que les rêves d'une imagination ardente et sombre, dont les vapeurs troubloient sa malheureuse tête, et dont la maligne influence aigrissoit et empoisonnoit ses plus douces affections ; ce délire enfin d'un esprit ombrageux, timide, effarouché par le malheur, fut bien réellement la maladie de Rousseau et le tourment de sa pensée.

On en voyoit tous les jours des exemples dans la manière injurieuse dont il rompoit avec les gens qui lui étoient les plus dévoués, les accusant tantôt de lui tendre des pièges, tantôt de ne venir chez lui que pour l'épier, le trahir et le vendre à ses ennemis. J'en sais des détails incroyables; mais le plus étonnant de tous fut la monstrueuse ingratitude dont il paya l'amitié tendre, officieuse, active, de ce vertueux David Hume, et la malignité profonde avec laquelle, en le calomniant, il joignit l'insulte à l'outrage. Vous trouverez dans le recueil même des *Œuvres* de Rousseau ce monument de sa honte. Vous y verrez avec quel artifice il a ourdi sa calomnie; vous y verrez de quelles fausses lueurs il a cru tirer, contre son ami le plus vrai, contre le plus honnête et le meilleur des hommes, une conviction de mauvaise foi, de duplicité, de noirceur; vous ne lirez pas sans indignation, dans le récit qu'il fait de sa conduite envers son bienfaiteur, cette tournure de raillerie qui est le sublime de l'insolence :

Premier soufflet sur la joue de mon patron.
Second soufflet sur la joue de mon patron.
Troisième soufflet sur la joue de mon patron.

Je crois l'opinion universelle bien décidée sur le

compte de ces deux hommes ; mais si, à l'idée qu'on a du caractère de David Hume, il manquoit encore quelque preuve, voici des faits dont j'ai été témoin.

Lorsqu'à la recommandation de mylord Maréchal et de la comtesse de Boufflers, Hume offrit à Rousseau de lui procurer en Angleterre une retraite libre et tranquille, et que, Rousseau ayant accepté cette offre généreuse, ils furent sur le point de partir, Hume, qui voyoit le baron d'Holbach, lui apprit qu'il emmenoit Rousseau dans sa patrie. « Monsieur, dit le baron, vous allez réchauffer une vipère dans votre sein ; je vous en avertis, vous en sentirez la morsure. »

Le baron avoit lui-même accueilli et choyé Rousseau ; sa maison étoit le rendez-vous de ce qu'on appeloit alors les philosophes ; et, dans la pleine sécurité qu'inspire à des âmes honnêtes la sainteté inviolable de l'asile qui les rassemble, d'Holbach et ses amis avoient admis Rousseau dans leur commerce le plus intime. Or, on peut voir dans son *Émile* comment il les avoit notés. Certes, quand l'étiquette d'athéisme qu'il avoit attachée à leur société n'auroit été qu'une révélation, elle auroit été odieuse. Mais, à l'égard du plus grand nombre, c'étoit une délation calomnieuse, et il le savoit bien ; il savoit bien que le théisme de son vicaire avoit ses prosélytes et ses zélateurs parmi eux. Le baron avoit donc appris à ses dépens à le connoître ; mais le bon David Hume croyoit voir plus de passion que de vérité dans l'avis que le baron lui donnoit. Il ne laissa donc pas d'emmener Rousseau avec lui, et de lui rendre dans sa patrie tous les bons offices de l'amitié. Il croyoit, et il devoit croire avoir rendu heureux le plus sensible et le meilleur des hommes ; il s'en félicitoit dans toutes les lettres qu'il écrivoit au baron d'Holbach, et il ne cessoit de combattre la mauvaise opinion que le baron avoit de Rousseau. Il lui faisoit l'éloge de la bonté, de la candeur, de l'ingénuité de son ami. « Il m'est pénible, lui disoit-il, de penser que vous soyez injuste à son égard. Croyez-moi, Rousseau n'est rien moins qu'un méchant homme. Plus je le vois, plus je l'estime et je l'aime. » Tous les courriers, les lettres de Hume à d'Holbach répétoient les mêmes louanges, et celui-ci, en nous les lisant, disoit toujours : *Il ne le connoît pas encore ; patience, il le connoîtra.* En effet, peu de temps après, il reçoit une lettre dans laquelle Hume débute ainsi : *Vous aviez bien raison, Monsieur le baron ; Rousseau est un monstre.* « Ah ! nous dit le baron, froidement et sans s'étonner, *il le connoit enfin.* »

Comment un changement si brusque et si soudain étoit-il arrivé dans l'opinion de l'un et dans la conduite de l'autre? Vous le verrez dans l'exposé des faits publiés par les deux parties. Ici, ce que j'ai dû consigner, attester, c'est que, dans le temps même que Rousseau accusoit Hume de le tromper, de le trahir, de le déshonorer à Londres, ce même Hume, plein de candeur, de zèle et d'amitié pour lui, s'efforçoit de détruire à Paris les impressions funestes qu'il y avoit laissées, et de le rétablir dans l'estime et la bienveillance de ceux qui avoient pour lui le plus d'aversion et de mépris.

Quel ravage un excès d'orgueil n'avoit-il pas fait dans une âme naturellement douce et tendre! Avec tant de lumières et de talens, que de foiblesse, de petitesse et de misère dans cette vanité inquiète, ombrageuse, irascible et vindicative, qu'irritoit la seule pensée que l'on eût voulu la blesser; qui le supposoit même sans aucune apparence, et ne le pardonnoit jamais! Grande leçon pour les esprits enclins à ce vice de l'amour-propre! Sans cela personne n'eût été plus chéri, plus considéré que Rousseau; ce fut le poison de sa vie : il lui rendit les bienfaits odieux, les bienfaiteurs insupportables, la reconnoissance importune; il lui fit outrager, rebuter l'amitié; il l'a fait vivre malheureux, et mourir presque abandonné. Passons à des objets plus doux et qui me touchent de plus près.

Ni la vie agréable que je menois à Paris, ni

celle plus agréable encore que je menois à la campagne, ne déroboient à mon cher Odde et à ma sœur la délicieuse quinzaine qui, tous les ans, leur étoit réservée, et que j'allois passer avec eux à Saumur. C'étoit là véritablement que toute la sensibilité de mon âme étoit employée à jouir. Entre ces deux époux qui s'aimoient l'un l'autre plus qu'ils n'aimoient la lumière et la vie, je me voyois chéri et révéré moi-même comme la source de leur bonheur. Je ne me rassasiois point de l'inexprimable douceur de considérer mon ouvrage dans ce bonheur de deux âmes pures, dont tous les vœux appeloient sur moi les bénédictions du Ciel. Leur tendresse me pénétroit, leur piété me ravissoit l'âme. Leurs mœurs étoient, pour ainsi dire, le naturel de la vertu dans toute sa simplicité. A cette jouissance continuelle et de tous les momens se joignoit celle de les voir chéris, honorés dans leur ville : Mme Odde y étoit citée pour le modèle des femmes; le nom de M. Odde étoit comme un synonyme de justice et de vérité. La commission de la cour des Aides établie à Saumur et la compagnie des fermiers généraux avoient-elles ensemble quelque contestation, Odde étoit leur arbitre et leur conciliateur. J'étois témoin de cette confiance acquise à un autre moi-même. J'étois témoin de l'amour du peuple pour un homme exerçant un emploi de rigueur, sans que jamais une seule plainte se fît entendre contre lui, tant son humanité savoit tout adoucir ! Moi-même je participois au respect qu'on avoit pour eux. On ne savoit quelle fête me faire ; et tous les jours que nous passions ensemble étoient des jours de réjouissance. Vous ne seriez pas nés, mes enfans, si ma bonne sœur eût vécu : c'eût été auprès d'elle que je serois allé vieillir ; mais elle portoit dans son sein le germe de la maladie funeste à toute ma famille ; et bientôt cet espoir dont je m'étois flatté me fut cruellement ravi.

Dans l'un de ces heureux voyages que je faisois à Saumur, je profitai du voisinage de la terre des Ormes pour y aller voir le comte d'Argenson, l'ancien ministre de la guerre, que le roi y avoit exilé. Je n'avois pas oublié les bontés qu'il m'avoit témoignées dans le temps de sa gloire. Jeune encore, lorsque j'avois fait un petit poème sur l'établissement de l'École militaire[1], dont il avoit le principal honneur, il s'étoit plu à faire valoir ce témoignage de mon zèle. Chez lui, à table, il m'avoit présenté à la noblesse militaire comme un jeune homme qui avoit des droits à sa reconnoissance et à sa protection. Il me reçut dans son exil avec une extrême sensibilité. O mes enfans ! quelle maladie incurable que celle de l'ambition ! quelle tristesse que celle

---

1. Voyez tome I, p. 257.

de la vie d'un ministre disgracié ! Déjà usé par le travail, le chagrin achevoit de ruiner sa santé. Son corps étoit rongé de goutte, son âme l'étoit bien plus cruellement de souvenirs et de regrets ; et, à travers l'aimable accueil qu'il voulut bien me faire, je ne laissai pas de voir en lui une victime de tous les genres de douleurs.

En me promenant avec lui dans ses jardins, j'aperçus de loin une statue de marbre ; je lui demandai ce que c'étoit. « C'est, me dit-il, ce que je n'ai plus le courage de regarder [1] » ; et, en nous détournant : « Ah ! Marmontel, si vous saviez avec quel zèle je l'ai servi ! si vous saviez combien de fois il m'avoit assuré que nous passerions notre vie ensemble, et que je n'avois pas au monde un meilleur ami que lui ! Voilà les promesses des rois, voilà leur amitié ! » Et, en disant ces mots, ses yeux se remplirent de larmes.

---

1. Dufort de Cheverny (I, 196), qui visita aussi (en 1757) le ministre exilé, lui fait dire, au contraire, que sa seule consolation était de venir tous les jours voir son maître ; mais d'Argenson se flattait sans doute encore que sa disgrâce serait de courte durée. Selon le président Hénault (*Mémoires*, p. 251), cette statue de Louis XV (en pied) était celle que Pigalle avait modelée pour les jardins de d'Argenson à Neuilly. Vendue en 1792 avec le château des Ormes, elle aurait été chargée, à cette époque, sur un bateau à destination de Nantes ; depuis lors, on perd sa trace. (Tarbé, *la Vie et les Œuvres de J.-B. Pigalle*, 1859, p. 234.)

Le soir, pendant que l'on soupoit, nous restions seuls dans le salon. Ce salon étoit tapissé de tableaux qui représentoient les batailles où le roi s'étoit trouvé en personne avec lui. Il me montroit l'endroit où ils étoient placés durant l'action ; il me répétoit ce que le roi lui avoit dit ; il n'en avoit pas oublié une parole. « Ici, me dit-il en parlant de l'une de ces batailles, je fus deux heures à croire que mon fils étoit mort. Le roi eut la bonté de paroître sensible à ma douleur. Combien il est changé ! Rien de moi ne le touche plus. » Ces idées le poursuivoient ; et, pour peu qu'il fût livré à lui-même, il tomboit comme abîmé dans sa douleur. Alors sa belle-fille, Mme de Voyer, alloit bien vite s'asseoir auprès de lui, le pressoit dans ses bras, le caressoit ; et lui, comme un enfant, laissant tomber sa tête sur le sein ou sur les genoux de sa consolatrice, les baignoit de ses larmes, et ne s'en cachoit point.

Le malheureux, qui ne vivoit que de poisson à l'eau, à cause de sa goutte, étoit encore privé par là du seul plaisir des sens auquel il eût été sensible, car il étoit gourmand. Mais le régime le plus austère ne procuroit pas même du soulagement à ses maux. En le quittant, je ne pus m'empêcher de lui paroître vivement touché de ses peines. « Vous y ajoutez, me dit-il, le regret de ne vous avoir fait aucun bien, lorsque cela m'eût été si facile. » Peu de temps après il obtint la permission d'être transporté à Paris. Je l'y vis arriver mourant, et j'y reçus ses derniers adieux.

Je vous dirai quelque jour, mes enfans, des détails assez curieux sur la cause de sa disgrâce et de celle de son antagoniste, M. de Machault, arrivée le même jour. Un motif de délicatesse m'empêche d'insérer ces particularités dans des Mémoires qu'un accident peut faire échapper de vos mains. Mais, à la place de cette anecdote sérieuse, en voici une assez comique, car il faut bien parfois égayer un peu mes récits.

Mon ami Vaudesir avoit, près d'Angers, une terre dont son malheureux fils Saint-James a porté le nom [1]. Comme il savoit que tous les ans j'allois voir ma sœur à Saumur (route d'Angers), il m'offrit une fois de m'y mener dans sa chaise de poste, à condition que, sur le temps de mon voyage, il y auroit trois jours pour Saint-James, où il se rendoit. Je pris volontiers cet engagement, et je vis à Saint-James la fleur des beaux esprits de l'Académie angevine, entre autres un

---

1. Le véritable nom de cette terre est Sainte-Gemmes-sur-Loire (canton des Ponts-de-Cé, arrondissement d'Angers). Le château, échu par contrat à d'Autichamp (1788), fut ravagé en 1793 par les Bleus et les gendarmes, et repris par les Vendéens sous les ordres de d'Autichamp lui-même. (C. Port, *Dictionnaire de Maine-et-Loire*.)

abbé qui ressembloit beaucoup à l'abbé Beau-Génie du *Mercure galant*[1]. Il venoit de se signaler par un trait de sottise si singulier, si rare, que je ne pouvois pas le croire. « Le croirez-vous, me dit Vaudesir, s'il vous le répète lui-même? Aidez-moi seulement à l'y engager : vous allez voir. » Vers la fin du dîner, je mis l'abbé en scène en lui parlant de son Académie, et Vaudesir, prenant la parole, en fit un éloge pompeux. « C'est, me dit-il, après l'Académie françoise le corps littéraire le plus illustre et le mieux composé. Tout récemment M. de Contades le fils vient d'y être reçu. C'est monsieur l'abbé qui a parlé au nom de l'Académie, et avec le plus grand succès. — A l'éloge du fils, repris-je, monsieur l'abbé n'a pas manqué d'ajouter l'éloge du père? — Non, assurément, dit

---

1. Une communication bénévole de M. C. Port, membre de l'Institut, archiviste de Maine-et-Loire, me permet de donner quelques indications sur ce personnage resté inconnu à toutes les biographies, et pour cause, car, s'il a écrit quelque chose, il n'a rien fait imprimer. L'abbé Roussille, prieur de Champigné-sur-Sarthe et chanoine de l'église cathédrale (Saint-Maurice), fut élu membre de l'Académie d'Angers le 16 mars 1729. Il en était chancelier en 1760, lors de la réception de M. de Contades (13 août), et c'est alors qu'il dut prononcer sa fameuse harangue, mais le procès-verbal de cette séance manque précisément au registre. L'abbé Roussille mourut vers 1782, car son nom figure jusqu'à cette époque dans l'*Almanach d'Anjou*. Il avait également le titre d'associé de l'Académie de Lyon.

l'abbé, je n'ai eu garde d'y manquer, et j'ai payé à monsieur le maréchal un juste tribut de louanges. — Le champ, lui dis-je, étoit riche et vaste. Cependant il y avoit un pas difficile à passer. — Oui, me dit-il en souriant, l'affaire de Minden ; vraiment, c'étoit l'endroit critique ; mais je m'en suis tiré assez heureusement. D'abord, j'ai parlé des actions qui avoient mérité à M. le maréchal de Contades le commandement des armées ; j'ai rappelé tout ce qu'il avoit fait de plus glorieux jusque-là ; et, lorsque je suis arrivé à la bataille de Minden, je n'ai dit que deux mots : *Contades paroît, Contades est vaincu ;* et puis j'ai parlé d'autre chose. » Comme le rire m'étouffoit, j'y voulus faire diversion. « Ces mots, lui dis-je, rappellent ceux de César, après la défaite du fils de Mithridate : *Je suis venu, j'ai vu, et j'ai vaincu.* — Il est vrai, dit l'abbé ; l'on a même trouvé ma phrase un peu plus laconique. » L'air d'emphase et de gravité dont il avoit prononcé sa sottise étoit si plaisant que Vaudesir et moi, pour n'en pas éclater de rire, nous n'osions nous regarder l'un l'autre ; encore eûmes-nous de la peine à garder notre sérieux.

Ces voyages et ces absences déplaisoient à Mme Geoffrin. De toute la belle saison je n'assistois à l'Académie. On lui en faisoit des plaintes ; elle s'imaginoit que je me donnois un tort grave en cédant mes jetons aux académiciens assidus (ce qui, à l'égard des d'Olivet, étoit assurément une crainte bien mal fondée), et j'essuyois souvent de vives réprimandes sur ce qu'elle appeloit l'inconséquence de ma conduite. « Quoi de plus ridicule, en effet, disoit-elle, que d'avoir désiré d'être de l'Académie, et de ne pas y assister après y avoir été reçu ? » J'avois pour excuse l'exemple du plus grand nombre, encore moins assidu que moi; mais elle prétendoit, avec raison, que j'étois de ceux dont les fonctions académiques exigeoient l'assiduité. Elle avoit bien aussi son petit intérêt personnel dans ses remontrances, car elle passoit les étés à Paris; et, dans ce temps-là, elle ne vouloit point que sa société littéraire fût dispersée.

J'écoutois ses avis avec une modestie respectueuse, et, le lendemain, je m'échappois comme si elle ne m'avoit rien dit. Il étoit assez naturel que ses bontés pour moi en fussent refroidies, mais un dîner où j'étois aimable me réconcilioit avec elle; et, dans les occasions sérieuses, elle se reprenoit d'affection pour moi. Je l'éprouvai dans deux maladies dont je fus attaqué chez elle. L'une avoit été cette même fièvre qui m'a repris cinq fois en ma vie, et qui finira par m'enlever : elle me vint dans le temps qu'on imprimoit ma *Poétique*. J'y voulois encore ajouter quelques articles; et ce travail, dont j'avois la tête remplie, rendoit, dans les redoublemens de ma fièvre, le délire plus fatigant. Mes amis n'étoient pas tranquilles sur mon état, Mme Geoffrin en étoit inquiète. Le petit médecin de ses laquais, Gevigland [1], m'en tira très bien.

Mon autre maladie fut un rhume d'une qualité singulière : c'étoit une humeur visqueuse qui obstruoit l'organe de la respiration, et qu'avec tout l'effort d'une toux violente je ne pouvois expectorer. Vous concevez qu'après avoir vu périr toute ma famille du mal de poitrine, j'avois quelque raison de croire que c'étoit mon tour. Je le crus en effet ; et, privé du sommeil, maigrissant à vue d'œil, enfin me sentant dépérir, et ne doutant pas que le dernier période de la maladie ne s'annonçât bientôt par le symptôme accoutumé, je pris ma résolution, et ne songeai plus qu'à trouver quelque sujet d'ouvrage qui préoccupât ma pensée, et qui, après avoir rempli mes derniers momens, pût laisser de moi traces d'homme.

---

1. Le *Calendarium medicum* de 1764 et de 1767 donne à Noël-Marie de Gevigland les titres d'ancien médecin des hôpitaux militaires durant la guerre de Sept ans, et de *utriusque pharmaciæ professor*, qui auraient dû lui épargner la qualification dédaigneuse dont Marmontel a payé ses services. Gevigland demeurait rue Saint-Honoré, vis-à-vis les Jacobins. La Bibliothèque nationale possède de lui cinq thèses latines et françaises restées inconnues à Quérard.

On m'avoit fait présent d'une estampe de Bélisaire, d'après le tableau de Van Dyck[1]; elle attiroit souvent mes regards, et je m'étonnois que les poètes n'eussent rien tiré d'un sujet si moral, si intéressant. Il me prit envie de le traiter moi-même en prose; et, dès que cette idée se fut emparée de ma tête, mon mal fut suspendu comme par un charme soudain. O pouvoir merveilleux de l'imagination! Le plaisir d'inventer ma fable, le soin de l'arranger, de la développer, l'impression d'intérêt que faisoit sur moi-même le premier aperçu des situations et des scènes que je préméditois, tout cela me saisit et me détacha de moi-même, au point de me rendre croyable tout ce que l'on raconte des ravissemens extatiques. Ma poitrine étoit oppressée, je respirois péniblement, j'avois des quintes d'une toux convulsive; je m'en apercevois à peine. On venoit me voir, on me parloit de mon mal; je répondois en homme occupé d'autre chose : c'étoit à Bélisaire que je pensois. L'insomnie, qui jusqu'alors avoit été si

---

1. Cette estampe, gravée par J.-L. Bosse, porte le titre suivant : *Bélisaire, général de l'armée des Romains sous le règne de l'empereur Justinien. Dédiée aux vertueux militaires.* (Paris, Rosselin, rue Saint-Jacques, au Papillon.) H. Walpole et Smith ont émis des doutes sur l'authenticité de ce tableau, qui fit, au siècle dernier, partie de la galerie du duc de Devonshire.

pénible pour moi, n'avoit plus cet ennui, ce tourment de l'inquiétude. Mes nuits, comme mes jours, se passoient à rêver aux aventures de mon héros. Je ne m'en épuisois pas moins ; et ce travail continuel auroit achevé de m'éteindre si l'on n'eût pas trouvé quelque remède à mon mal. Ce fut Gatti, médecin de Florence, célèbre promoteur de l'inoculation, habile dans son art, et, de plus, homme très aimable, ce fut lui qui, m'étant venu voir, me sauva. « Il s'agit, me dit-il, de diviser cette humeur épaisse et glutineuse qui vous empâte le poumon ; et le remède en est agréable : il faut vous mettre à la boisson de l'oxymel. » Je ne fis donc que délayer au feu d'excellent miel dans d'excellent vinaigre, et du sirop formé de ce mélange l'usage salutaire me guérit en très peu de temps. Il y avoit alors plus de trois mois que je croyois périr ; mais, dans ces trois mois, j'avois avancé mon ouvrage. Les chapitres qui demandoient des études étoient les seuls qui me restoient à composer. Tout le travail de l'imagination étoit fini ; c'étoit le plus intéressant.

Si cet ouvrage est d'un caractère plus grave que mes autres écrits, c'est qu'en le composant je croyois proférer mes dernières paroles, *novissima verba*, comme disoient les anciens. Le premier essai que je fis de cette lecture, ce fut sur l'âme de Diderot ; le second, sur l'âme du prince héréditaire de Brunswick, aujourd'hui régnant[1].

Diderot fut très content de la partie morale ; il trouva la partie politique trop rétrécie, et il m'engagea à l'étendre. Le prince de Brunswick, qui voyageoit en France, après avoir fait contre nous la guerre avec une loyauté chevaleresque et une valeur héroïque, jouissoit, à Paris, de cette haute estime que lui méritoient ses vertus ; hommage plus flatteur que ces respects d'usage que l'on marque aux personnes de sa naissance et de son rang. Il désira d'assister à une séance particulière de l'Académie françoise, honneur jusque-là réservé aux têtes couronnées. Dans cette séance je lus un ample extrait de *Bélisaire,* et j'eus le plaisir de voir le visage du jeune héros s'enflammer aux images que je lui présentois, et ses yeux se remplir de larmes.

Il se plaisoit singulièrement au commerce des gens de lettres, et vous verrez bientôt le cas qu'il en faisoit. Helvétius lui donna à dîner avec nous, et il convint que, de sa vie, il n'avoit fait un dîner pareil. Je n'étois pas fait pour y être remarqué ; je le fus cependant. Helvétius ayant dit au prince qu'il lui trouvoit de la ressemblance avec le pré-

---

[1]. Karl-Wilhelm, duc de Brunswick-Wolfenbuttel (1735-1806), si fameux depuis par le rôle qu'il joua dans la campagne de 1792.

tendant, et le prince lui ayant répondu qu'en effet bien des personnes avoient déjà fait cette remarque, je dis à demi-voix :

« Avec quelques traits de plus de cette ressemblance, le prince Édouard auroit été roi d'Angleterre. » Ce mot fut entendu ; le prince y fut sensible, et je l'en vis rougir de modestie et de pudeur.

Autant la lecture de *Bélisaire* avoit réussi à l'Académie, autant j'étois certain qu'il réussiroit mal en Sorbonne. Mais ce n'étoit point là ce qui m'inquiétoit ; et, pourvu que la cour et le Parlement ne se mêlassent point de la querelle, je voulois bien me voir aux prises avec la Faculté de théologie. Je pris donc mes précautions pour n'avoir qu'elle à redouter.

L'abbé Terray n'étoit pas encore dans le ministère ; mais au Parlement, dont il étoit membre, il avoit le plus grand crédit. J'allai avec Mme Gaulard, son amie, passer quelque temps à sa terre de la Motte, et là je lui lus *Bélisaire*. Quoique naturellement peu sensible, il le fut à cette lecture. Après l'avoir intéressé, je lui confiai que j'appréhendois quelque hostilité de la part de la Sorbonne, et je lui demandai s'il croyoit que le Parlement condamnât mon livre, dans le cas qu'il fût censuré. Il m'assura que le Parlement ne se mêleroit point de cette affaire, et me promit d'être mon défenseur, si quelqu'un m'y attaquoit.

Ce n'étoit pas tout. Il me falloit un privilège, et il me falloit l'assurance qu'il ne seroit point révoqué. Je n'avois aucun crédit personnel auprès du vieux Maupeou, alors garde des sceaux ; mais la femme de mon libraire, Mme Merlin, en étoit connue et protégée. Je le fis pressentir par elle, et il nous promit toute faveur.

Il me restoit à prendre mes sûretés du côté de la cour ; et, ici, l'endroit périlleux de mon livre n'étoit pas la théologie. Je redoutois les allusions, les applications malignes, et l'accusation d'avoir pensé à un autre que Justinien dans la peinture d'un roi foible et trompé. Il n'y avoit, malheureusement, que trop d'analogie d'un règne à l'autre ; le roi de Prusse le sentit si bien que, lorsqu'il eut reçu mon livre, il m'écrivit, de sa main, au bas d'une lettre de son secrétaire Lecat : « Je viens de lire le début de votre *Bélisaire* ; vous êtes bien hardi ! » D'autres pouvoient le dire ; et, si les ennemis que j'avois encore m'attaquoient de ce côté-là, j'étois perdu.

Cependant il n'y avoit pas moyen de prendre à cet égard des précautions directes. La moindre inquiétude que j'aurois témoignée auroit donné l'éveil, et m'auroit dénoncé. Personne n'auroit pris sur soi ni de me rassurer, ni de me promettre assistance ; et le premier conseil que l'on m'auroit donné auroit été de jeter au feu mon ouvrage, ou d'en effacer tout ce qui pouvoit être susceptible d'allusion : et que n'auroit-il pas fallu en effacer?

Je pris la contenance toute contraire à celle de l'inquiétude. J'écrivis au ministre de la maison du roi, le comte de Saint-Florentin, que j'étois sur le point de mettre au jour un ouvrage dont le sujet me sembloit digne d'intéresser le cœur du roi ; que je souhaitois vivement que Sa Majesté me permît de le lui dédier, et qu'en le lui donnant à examiner (à lui, ministre) j'irois le supplier de solliciter pour moi cette faveur. Pour cela je lui demandois un moment d'audience, et il me l'accorda.

En lui confiant mon manuscrit, je lui avouai en confidence qu'il y avoit un chapitre dont les théologiens fanatiques pourroient bien n'être pas contens. « Il est donc bien intéressant pour moi, lui dis-je, que le secret n'en soit pas éventé ; et je vous supplie, Monsieur le comte, de ne pas laisser sortir mon manuscrit de votre cabinet. » Comme il avoit de l'amitié pour moi, il me le promit, et il me tint parole ; mais, quelques jours après, en me rendant mon ouvrage, qu'il avoit lu, ou qu'il avoit fait lire, il me dit que la religion de *Bélisaire* ne seroit pas du goût des théologiens ; que vraisemblablement mon livre seroit censuré, et que, pour cela seul, il n'osoit proposer au roi d'en accepter la dédicace. Sur quoi je le priai de vouloir bien me garder le silence, et je me retirai content.

Que voulois-je en effet? Avoir à la cour un témoin de l'intention où j'avois été de dédier mon ouvrage au roi, et par conséquent une preuve que rien n'avoit été plus éloigné de ma pensée que de faire la satire de son règne ; ce qui étoit la vérité même. Avec ce moyen de défense je fus tranquille encore de ce côté. Mais il me falloit passer sous les yeux d'un censeur ; et, au lieu d'un, l'on m'en donna deux, le censeur littéraire n'ayant osé prendre sur lui d'approuver ce qui touchoit à la théologie.

Voilà donc *Bélisaire* soumis à l'examen d'un docteur de Sorbonne : il s'appeloit Chevrier.

Huit jours après que je lui eus livré mon ouvrage, j'allai le voir. En me le rendant, il m'en fit de grands éloges ; mais, lorsque je jetai les yeux sur le dernier feuillet, je n'y vis point son approbation. « Ayez donc la bonté, lui dis-je, d'écrire là deux mots. » Sa réponse fut un sourire. « Quoi ! Monsieur, insistai-je, ne l'approuvez-vous pas ? — Non, Monsieur, Dieu m'en garde, me répondit-il doucement. — Et puis-je, au moins, savoir ce que vous y trouvez de répréhensible ? — Peu de chose en détail, mais beaucoup dans le tout ensemble ; et l'auteur sait trop bien dans quel esprit il a écrit son livre pour exiger de moi d'y mettre mon approbation. » Je voulus le presser de s'expliquer. « Non, Monsieur, me dit-il, vous m'entendez très bien ; je vous entends de même ; ne perdons pas le temps à nous en dire davantage, et cherchez un autre censeur. » Heureusement j'en trouvai un moins difficile, et *Bélisaire* fut imprimé.

Aussitôt qu'il parut, la Sorbonne fut en rumeur ; et il fut résolu, par les sages docteurs, que l'on en feroit la censure. Pour bien des gens, cette censure étoit encore une chose effrayante ; et de ce nombre étoient plusieurs de mes amis. L'alarme se mit parmi eux. Ceux-là me conseilloient d'apaiser, s'il étoit possible, la furie de ces docteurs ; d'autres amis, plus fermes, plus jaloux de mon honneur philosophique, m'exhortoient à ne pas mollir. Je rassurai les uns et les autres, ne dis mon secret à aucun, et commençai par bien écouter le public.

Mon livre étoit enlevé ; la première édition en étoit épuisée ; je pressai la seconde, je hâtai la troisième. Il y en avoit neuf mille exemplaires de répandus avant que la Sorbonne en eût extrait ce qu'elle y devoit censurer ; et, grâce au bruit qu'elle faisoit sur le quinzième chapitre, on ne parloit que de celui-là ; c'étoit pour moi comme la queue du chien d'Alcibiade. Je me réjouissois de voir comme les docteurs me servoient en donnant le change aux esprits. Mon rôle à moi étoit de ne paroître ni foible ni mutin, et de gagner du temps pour laisser se multiplier et se répandre dans l'Europe des éditions de mon livre. Je me tenois donc en défense, sans avoir l'air de craindre la Sorbonne, sans avoir l'air de la braver, lorsqu'un abbé, qui depuis a eu lui-même de puissans ennemis à combattre, l'abbé Georgel [1], vint m'inviter à prendre pour médiateur l'archevêque [2], en m'assurant que, si je l'allois voir, j'en serois bien reçu, et qu'il le savoit disposé à me négocier avec la Faculté un accommodement pacifique. Rien ne convenoit mieux à mon plan que les voies de conciliation. J'allai voir le prélat : il me reçut d'un air paterne, en m'appelant toujours *mon cher monsieur Marmontel*. Je fus touché de la bonté que sembloient exprimer des paroles si douces. J'ai su depuis que c'étoit le protocole de monseigneur en parlant aux petites gens.

Je l'assurai de ma bonne foi, de mon respect pour la religion, du désir que j'avois de ne laisser aucun nuage sur ma doctrine et celle de mon livre, et je ne lui demandai pour grâce que d'être admis à m'expliquer devant lui avec ses docteurs

---

1. J.-Fr. Georgel (1731-1813), d'abord jésuite, puis secrétaire et chargé d'affaires de France à la cour de Vienne, grand vicaire du cardinal Louis de Rohan à Strasbourg, et de M. de La Fare à Nancy, auteur de volumineux *Mémoires* (1817 et 1820, 6 vol. in-8), dont, selon Quérard, la rédaction aurait été remaniée par divers écrivains.

2. Christophe de Beaumont (1703-1781).

sur tous les points qui, dans ce livre, leur paroissoient répréhensibles. Ce personnage de médiateur, de conciliateur, parut lui plaire. Il me promit d'agir, et, de mon côté, il me dit d'aller voir le syndic de la Faculté, le docteur Riballier, et de m'expliquer avec lui.

J'allai voir Riballier : nos entretiens et ma correspondance avec lui sont imprimés ; je vous y renvoie.

Les autres docteurs qu'assembla l'archevêque à sa maison de Conflans, où je me rendois pour y conférer avec eux, furent un peu moins malhonnêtes que Riballier; mais, dans nos conférences, ils portoient aussi l'habitude de falsifier les passages pour en dénaturer le sens. Armé de patience et de modération, je rectifiois le texte qu'ils avoient altéré, et leur expliquois ma pensée, en leur offrant d'insérer en notes ces explications dans mon livre, et l'archevêque étoit assez content de moi; mais ces messieurs ne l'étoient pas. « Tout ce que vous nous dites là est inutile, conclut enfin l'abbé Le Fèvre (vieil ergoteur que dans l'école on n'appeloit que la *Grande Cateau*); il faut absolument faire disparoître de votre livre le quinzième chapitre : c'est là qu'est le venin.

— Si ce que vous me demandez étoit possible, lui répondis-je, peut-être le ferois-je pour l'amour de la paix; mais, à l'heure qu'il est, il y a quarante mille exemplaires de mon livre répandus dans l'Europe; et, dans toutes les éditions qu'on en a faites et qu'on en fera, le quinzième chapitre est imprimé et le sera toujours. Que serviroit donc aujourd'hui d'en faire une édition où il ne seroit pas? Personne ne l'achèteroit, cette édition mutilée; ce seroit de l'argent perdu pour moi-même, ou pour mon libraire. — Eh bien! me dit-il, votre livre sera censuré sans pitié. — Oui, sans pitié, lui dis-je, Monsieur l'abbé, je m'y attends, si c'est vous qui en rédigez la censure; mais monseigneur me sera témoin que j'aurai fait, pour vous adoucir, tout ce que raisonnablement vous pouviez exiger de moi.

— Oui, mon cher monsieur Marmontel, me dit l'archevêque, sur bien des points j'ai été content de votre bonne foi et de votre docilité; mais il y a un article sur lequel j'exige de vous une rétractation authentique et formelle : c'est celui de la tolérance. — Si Monseigneur veut bien, lui dis-je, jeter les yeux sur quelques lignes que j'ai écrites ce matin, il y verra nettement expliquée quelle est, à ce sujet, mon opinion personnelle, et quels en sont les motifs. » Je lui présentai cette note, que vous trouverez imprimée à la suite de *Bélisaire*. Il la lut en silence, et la fit passer aux docteurs. « Bon! dirent-ils, des lieux communs, rebattus mille fois, mille fois réfutés, qui sont le rebut des écoles.

— Vous traitez, leur dis-je, avec bien du mépris l'autorité des Pères de l'Église et celle de saint Paul, dont mes motifs sont appuyés. » Ils me répondirent que « les écrits des Pères de l'Église étoient un arsenal où tous les partis trouvoient des armes, et que le passage de saint Paul que j'alléguois ne prouvoit rien.

— Eh bien! leur demandai-je, puisque votre autorité seule doit faire loi, que me demandez-vous?.

— Le droit du glaive, me dirent-ils, pour exterminer l'hérésie, l'irréligion, l'impiété, et tout soumettre au joug de la foi. »

C'étoit là que je les attendois, pour me retirer en bon ordre et me tenir retranché dans un poste où l'on ne pourroit m'attaquer. *Præmunitum, atque ex omni parte causæ septum* (de Or., I, 3). Je leur répondis donc que le glaive étoit l'une de ces armes *charnelles* que saint Paul avoit réprouvées lorsqu'il avoit dit : *Arma militiæ nostræ non carnalia sunt;* et, à ces mots, j'allois sortir. Le prélat me retint, et, me serrant les mains entre les siennes, me conjura, avec un pathétique vraiment risible, de souscrire à ce dogme atroce. « Non, Monseigneur, lui dis-je; si je l'avois signé, je croirois avoir trempé ma plume dans le sang; je croirois avoir approuvé toutes les cruautés commises au nom de la religion.

— Vous attachez donc, me dit Le Fèvre avec son insolence doctorale, une grande importance et une grande autorité à votre opinion? — Je sais, lui dis-je, Monsieur l'abbé, que mon autorité n'est rien; mais ma conscience est quelque chose, et c'est elle qui, au nom de l'humanité, au nom de la religion même, me défend d'approuver les persécutions. *Defendenda religio est, non occidendo, sed moriendo; non sævitia, sed patientia... Si sanguine, si tormentis, si malo religionem defendere velis, jam non defendetur, sed polluetur atque violabitur.* C'est le sentiment de Lactance, c'est aussi celui de Tertullien et celui de saint Paul, et vous me permettrez de croire que ces gens-là vous valoient bien.

— Allons, dit-il à ses confrères, il n'en faut plus parler. Monsieur veut être censuré; il le sera. » Ainsi finirent nos conférences. Ce qui m'en étoit précieux, c'étoit le résultat que j'en avois tiré. Ce n'étoit plus ici de petites chicanes théologiques où j'aurois été exposé aux arguties de l'École, c'étoit un point de controverse réduit aux termes les plus simples, les plus frappans, les plus tranchans. « Ils ont voulu, pouvois-je dire, me faire reconnoître le droit de forcer la croyance, d'y employer le glaive, les tortures, les échafauds et les bûchers; ils ont voulu me faire approuver qu'on prêchât l'Évangile le poignard à la main, et j'ai refusé de signer cette doctrine abominable. Voilà pourquoi l'abbé Le Fèvre m'a déclaré que je serois censuré sans pitié. » Ce résumé, que je fis répandre à la ville, à la cour, au Parlement, dans les conseils, rendit la Sorbonne odieuse ; en même temps mes amis travaillèrent à la rendre ridicule, et je m'en reposai sur eux.

La première opération de la Faculté de théologie avoit été d'extraire de mon livre les propositions condamnables. C'étoit à qui auroit la gloire d'y en découvrir un plus grand nombre. Ils les trioient curieusement comme des perles, que chacun à l'envi apportoit dans le magasin. Après en avoir recueilli trente-sept, trouvant ce nombre suffisant, ils en firent imprimer la liste sous le titre d'*Indiculus.* Voltaire y ajouta l'épithète de *ridiculus.* Jamais l'adjectif et le substantif ne s'accordèrent mieux ensemble ; *Indiculus ridiculus* sembloient faits l'un pour l'autre ; ils restèrent inséparables. M. Turgot se joua d'une autre manière de la sottise des docteurs. Comme il étoit bon théologien lui-même, et encore meilleur logicien, il établit d'abord ce principe évident et universellement reconnu, que de deux propositions contradictoires, si l'une est fausse, l'autre est nécessairement vraie. Il mit ensuite en opposition, sur deux colonnes parallèles, les trente-sept propositions réprouvées par la Sorbonne, et les trente-sept contradictoires, bien exactement énoncées [1]. Point de milieu ; en

---

1. *Les Trente-sept Vérités opposées aux Trente-sept Impié-*

condamnant les unes il falloit que la Faculté adoptât, professât les autres. Or, parmi celles-ci, il n'y en avoit pas une seule qui ne fût révoltante d'horreur ou ridicule d'absurdité. Ce coup de lumière, jeté sur la doctrine de la Sorbonne, fut foudroyant pour elle. Inutilement voulut-elle retirer son *Indiculus;* il n'étoit plus temps, le coup étoit porté.

Voltaire se chargea de traîner dans la boue le syndic Riballier et son scribe Cogé, professeur à ce même collège Mazarin dont Riballier étoit principal, et qui, sous sa dictée, avoit écrit contre *Bélisaire* et contre moi un libelle calomnieux. En même temps, avec cette arme du ridicule qu'il manioit si bien, Voltaire tomba à bras raccourci sur la Sorbonne entière ; et ses petites feuilles, qui arrivoient de Genève et qui voltigeoient dans Paris, amusoient le public aux dépens de la Faculté. Quelques autres de mes amis, bons raisonneurs et bons railleurs, eurent aussi la charité de prendre ma défense; si bien que le décret du tribunal

---

tés de Bélisaire, par un bachelier ubiquiste. (Paris, 1777, in-4º et in-8º.) Cette réfutation ironique a été prise au sérieux par un savant allemand, J.-A. Eberhard, dans deux passages de son *Examen de la doctrine touchant le salut des païens* (trad. par Ch.-Guill.-Fréd. Dumas, Amst., 1773, in-8º), plaisante méprise signalée pour la première fois par Ant.-Alex. Barbier.

théologique étoit déjà honni et bafoué avant d'avoir paru.

Tandis que la Sorbonne, plus furieuse encore de se voir harcelée, travailloit de toutes ses forces à rendre *Bélisaire* hérétique, déiste, impie, *ennemi du trône et de l'autel* (car c'étoient là ses deux grands chevaux de bataille), les lettres des souverains de l'Europe et celles des hommes les plus éclairés et les plus sages m'arrivoient de tous les côtés, pleines d'éloges pour mon livre, qu'ils disoient être le bréviaire des rois. L'impératrice de Russie l'avoit traduit en langue russe, et en avoit dédié la traduction à un archevêque de son pays. L'impératrice, reine de Hongrie, en dépit de l'archevêque de Vienne, en avoit ordonné l'impression dans ses États, elle qui étoit si sévère à l'égard des écrits qui attaquoient la religion. Je ne négligeai pas, comme vous pensez bien, de donner connoissance à la cour et au Parlement de ce succès universel[1]; et ni l'une ni l'autre n'eurent envie de partager le ridicule de la Sorbonne.

---

1. Ces témoignages furent imprimés sous le titre de *Lettres écrites à M. Marmontel au sujet de Bélisaire* (in-8°, 17 p.). Les *Mémoires secrets* (12 décembre 1767) prétendent que Marmontel avait fait insérer dans les *Affiches, Annonces et Avis divers*, une note sur la perte de son portefeuille, afin de mettre « sa modestie à couvert », et qu'il avait prévenu, par la même voie, que ce portefeuille lui avait été restitué.

Les choses étant ainsi disposées, et ma présence n'étant plus nécessaire à Paris, j'employai le temps que mirent les docteurs à fabriquer leur censure, je l'employai, dis-je, à remplir les saints devoirs de l'amitié.

Mme Filleul se mouroit d'une fièvre lente qui avoit pour cause une humeur âcre dans le sang, et pour laquelle le plus habile de nos médecins, Bouvart, lui avoit ordonné les eaux et les bains d'Aix-la-Chapelle. La jeune comtesse de Séran l'y accompagnoit; mais, dans l'état où étoit la malade, l'assistance d'un homme leur étoit nécessaire. Leur ami Bouret me pria de les accompagner. Je m'en fis un devoir; et, dès qu'elles apprirent ma réponse, Mme de Séran m'écrivit ce billet :

Est-il bien vrai que vous venez avec nous aux eaux? Non; je ne puis le croire. C'étoit l'objet de tous mes désirs; mais je n'osois en faire l'objet de mes espérances. Vos occupations, vos affaires, vos plaisirs, tout combat ma confiance. Assurez-m'en vous-même, si vous voulez que je me le persuade; et, si vous m'en assurez, croyez que je mettrai cette marque d'amitié au-dessus de toutes celles qui ont été données dans la vie. Mme Filleul n'ose pas plus se flatter que moi; mais vous seriez peut-être décidé par le désir qu'elle en montre, et la reconnoissance qu'elle en témoigne.

Je partis avec elles. Mme Filleul étoit si mal, et Mme de Séran croyoit si bien voir mourir son amie en chemin, qu'elle m'avertit de me pourvoir d'un habit de deuil.

Arrivés à Aix-la-Chapelle avec cette femme courageuse qui, n'ayant plus qu'un souffle de vie, ne laissoit pas de sourire encore à la gaieté que nous affections, le médecin des eaux fut appelé; il la trouva trop affoiblie pour soutenir le bain, et commença par lui faire essayer tout doucement les eaux. L'effet de leur vertu fut tel que, l'éruption de l'humeur ayant rendu la vie à la malade, dans peu de jours elle reprit des forces et fut en état de soutenir le bain. Alors s'opéra, comme par un miracle, un changement prodigieux. L'éruption fut complète sur tout le corps, et la malade, se sentant ranimée, alloit seule, se promenoit, et nous faisoit admirer les progrès de sa guérison, de son appétit, de ses forces. Hélas! malgré nos remontrances et nos prières, elle abusa de cette prompte convalescence en ne voulant plus observer le doux régime qui lui étoit prescrit; encore, malgré son intempérance, eût-elle été sauvée, sans la fatale imprudence qu'elle commit, à notre insu, au terme de sa guérison.

M. de Marigny, dont la sœur étoit morte, et qui, voulant se marier à son gré et pour son bonheur, avoit épousé la fille aînée de Mme Filleul, notre idole à tous, la belle, la spirituelle, la charmante Julie, cédant au désir qu'avoit sa femme de venir voir sa mère, nous l'amena, et, tout d'un temps, fit, avec le célèbre dessinateur Cochin, un voyage en Hollande et dans le Brabant, pour y voir les tableaux des deux Écoles hollandaise et flamande.

Je vous ai peint le caractère de cet homme estimable, intéressant et malheureux. Tout ce qu'on peut désirer de charmes dans une jeune personne, soit du côté de la figure, soit du côté de l'esprit et du caractère, douceur, ingénuité, bonté, gaieté ingénieuse, raison même, et raison très saine, tout cela, cultivé avec le plus grand soin, se trouvoit réuni dans sa jeune femme. Mais, tourmenté comme il l'étoit par un amour-propre ombrageux, à peine l'eut-il épousée qu'il s'avisa d'être jaloux de la tendresse qu'elle avoit pour sa mère, et de l'amitié dont elle étoit liée dès l'enfance avec Mme de Séran. Il fut témoin de leur sensibilité mutuelle en se revoyant; mais il dissimula le dépit qu'il en ressentoit, et le peu de temps qu'il passa avec nous ne fut obscurci par aucun nuage. Il témoigna même à Mme Filleul des sentimens assez affectueux. « Je vous laisse, lui dit-il, notre chère Julie. Il est bien juste qu'elle donne des soins à la santé de sa mère. Dans quelque temps je viendrai la reprendre, et j'espère trouver alors parfaitement rétablie cette santé qui nous est si précieuse à tous. » Il dit aussi des choses aimables à la comtesse de Séran, et il nous laissa tous persuadés qu'il s'en alloit tranquille ; mais en lui le plus petit grain d'humeur étoit comme un levain qui fermentoit bien vite, et dont l'aigreur se communiquoit à toute la masse de ses pensées. Dès qu'il fut seul et livré à lui-même, il se représenta sa femme l'oubliant auprès de sa mère, et, plus en liberté, se réjouissant avec nous de son éloignement. « Elle ne l'aimoit point, elle ne vivoit point pour lui, et il s'en falloit bien qu'il fût ce qu'elle avoit de plus cher au monde. » Telles étoient les réflexions qu'il rouloit dans sa malheureuse tête. Il m'en avoit fait plus d'une fois la triste confidence. Ses lettres cependant furent assez aimables durant tout son voyage, et, jusqu'à son retour, nous n'aperçûmes rien de ce qui se passoit en lui. Laissons-le voyager, et parlons un peu de la vie qu'on menoit à Aix-la-Chapelle.

Quoique Mme Filleul, naturellement vive, volontaire et gourmande, fît, malgré nous, tout ce qu'il falloit pour retarder sa guérison, la vertu des eaux et des bains ne laissoit pas de chasser encore les nouveaux principes d'acrimonie qu'elle faisoit passer tous les jours dans son sang, avec des jus très épicés et des ragoûts dont l'assaisonnement étoit un vrai poison pour elle. Comme elle se vantoit d'être guérie, sans en être aussi persuadés qu'elle nous le croyions assez pour nous en réjouir.

Ainsi nos dames se donnoient tous les amusemens des eaux. Je les partageois avec elles. L'après-dînée c'étoient des promenades, le soir c'étoit la danse à l'assemblée du *Ridotto*, où l'on jouoit gros jeu; mais aucun de nous ne jouoit. Les danses étoient toutes angloises, et très jolies, et très bien dansées. C'étoit pour moi un curieux spectacle que ces chaînes d'hommes et de femmes de toutes les nations du Nord, Russes, Polonois, Allemands, Anglois surtout, réunis et mêlés par l'attrait commun du plaisir. Je n'ai pas besoin de vous dire que deux Françoises d'une rare beauté, dont la plus vieille avoit vingt ans, n'eurent qu'à se montrer pour s'attirer des soins et des hommages. Lors donc que le matin, à la promenade des eaux, ou quelquefois chez elles, on leur faisoit la cour, j'avois des heures solitaires; je les employois au travail : je faisois *les Incas*.

Dans ce temps-là, deux de nos évêques françois vinrent aux eaux, et se trouvèrent logés dans notre voisinage. L'un, Broglie [1], évêque de Noyon, étoit

---

1. Charles de Broglie (1733-1777), évêque, comte de Noyon, pair de France et abbé de l'abbaye des Bernardins d'Ourscamp.

malade; l'autre l'accompagnoit; c'étoit Marbeuf, évêque d'Autun, qui depuis a été ministre de la feuille [1]. L'auteur du livre que la Sorbonne censuroit dans ce moment-là fut pour eux un objet de curiosité. Ils vinrent me voir, et m'invitèrent à faire ensemble des promenades. Je compris bien que ces prélats vouloient peloter avec moi; et, comme le jeu me plaisoit assez, je fis volontiers leur partie.

Ils commencèrent, comme vous pensez bien, par me parler de *Bélisaire*. Ils s'attendoient à me trouver fort effrayé du décret que la Sorbonne alloit fulminer contre moi, et ils furent assez surpris de me voir si tranquille sous l'anathème. « Bélisaire, leur dis-je, est un vieux militaire, honnête homme et chrétien dans l'âme, aimant sa religion de bon cœur et de bonne foi; il en croit tout ce qui lui en est enseigné dans l'Évangile, et ne rejette que ce qui n'en est pas. C'est aux noirs fantômes de la superstition, c'est aux monstrueuses horreurs du fanatisme que Bélisaire refuse sa croyance. J'ai proposé à la Sorbonne de rendre cette distinction évidente dans des notes explicatives que j'ajouterois à mon livre. Elle a

---

1. Yves-Alexandre de Marbeuf, ministre de la feuille des bénéfices (1771), prédécesseur de Talleyrand au siège épiscopal d'Autun (1767-1789).

refusé ce moyen de conciliation ; elle a voulu que le quinzième chapitre fût retranché d'un livre dont quarante mille exemplaires sont déjà répandus : demande puérile, car l'édition tronquée et mise au rebut n'auroit fait que me ruiner. Enfin, elle s'est obstinée à vouloir que je reconnusse le dogme de l'intolérance civile, le droit du glaive, le droit des proscriptions, des exils, des cachots, des poignards, des tortures et des bûchers, pour forcer à croire à la religion de l'agneau ; et, dans l'agneau de l'Évangile, je n'ai pas voulu reconnoître le tigre de l'inquisition. Je m'en suis tenu à la doctrine de Lactance, de Tertullien, de saint Paul, et à l'esprit de l'Évangile. Voilà pourquoi la Sorbonne est actuellement occupée à fabriquer une censure où elle foudroiera Bélisaire, Lactance, Tertullien, saint Paul, et quiconque pense comme eux. Prenez garde à vous, Messeigneurs, car vous pourriez bien être du nombre.

— Mais de quoi se mêlent les philosophes, me dit l'évêque d'Autun, de parler de théologie ? — De quoi se mêlent les théologiens, lui répliquai-je, de tyranniser les esprits, et d'exciter les princes à employer la force pour violenter la croyance ? Les princes sont-ils juges sur l'article de la doctrine et sur les objets de la foi ? — Non, certes, me dit-il, les princes n'en sont pas les juges. — Et vous en faites les bourreaux ! — Je ne sais pas, reprit-il, pourquoi on accuse aujourd'hui les théologiens d'un genre de persécution qui ne s'exerce plus. Jamais l'Église n'a mis tant de modération dans l'usage de sa puissance. — Il est vrai, Monseigneur, lui dis-je, qu'elle en use plus sobrement ; et, pour la conserver, elle l'a tempérée. — Pourquoi donc prendre, insista-t-il, ce temps-là même pour l'attaquer ? — Parce qu'on n'écrit pas seulement, répondis-je, pour le moment où l'on écrit ; qu'il est à craindre que l'avenir ne ressemble au passé, et qu'on prend le moment où les eaux sont basses pour travailler aux digues. — Ah ! les digues ! ce sont, dit-il, les prétendus philosophes qui les renversent ; et ils ne tendent pas à moins qu'à détruire la religion. — Qu'on lui laisse son caractère, à cette religion charitable, bienfaisante et paisible, j'ose assurer, lui répliquai-je, que l'incrédule même n'osera l'attaquer, et que l'impie se taira devant elle. Ce ne sont ni ses dogmes purs, ni sa morale, ni même ses mystères, qui lui suscitent des ennemis. Ce sont les opinions violentes et fanatiques dont une théologie atrabilaire a mêlé sa doctrine, c'est là ce qui soulève une foule de bons esprits. Qu'on la dégage de ce mélange, qu'on la ramène à sa sainteté primitive ; alors ceux qui l'attaqueront seront les ennemis publics des malheureux qu'elle console, des opprimés qu'elle relève, et des foibles qu'elle soutient.

— Vous avez beau dire, reprit l'évêque, sa doctrine est constante, l'édifice en est cimenté, et nous ne souffrirons jamais qu'une seule pierre en soit détachée. » Je lui fis observer que l'art des mines étoit porté fort loin ; qu'avec un peu de poudre on renversoit de fond en comble des tours bien hautes, bien solides, et que l'on brisoit même les rochers les plus durs. « Me préserve le Ciel, ajoutai-je, de souhaiter que ce présage s'accomplisse ! j'aime sincèrement, je révère du fond du cœur cette religion consolante ; mais, si jamais elle meurt parmi nous, le fanatisme théologique en sera seul la cause ; ce sera lui qui, de sa main, lui aura porté le coup mortel. »

Alors s'éloignant un peu de moi, et parlant à voix basse à l'évêque de Noyon, je crus entendre qu'il lui disoit : *Cela durera plus que nous.* Il se trompoit. Ensuite, revenant vers moi : « Si vous aimez la religion, insista-t-il, pourquoi vous joignez-vous à ceux qui méditent de la détruire ? — Je ne me joins, lui répondis-je, qu'à ceux qui l'aiment comme moi, et qui désirent qu'elle se montre telle qu'elle est venue du ciel, pure, sans mélange et sans tache, *sicut aurora consurgens, pulchra ut luna, electa ut sol.* (Il ajouta, en souriant, *terribilis ut castrorum acies ordinata.*) Oui, répliquai-je, terrible aux méchans, aux fanatiques, aux impies ; mais terrible dans l'avenir avec les armes qui lui sont propres, et qui ne sont ni le fer ni le feu. » Telle fut à peu près notre première conversation.

Une autre fois, comme il revenoit sans cesse à dire que les philosophes se donnoient trop de libertés : « Il est vrai, Monseigneur, lui dis-je, que parfois ils s'avisent d'être vos suppléans dans des fonctions assez belles ; mais ce n'est qu'autant que vous-mêmes vous ne daignez pas les remplir. — Quelles fonctions ? demanda-t-il. — Celles de prêcher sur les toits des vérités qu'on dit trop rarement aux souverains, à leurs ministres, aux flatteurs qui les environnent. Depuis l'exil de Fénelon, ou, si vous voulez, depuis ce petit cours de morale touchante que Massillon fit faire à Louis XV enfant, leçons prématurées, et par là inutiles, les vices, les crimes publics, ont-ils trouvé dans le sacerdoce un seul agresseur courageux ? En chaire, on ose bien tancer de petites foiblesses et des fragilités communes ; mais les passions désastreuses, les fléaux politiques, en un mot les sources morales des malheurs de l'humanité, qui ose les attaquer ? qui ose demander compte à l'orgueil, à l'ambition, à la vaine gloire, au faux zèle, à la fureur de dominer et d'envahir, qui ose leur demander compte devant Dieu et devant les hommes des larmes et du sang de leurs innombrables victimes ? » Alors je supposai un Chrysostome en chaire; et, en exposant les sujets qui invoqueroient son éloquence, je fus peut-être moi-même éloquent dans ce moment-là.

Quoi qu'il en soit, mes deux prélats, après m'avoir tâté le pouls deux ou trois fois, trouvèrent mon mal incurable; et, lorsqu'un jour, en leur montrant sur ma table le manuscrit des *Incas,* je leur dis : « Voilà un ouvrage qui réduira vos docteurs à l'alternative de brûler l'Évangile ou de respecter dans Las Casas, cet apôtre des Indes, les mêmes sentimens et la même doctrine qu'ils condamnent dans *Bélisaire* », ils virent qu'il n'y avoit plus rien à espérer de moi; ainsi leur zèle découragé, ou plutôt leur curiosité satisfaite, me laissa disposer d'un temps que nous perdions ensemble, eux à vouloir faire de moi un philosophe théologien, et moi à vouloir faire d'eux des théologiens philosophes.

Le travail que demandoit encore mon livre des *Incas* fut interrompu quelque temps pour faire place à celui d'un mémoire où j'ai plaidé la cause des paysans du Nord, et qui est imprimé dans la collection de mes œuvres [1].

Je venois de lire dans les gazettes qu'à la So-

---

1. Le *Discours en faveur des paysans du Nord* est imprimé au tome XVII des *Œuvres* de l'auteur publiées par lui-même (1787).

ciété économique de Pétersbourg un anonyme proposoit un prix de mille ducats pour le meilleur ouvrage sur cette question : *Est-il avantageux pour un État que le paysan possède en propre du terrain, ou qu'il ait seulement des biens meubles? et jusqu'où le droit du paysan sur cette propriété devroit-il s'étendre pour l'avantage de l'État?*

Je ne doutai pas que l'anonyme ne fût l'impératrice de Russie elle-même ; et, puisque sur ce grand objet elle vouloit que la vérité fût connue dans ses États, je résolus de la montrer tout entière. L'un des ministres de Russie, M. de Saldern, étoit venu prendre les eaux d'Aix-la-Chapelle. Je le voyois souvent, et il me parloit des affaires du Nord avec autant d'ouverture de cœur qu'il est permis à un ministre sage. Ce fut par lui que mon mémoire parvint à sa destination. Il n'obtint pas le prix, et je l'avois prévu; mais il fit son impression, et j'en reçus des témoignages.

Ainsi mes heures solitaires étoient remplies et utilement occupées. Mais un objet non moins intéressant pour moi que mon travail, et, à vrai dire, plus attrayant encore, c'étoit la conversation de mes trois femmes, toutes les trois de caractères différens, mais si analogues que leurs couleurs se marioient et se fondoient ensemble comme celles de l'arc-en-ciel. Or, c'est de ce mélange harmonieux de sentimens et de pensées que résulte le charme de la conversation. Un assentiment unanime commence par être agréable et finit par être ennuyeux. Aussi Mme Filleul disoit-elle qu'elle aimoit la contrariété; qu'il n'y avoit que cela de naturel et de sincère; que la nature n'avoit rien fait de pareil, ni deux œufs, ni deux feuilles d'arbre, ni deux esprits et deux caractères, et que, partout où l'on croyoit voir une ressemblance constante de sentimens et d'opinions, il y avoit dissimulation et complaisance de part ou d'autre, souvent même des deux côtés.

L'une des trois, Mme de Séran, m'avoit mis dans sa confidence, et cette confidence étoit de nature à donner lieu à d'intéressans tête-à-tête. Il s'agissoit pour elle de succéder, si elle l'avoit voulu, à Mme de Pompadour. Elle étoit en relation continuelle avec le roi; il lui écrivoit par tous les courriers; et ces lettres et les réponses me passoient toutes sous les yeux. Voici comment s'étoit noué le fil de ce petit roman.

Mme de Séran étoit fille d'un M. de Bullioud, bon gentilhomme sans fortune, ci-devant gouverneur des pages du duc d'Orléans. Par une fatalité des plus étranges, et que je ne puis expliquer, cette jeune personne, dès l'âge de quinze ans, avoit été l'objet de l'humeur violente et sombre de son père et de l'aversion de sa mère. Belle comme l'Amour, et encore plus intéressante par le charme de sa bonté et de sa naïve innocence que par l'éclat de sa beauté, elle pleuroit et gémissoit dans cette situation si triste et si cruelle, lorsque son père prit tout à coup la résolution de la marier, en lui donnant pour dot sa place de gouverneur des pages qu'il cédoit à son gendre. Cet époux qu'il lui présenta étoit aussi un gentilhomme d'ancienne race, mais n'ayant pour tout bien qu'une petite terre en Normandie. C'étoit peu d'être pauvre, M. de Séran étoit laid, et d'une laideur rebutante : roux, mal fait, borgne, et un dragon[1] dans l'œil ; d'ailleurs, le plus honnête et le meilleur des hommes. Lorsqu'il fut présenté à notre belle Adélaïde, elle en pâlit d'effroi, et le cœur lui bondit de dégoût et de répugnance. La présence de ses parens lui fit dissimuler, tant qu'il lui fut possible, cette première impression ; mais M. de Séran s'en aperçut. Il demanda qu'il lui fût permis d'être quelques momens tête à tête avec elle ; et, lorsqu'ils furent seuls : « Mademoiselle, lui dit-il, vous me trouvez bien laid, et ma laideur vous épouvante ; je le vois ; vous pouvez l'avouer sans détour. Si vous croyez que cette répugnance soit invincible, parlez-moi comme à votre ami : le secret vous sera gardé ; je prendrai sur moi la rupture, vos père et mère ne

---

1. Une tache.

sauront rien de l'aveu que vous m'aurez fait. Cependant, s'il étoit possible de vous rendre supportables dans un mari ces disgrâces de la nature, et s'il ne falloit pour cela que les soins et les complaisances d'une bonne et tendre amitié, vous pourriez les attendre du cœur d'un honnête homme qui vous sauroit gré toute la vie de ne l'avoir point rebuté. Consultez-vous, et répondez-moi; vous êtes parfaitement libre. »

Adélaïde étoit si malheureuse, elle voyoit dans cet honnête homme un désir si sincère de lui procurer un sort plus doux, qu'elle espéra se donner le courage de l'accepter. « Monsieur, lui dit-elle, ce que je viens d'entendre, le caractère de bonté, de probité, que ce langage annonce, me prévient en votre faveur de l'estime la plus sincère. Donnez-moi vingt-quatre heures pour faire mes réflexions, et venez me revoir demain. »

Il ne fallut pas moins que les conseils les plus pressans de la raison et du malheur pour la déterminer; mais enfin, l'estime que M. de Séran lui avoit inspirée triompha de tous ses dégoûts. « Monsieur, lui dit-elle en le revoyant, je suis persuadée que la laideur, ainsi que la beauté, s'oublie, et que les seules qualités dont l'habitude n'affoiblit point l'impression, et dont tous les jours, au contraire, elle fait mieux sentir le prix, ce sont les qualités de l'âme; je les trouve en vous, c'est assez;

et je me fie à votre honnêteté du soin de mon bonheur. Je désire faire le vôtre. »

Ainsi se maria Mlle de Bullioud avant ses quinze ans accomplis; et M. de Séran fut pour elle tout ce qu'il avoit promis d'être. Je ne dis pas que cette union eût les charmes de l'amour, mais elle avoit les douceurs de la paix, de l'amitié, de la plus tendre estime. Le mari, sans inquiétude, voyoit sa femme environnée d'adorateurs; et la femme, par sa conduite raisonnable et décente, honoroit aux yeux du public la confiance de son mari.

Cependant, comme il étoit impossible de la voir, de l'entendre, surtout de la connoître, sans désirer pour elle un meilleur sort, ses amis s'occupèrent du soin de sa fortune; et, au mariage du duc de Chartres, ils songèrent à la placer honorablement auprès de la jeune princesse. Mais pour cela il ne suffisoit pas d'une noblesse ancienne et pure, il falloit encore être du nombre des femmes présentées au roi: telle étoit l'étiquette de la cour d'Orléans. Cet honneur étoit réservé à quatre cents ans de noblesse, et, à ce titre, elle avoit le droit d'y prétendre. Il lui fut accordé. Mais le roi, après avoir écouté plus attentivement l'éloge de sa beauté que les témoignages sur sa noblesse, mit pour condition à son consentement qu'après sa présentation elle iroit l'en remercier; article secret pour M. de Séran, et auquel sa femme elle-même ne s'étoit pas attendue: car, de bien bonne foi, elle n'aspiroit qu'à la place qui lui étoit promise dans la cour du duc d'Orléans; et, lorsqu'au rendez-vous que lui donna le roi dans ses petits cabinets, il fallut aller seule le remercier tête à tête, j'ai su qu'elle en étoit tremblante. Cependant elle s'y rendit, et j'arrivai chez Mme Filleul comme on y attendoit son retour. Ce fut là que j'appris ce que je viens de raconter; et je vis bien que, pour ses amis, la place à la cour d'Orléans n'avoit été qu'un spécieux prétexte, et que le rendez-vous actuel étoit leur objet important.

J'eus le plaisir de voir les châteaux en Espagne de l'ambition s'élever; la jeune comtesse toute-puissante, le roi et la cour à ses pieds, tous ses amis comblés de grâces, de faveurs; moi-même honoré de la confiance de la maîtresse, et par elle inspirant et faisant faire au roi tout le bien que j'aurois voulu; il n'y avoit rien de si beau. On attendoit la jeune souveraine, on comptoit les minutes, on mouroit d'impatience de la voir arriver; et cependant on étoit bien aise qu'elle n'arrivât point encore.

Elle arrive enfin, et nous raconte son voyage. Un garçon de la chambre l'attendoit à la grille de la chapelle; il étoit nuit close; elle étoit montée par un escalier dérobé dans les petits appartemens.

Le roi ne s'étoit pas fait attendre. Il l'avoit abordée d'un air aimable, lui avoit pris les mains, les lui avoit baisées respectueusement; et, la voyant craintive, il l'avoit rassurée par de douces paroles et un regard plein de bonté. Ensuite il l'avoit fait asseoir vis-à-vis de lui, l'avoit félicitée sur le succès de sa présentation, en lui disant que rien de si beau n'avoit paru dans sa cour, et que tout le monde en étoit d'accord. « Il est donc bien vrai, « Sire, lui ai-je répondu, nous dit-elle, que le bon-« heur nous embellit, et, si cela est, je dois être en-« core plus belle en ce moment. — Aussi l'êtes-« vous », m'a-t-il dit en me prenant les mains et en les serrant doucement dans les siennes, qui étoient tremblantes. Après un moment de silence où ses regards seuls me parloient, il m'a demandé quelle seroit la place que j'ambitionnerois à sa cour. Je lui ai répondu : « La place de la princesse d'Armagnac [1] « (c'étoit une vieille amie du roi qui venoit de mou-« rir). — Ah! vous êtes bien jeune, m'a-t-il dit, « pour remplacer une amie qui m'a vu naître, qui « m'a tenu sur ses genoux, et que j'ai chérie dès le « berceau. Il faut du temps, Madame, pour obtenir

---

1. Françoise-Adélaïde de Noailles, née en 1704, mariée en 1717 à Charles, comte d'Armagnac (1684-1753), dit *le prince Charles,* grand écuyer de France. Séparée de corps et de biens au bout de quelques années, elle prit, après la mort de son mari, le titre de princesse douairière d'Armagnac.

« ma confiance : j'ai tant de fois été trompé ! —
« Oh ! je ne vous tromperai pas, lui ai-je dit ; et,
« pour mériter le beau titre de votre amie, s'il ne
« faut que du temps, j'en ai à vous donner. » Ce
langage, avec mes vingt ans, l'a surpris, mais ne
lui a pas déplu. En changeant de propos, il m'a
demandé si je trouvois ses petits appartemens meublés d'assez bon goût. « Non, lui ai-je dit, je les
« voudrois en bleu. » Comme le bleu est sa couleur,
cette réponse l'a flatté. J'ai ajouté qu'à cela près
je les trouvois charmans. « Si vous vous y plaisez,
« m'a-t-il dit, j'espère que vous voudrez bien y ve-
« nir quelquefois, par exemple tous les dimanches,
« à la même heure qu'aujourd'hui. » Je l'ai assuré
que je saisirois tous les momens de lui faire ma
cour. Sur quoi il m'a quittée pour aller souper
avec ses enfans. Il m'a donné rendez-vous à la huitaine, à la même heure. Je vous annonce donc à
tous que je serai l'amie du roi, et que je ne serai
rien de plus. »

Comme cette résolution étoit non seulement
dans sa tête, mais dans son cœur, elle y tint, et
j'en eus la preuve. Au second rendez-vous, elle
trouva le salon meublé en bleu comme elle l'avoit
désiré, attention assez délicate. Elle s'y rendoit
tous les dimanches, et, par Janel, l'intendant des
postes, elle recevoit fréquemment, dans l'intervalle des rendez-vous, des lettres de la main du

roi; mais, dans ces lettres, que j'ai vues, il ne sortoit jamais des bornes d'une galanterie respectueuse, et les réponses qu'elle y faisoit, pleines d'esprit, de grâce et de délicatesse, flattoient son amour-propre sans jamais flatter son amour. Mme de Séran avoit infiniment de cet esprit naturel et facile, dont l'agrément naïf et simple enchante ceux qui en ont le plus, et plaît à ceux qui en ont le moins. La vanité du roi, difficile à apprivoiser, avoit été bientôt à son aise avec elle. Dès leur second rendez-vous, les momens qui précédoient le souper du roi au grand couvert lui avoient paru si courts qu'il la pria de vouloir bien l'attendre, et d'agréer qu'on lui servît à elle un petit souper, promettant d'abréger le sien autant qu'il lui seroit possible, afin d'être avec elle quelques momens de plus. Comme il avoit dans ses cabinets une petite bibliothèque, un soir elle lui demanda quelque livre agréable pour s'occuper en son absence; et, le roi lui en laissant le choix, elle eut pour moi l'attention et la bonté de nommer *Bélisaire.* « Je ne l'ai point, répondit le roi; c'est le seul de ses ouvrages que Marmontel ne m'ait point donné. — Choisissez donc vous-même, Sire, lui dit-elle, un livre qui m'amuse ou qui m'intéresse. — J'espère, lui dit-il, que celui-ci vous intéressera » ; et il lui donna un recueil de vers faits au sujet de sa convalescence.

Ce fut pour elle, après le souper, un ample et riche fonds d'éloges d'autant plus flatteurs que l'esprit y laissoit parler le sentiment.

Si le roi avoit été jeune, et animé de ce feu qui donne de l'audace et qui la fait pardonner, je n'aurois pas juré que la jeune et sage comtesse eût toujours passé sans péril le pas glissant du tête-à-tête; mais un désir foible, timide, mal assuré, tel qu'il étoit dans un homme vieilli par les plaisirs plus que par les années, avoit besoin d'être encouragé, et un air de décence, de réserve et de modestie, n'étoit pas ce qu'il lui falloit. La jeune femme le sentoit bien. « Aussi, nous disoit-elle, il n'osera jamais être que mon ami, j'en suis sûre; et je m'en tiens là. »

Elle lui parla cependant un jour de ses maîtresses, et lui demanda s'il avoit jamais été véritablement amoureux. Il répondit qu'il l'avoit été de Mme de Châteauroux. « Et de Mme de Pompadour? — Non, dit-il, je n'ai jamais eu de l'amour pour elle. — Vous l'avez cependant gardée aussi longtemps qu'elle a vécu. — Oui, parce que la renvoyer, c'eût été lui donner la mort. » Cette naïveté n'étoit pas séduisante; aussi Mme de Séran ne fut-elle jamais tentée de succéder à une femme que le roi n'avoit gardée que par pitié.

Elle en étoit à ces termes avec lui lorsqu'elle

et moi nous quittâmes tout pour accompagner aux eaux notre amie malade et mourante.

Mme de Séran recevoit régulièrement, tous les courriers, une lettre du roi, par l'entremise de Janel; j'en étois confident; je l'étois aussi des réponses; je l'ai été depuis, tant qu'a duré leur correspondance, et je suis témoin oculaire de l'honnêteté de cette liaison. Les lettres du roi étoient remplies d'expressions qui ne laissoient rien d'équivoque. « Vous n'êtes que trop respectable!... Permettez-moi de vous baiser les mains; permettez au moins, dans l'éloignement, que je vous embrasse. » Il lui parloit de la mort du Dauphin, qu'il appeloit *notre saint héros,* et lui disoit qu'elle manquoit aux consolations dont il avoit besoin sur une perte aussi cruelle. Tel étoit son langage, et il n'auroit pas eu la complaisance de déguiser ainsi le style d'un amant heureux. J'aurai lieu de parler encore de ces lettres du roi, et de l'impression qu'elles firent sur un esprit moins facile à persuader que le mien. En attendant, j'observe ici que le roi, à son âge, n'étoit pas fâché de trouver à goûter les charmes d'une liaison de sentiment d'autant plus piquante et flatteuse qu'elle lui étoit nouvelle, et que, sans compromettre son amour-propre, elle le touchoit par l'endroit le plus délicat.

Quoique le bruit que faisoit *Bélisaire* et la célébrité que les *Contes moraux* avoient dans le nord de l'Europe m'eussent déjà rendu assez remarquable parmi cette foule au milieu de laquelle je vivois, une aventure assez honorable pour moi m'attira de nouvelles attentions. Un matin, en passant devant la grande auberge où se tenoit le *Ridotto*, je m'entendis appeler par mon nom. Je lève la tête, et je vois à la fenêtre d'où venoit la voix un homme qui s'écrie : *C'est lui-même*, et qui disparoît. Je ne l'avois pas reconnu ; mais dans l'instant je le vois sortir de l'auberge, courir à moi et m'embrasser en disant : « L'heureuse rencontre ! » C'étoit le prince de Brunswick. « Venez, ajouta-t-il, que je vous présente à ma femme ; elle va être bien contente. » Et, en entrant chez elle : « Madame, lui dit-il, vous désiriez tant de connoître l'auteur de *Bélisaire* et des *Contes moraux* ! le voici, je vous le présente. » Son Altesse Royale, sœur du roi d'Angleterre, me reçut avec la même joie et la même cordialité dont le prince me présentoit. Dans ce moment, les magistrats de la ville les attendoient à la fontaine, pour la faire ouvrir devant eux et leur montrer la concrétion de soufre pur qui se formoit en stalactite sous la pierre du réservoir ; espèce d'honneur qu'on ne rendoit qu'à des personnes principales. « Allez-y sans moi, dit le prince à sa femme ; je passerai plus agréablement ces momens avec Marmontel. »

Je voulus me refuser à cette faveur; mais il fallut rester avec lui au moins un quart d'heure, enfermés tête à tête; et il l'employa à me parler avec enthousiasme des gens de lettres qu'il avoit vus à Paris, et des heureux momens qu'il avoit passés avec eux. Ce fut là qu'il me dit que l'idée affligeante qui lui étoit restée de notre commerce étoit qu'il falloit renoncer à l'espérance de nous attirer hors de notre patrie, et qu'aucun souverain de l'Europe n'étoit assez riche, assez puissant, pour nous dédommager du bonheur de vivre entre nous.

Enfin, pour l'engager à se rendre à la fontaine, je fus obligé de lui marquer le désir d'en voir moi-même l'ouverture, et j'eus l'honneur de l'y accompagner.

Comme ils devoient partir le lendemain, la princesse eut la bonté de m'inviter à aller passer la soirée avec eux au *Ridotto*. Elle dansoit dans le moment que j'y arrivai; et aussitôt elle quitta la danse, qu'elle aimoit passionnément, pour venir causer avec moi. Jusqu'à une heure après minuit, elle, sa dame de compagnie (Mlle Stuart) et moi, nous nous tînmes dans notre coin à nous entretenir de tout ce que voulut savoir de moi cette aimable princesse. Il est possible que sa bonté me fît illusion; mais, dans son naturel, je lui trouvai beaucoup d'esprit et d'agrément. « Comment donc, lui disois-je, vous a-t-on élevée pour avoir dans le caractère cette adorable simplicité? Que vous ressemblez peu à ce que j'ai pu voir de personnes de votre rang! — C'est, me répondit Mlle Stuart, qu'à votre cour on enseigne aux princes à dominer, et qu'à la nôtre on leur enseigne à plaire. »

La princesse, avant de me quitter, eut la bonté de vouloir que je lui promisse de faire un voyage en Angleterre, lorsqu'elle y seroit elle-même. « Je vous en ferai les honneurs, me dit-elle (ce sont ses termes), et ce sera moi qui vous présenterai au roi mon frère. » Je lui promis qu'à moins de quelque obstacle insurmontable j'irois lui faire ma cour à Londres; et je pris congé d'elle et de son digne époux, véritablement pénétré des marques de bonté que j'en avois reçues. Je n'en fus pas plus fier; mais, dans le cercle du *Ridotto*, je crus m'apercevoir que j'étois plus considéré. Il semble, mes enfans, qu'il y ait de la vanité à vous raconter ces détails; mais il faut bien que je vous apprenne qu'avec quelque talent et une conduite honnête et simple on se fait estimer partout.

Quoique Mme de Séran et Mme de Marigny ne fussent point malades, elles ne laissoient pas de se donner fréquemment le plaisir du bain; et je les entendois parler de leur jeune baigneuse comme d'un modèle que les sculpteurs auroient été trop heureux d'avoir pour la statue d'Atalante, ou de Diane, ou même de Vénus. Comme j'avois le goût des arts, je fus curieux de connoître ce modèle qu'on louoit tant. J'allai voir la jeune baigneuse ; je la trouvai belle, en effet, et presque aussi sage que belle. Nous fîmes connoissance. Une de ses amies, qui fut bientôt la mienne, voulut bien nous permettre d'aller quelquefois avec elle goûter dans son petit jardin. Cette société populaire, en me rapprochant de la simple nature, me rendoit assez de philosophie pour conserver mon âme en paix auprès de mes deux jeunes dames ; situation qui, sans cela, n'eût pas laissé d'être pénible. Au reste, ces goûters n'étoient pas ruineux pour moi : de bons petits gâteaux avec une bouteille de vin de Moselle en faisoient les frais ; et Mme Filleul, que j'avois mise dans ma confidence, me glissoit en secret de petits flacons de vin de Malaga que sa baigneuse et moi buvions à sa santé.

Hélas ! cette santé qui, malgré toutes ses intempérances, ne laissoit pas de se rétablir par la vertu merveilleuse des bains, éprouva bientôt une révolution funeste.

M. de Marigny revint de son voyage de Hollande : il croyoit ramener avec lui sa femme à Paris ; mais, Mme Filleul lui ayant témoigné qu'il lui feroit plaisir de lui laisser sa fille jusqu'à la fin de la saison des eaux, temps qui n'étoit pas éloigné, il parut céder volontiers à ce désir d'une mère malade; et, comme il vouloit voir Spa en s'en allant, nos jeunes dames résolurent de l'y accompagner; ils m'engagèrent tous à faire ce petit voyage. Je ne sais quel pressentiment me faisoit insister à tenir compagnie à Mme Filleul; mais elle-même, s'obstinant à vouloir qu'on la laissât seule, me força de partir. Ce malheureux voyage s'annonça mal. Deux Polonois de la société de nos jeunes dames, MM. Regewski, trouvèrent qu'il seroit du bon air de les accompagner à cheval. M. de Marigny ne les vit pas plus tôt caracoler à la portière du carrosse qu'il tomba dans une humeur sombre; et, dès ce moment, le nuage qui s'éleva dans sa tête ne fit que se grossir et devenir plus orageux.

En arrivant à Spa, il vint cependant avec nous à l'assemblée du *Ridotto*; mais, plus il la trouva brillante, et plus il fut frappé de l'espèce d'émotion qu'avoient causée nos jeunes dames en s'y montrant, et plus son chagrin se noircit. Il ne voulut pourtant pas avoir l'humiliation de se montrer jaloux. Il prit un prétexte plus vague.

A souper, comme il étoit sombre et taciturne; Mme de Séran et sa femme l'ayant pressé de dire quelle étoit la cause de sa tristesse, il répondit enfin qu'il voyoit trop bien que sa présence étoit importune; qu'après tout ce qu'il avoit fait pour être aimé, il ne l'étoit point; qu'il étoit haï, qu'il étoit détesté; que la demande que lui avoit faite Mᵐᵉ Filleul étoit préméditée; que l'on n'avoit voulu que se débarrasser de lui; qu'on ne l'avoit accompagné à Spa que pour s'y amuser; qu'il n'étoit point dupe de ces belles manières, et qu'il savoit très bien qu'il tardoit à sa femme qu'il fût parti. Elle prit la parole en lui disant qu'il étoit injuste; que, s'il eût témoigné la plus légère peine de la laisser près de sa mère, ni l'une ni l'autre n'auroient voulu abuser de sa complaisance; qu'au surplus, quoique l'on eût laissé ses malles à Aix-la-Chapelle, elle étoit résolue à partir avec lui. « Non, Madame, dit-il, restez; il n'est plus temps, je ne veux point de sacrifices. — Assurément, répliqua-t-elle, c'en est un que de quitter ma mère dans l'état où elle est, mais il n'en est aucun que je ne sois prête à vous faire. — Je n'en veux point », répéta-t-il en se levant de table. Mᵐᵉ de Séran voulut tâcher de l'adoucir. « Pour vous, Madame, lui dit-il, je ne vous parle point. J'aurois trop à vous dire; seulement, je vous prie de ne pas vous mêler de ce qui se passe entre madame et moi. » Il sortit brusquement, et nous laissa tous trois consternés.

Après avoir tenu conseil un moment, nous fûmes d'avis que sa femme allât le trouver. Elle étoit pâle et tout en larmes. Dans cet état, elle eût attendri le cœur d'un tigre; mais lui, de peur de s'adoucir, il avoit défendu de la laisser entrer, et avoit ordonné que des chevaux de poste fussent mis à sa chaise au petit point du jour.

C'étoit de tous les maîtres le plus ponctuellement obéi. Son valet de chambre représenta que, s'il laissoit entrer madame, il seroit chassé sur-le-champ, et que monsieur, dans sa colère, seroit capable de se porter aux plus extrêmes violences. Nous espérâmes que le sommeil le calmeroit un peu, et je demandai seulement que l'on vînt m'avertir dès le moment de son réveil.

Je n'avois point dormi, je n'étois pas même déshabillé, lorsqu'on vint me dire qu'il se levoit. J'entrai chez lui, et, dans les termes les plus touchans, je lui représentai l'état où il laissoit sa femme. « C'est un jeu, me dit-il, vous ne connoissez point les femmes; je les connois, pour mon malheur. » La présence de ses valets me força au silence; et, lorsqu'il fut près de partir : « Adieu, mon ami, me dit-il en me serrant la main, plaignez le plus malheureux des hommes. Adieu. » Et, de l'air dont il seroit monté à l'échafaud, il monta en voiture et partit.

Alors, la douleur de Mme de Marigny se changeant en indignation : « Il me rebute, nous dit-elle; il veut me révolter, il y réussira. J'étois disposée à l'aimer, le Ciel m'en est témoin; j'aurois fait mon bonheur, ma gloire de le rendre heureux; mais il ne veut pas l'être; il a juré de me forcer à le haïr. »

Nous passâmes trois jours à Spa, les jeunes femmes à dissiper la tristesse dont elles avoient l'âme atteinte, et moi à réfléchir sur les suites fâcheuses que ce voyage pouvoit avoir. Je ne prévoyois pas encore le chagrin plus cruel qu'il alloit nous causer.

A mesure que le sang se dépuroit dans les veines de notre malade, il se formoit successivement, sur sa peau et par tout son corps, une gale qui, d'elle-même, séchoit et tomboit en poussière. C'étoit là son salut; et, du moment que cette écume du sang avoit commencé à se répandre au dehors, le médecin l'avoit regardée comme rappelée à la vie. Mais elle, à qui cette gale inspiroit du dégoût, et qui en trouvoit la guérison trop lente, voulut l'accélérer; et, prenant pour cela le temps de notre absence, elle s'étoit enduit tout le corps de cérat. Aussitôt la transpiration de cette humeur avoit cessé, la gale étoit rentrée, et nous trouvâmes la malade dans un état plus désespéré que jamais. Elle voulut retourner à Paris; nous la ramenâmes à peine, et elle ne fit plus que languir.

Pour la laisser reposer en chemin, nous venions

à petites journées. A Liège, où nous avions couché, je vis entrer chez moi, le matin, un bourgeois d'assez bonne mine, et qui me dit : « Monsieur, j'ai appris hier au soir que vous étiez ici ; je vous ai de grandes obligations, je viens vous en remercier. Mon nom est Bassompierre[1] ; je suis imprimeur-libraire dans cette ville ; j'imprime vos ouvrages, dont j'ai un grand débit dans toute l'Allemagne. J'ai déjà fait quatre éditions copieuses de vos *Contes moraux*; je suis à la troisième édition de *Bélisaire*. — Quoi ! Monsieur, lui dis-je en l'interrompant, vous me volez le fruit de mon travail, et vous venez vous en vanter à moi ! — Bon ! reprit-il, vos privilèges ne s'étendent point jusqu'ici : Liège est un pays de franchise. Nous avons droit d'imprimer tout ce qu'il y a de bon ; c'est là notre commerce. Qu'on ne vous vole point en France, où vous êtes privilégié, vous serez encore assez riche. Faites-moi donc la grâce de venir déjeuner chez moi ; vous verrez une des belles imprimeries de l'Europe, et vous serez content de la manière dont vos ouvrages y sont exé-

---

1. Le fils de Bassompierre avait épousé, selon *la France protestante*, la fille du célèbre pastelliste genevois, Jean-Etienne Liotard. Ce passage de Marmontel a été cité dans le *Bulletin du bibliophile belge* (II, 393) sans indications de références biographiques sur cet audacieux ou naïf contrefacteur.

cutés. » Pour voir cette exécution, je me rendis chez Bassompierre. Le déjeuner qui m'y attendoit étoit un ambigu de viandes froides et de poissons. Les Liégeois me firent fête. J'étois à table entre les deux demoiselles Bassompierre, qui, en me versant du vin du Rhin, me disoient : « Monsieur Marmontel, qu'allez-vous faire à Paris, où l'on vous persécute? Restez ici, logez chez mon papa; nous avons une belle chambre à vous donner. Nous aurons soin de vous; vous composerez tout à votre aise, et ce que vous aurez écrit la veille sera imprimé le lendemain. » Je fus presque tenté d'accepter la proposition. Bassompierre, pour me dédommager de ses larcins, me fit présent de la petite édition de Molière que vous lisez; elle me coûte dix mille écus.

A Bruxelles, on me donna la curiosité de voir un riche cabinet de tableaux. L'amateur qui l'avoit formé étoit, je crois, un chevalier Verhulst[1], homme mélancolique et vaporeux, qui, persuadé qu'un souffle d'air lui seroit mortel, se tenoit renfermé

---

1. Gabriel-François-Joseph de Verhulst (et non Vérule, comme le portent les éditions précédentes), dont le cabinet fut dispersé aux enchères publiques à Bruxelles, le 16 août 1779 et jours suivants. Le catalogue indique trois paysages de Berghem, mais ne mentionne pas le tableau de Rubens auquel Marmontel fait allusion. Il est à peine nécessaire d'ajouter que le grand peintre fut marié deux fois, et non pas trois.

chez lui comme dans une boîte. Son cabinet n'étoit ouvert qu'à des personnes considérables ou à de fameux connoisseurs. Je n'étois rien de tout cela; mais, après avoir pris une idée de son caractère, j'espérai l'amener à me bien recevoir. Je me fis présenter à lui. « Ne vous étonnez pas, lui dis-je, Monsieur le chevalier, qu'un homme de lettres qui fréquente à Paris les artistes les plus célèbres et les amateurs des beaux-arts veuille pouvoir leur dire des nouvelles d'un homme pour lequel ils ont tous l'estime la plus distinguée. Ils sauront que j'ai passé à Bruxelles, et ils ne me pardonneroient pas d'y avoir passé sans vous avoir vu, et sans m'être informé de l'état de votre santé. — Ah! Monsieur, me dit-il, ma santé est bien misérable »; et il entra dans des détails de ses maux de nerfs, de ses vapeurs, de la foiblese extrême de ses organes. Je l'écoutai; et, après lui avoir bien recommandé de se ménager, je voulus prendre congé de lui. « Eh quoi! Monsieur, me dit-il, vous en irez-vous sans jeter un coup d'œil sur mes tableaux? — Je ne m'y connois pas, lui dis-je, et je ne vaux pas la peine que vous prendriez de me les montrer. » Cependant je me laissai conduire, et le premier tableau qu'il me fit remarquer fut un très beau paysage de Berghem. « Ah! j'ai pris d'abord, m'écriai-je, ce tableau pour une fenêtre par laquelle je voyois la campagne et ces beaux troupeaux. — Voilà, me dit-il avec ravissement, le plus bel éloge que l'on ait fait de ce tableau. » Je témoignai la même surprise et la même illusion en approchant d'un cabinet de glace où étoit enfermé un tableau de Rubens qui représentoit ses trois femmes, peintes de grandeur naturelle ; et, ainsi successivement, je parus recevoir de ses tableaux les plus remarquables l'impression de la vérité. Il ne se lassoit point de renouveler mes surprises : je l'en laissai jouir tant qu'il voulut, si bien qu'il finit par me dire que mon instinct jugeoit mieux ses tableaux que les lumières de bien d'autres qui se donnoient pour connoisseurs, et qui examinoient tout, mais qui ne sentoient rien.

A Valenciennes, une curiosité d'un autre genre manqua de me porter malheur. Comme nous étions arrivés de bonne heure dans cette place, je crus pouvoir employer le reste de la soirée à me promener sur le rempart, pour voir les fortifications. Tandis que je les parcourois, un officier de garde, à la tête de sa troupe, vint à moi et me dit brusquement : « Que faites-vous là ? — Je me promène, et je regarde ces belles fortifications. — Vous ne savez donc pas qu'il est défendu de se promener sur ces remparts, et d'examiner ces ouvrages ? — Assurément je l'ignorois. — D'où êtes-vous ? — De Paris. — Qui êtes-vous ? — Un homme de lettres qui, n'ayant jamais vu de place de guerre que dans des livres, étoit curieux d'en voir une en réalité. — Où logez-vous?» Je nommai l'auberge et les trois dames que j'accompagnois : je dis aussi mon nom. « Vous avez l'air d'être de bonne foi, dit-il enfin, retirez-vous. » Je ne me le fis pas répéter.

Comme je racontois mon aventure à nos dames, nous vîmes arriver le major de la place, qui, se trouvant heureusement un ancien protégé de Mme de Pompadour, venoit rendre ses devoirs à la belle-sœur de sa bienfaitrice. Je le trouvai instruit de ce qui venoit de m'arriver. Il me dit que j'étois encore bien heureux qu'on ne m'eût pas mis en prison ; mais il m'offrit de me mener lui-même, le lendemain matin, voir tous les dehors de la place. J'acceptai son offre avec reconnoissance, et j'eus le plaisir de parcourir l'enceinte de la ville tout à loisir et sans danger.

Peu de temps après notre arrivée à Paris, nous eûmes la douleur de perdre Mme Filleul. Jamais mort n'a été plus courageuse et plus tranquille. C'étoit une femme d'un caractère très singulier, pleine d'esprit, et d'un esprit dont la pénétration, la vivacité, la finesse, ressembloient au coup d'œil du lynx ; elle n'avoit rien qui sentît ni la ruse ni l'artifice. Je ne lui ai jamais vu ni les illusions ni les vanités de son sexe : elle en avoit les goûts, mais simples, naturels, sans fantaisie et sans caprice. Son âme étoit vive, mais calme, sensible assez pour être aimante et bienfaisante, mais pas assez pour être le jouet de ses passions. Ses inclinations étoient douces, paisibles et constantes; elle s'y livroit sans foiblesse, et ne s'y abandonnoit jamais; elle voyoit les choses de la vie et du monde comme un jeu qu'elle s'amusoit à voir jouer, et auquel il falloit dans l'occasion savoir jouer soi-même, disoit-elle, sans y être ni fripon ni dupe : c'étoit ainsi qu'elle s'y conduisoit, avec peu d'attention pour ses intérêts propres, avec plus d'application pour les intérêts de ses amis. Quant aux événemens, aucun ne l'étonnoit, et dans toutes les situations elle avoit l'avantage du sang-froid et de la prudence. Je ne doute pas que ce ne fût elle qui eût mis Mme de Séran sur le chemin de la fortune; mais elle ne fit que sourire à l'ingénuité de cette jeune femme lorsqu'elle lui entendit dire que, même dans un roi, fût-il le roi du monde, elle ne vouloit point d'un amant qu'elle n'aimeroit pas. « On t'en fera, lui disoit-elle, des rois dont tu sois amoureuse ! on te donnera des fortunes où l'on n'ait que la peine de prendre du plaisir ! — Vraiment, disoit la jeune femme, vous voudriez bien tous que je fusse toute-puissante, pour n'avoir qu'à me demander tout ce qui vous feroit envie; mais, pendant que vous vous amuseriez ici, je m'ennuierois là-haut, et j'y mourrois de chagrin, comme Mme de Pompadour. — Allons, mon enfant, soyons pauvres, lui disoit Mme Filleul; je serois à ta place aussi bête que toi. » Et le soir nous mangions gaiement le gigot dur, en nous moquant des grandeurs humaines. Ainsi, sans s'émouvoir de la vue et des approches de la mort, elle sourit à son amie en lui disant adieu, et son trépas ne fut qu'une dernière défaillance.

A mon retour d'Aix-la-Chapelle, j'avois trouvé la censure de la Sorbonne affichée à la porte de l'Académie et à celle de Mme Geoffrin. Mais les suisses du Louvre sembloient s'être entendus pour essuyer leurs balais à cette pancarte. La censure et le mandement de l'archevêque étoient lus en chaire dans les paroisses de Paris, et ils étoient conspués dans le monde. Ni la cour ni le Parlement ne s'étoient mêlés de cette affaire : on me fit dire seulement de garder le silence; et *Bélisaire* continua de s'imprimer et de se vendre avec privilège du roi. Mais un événement, plus affligeant pour moi que les décrets de la Sorbonne, m'attendoit à Maisons, et ce fut là qu'en arrivant j'eus besoin de tout mon courage.

J'ai parlé d'une jeune nièce de Mme Gaulard, et de la douce habitude que j'avois prise de passer avec elles deux les belles saisons de l'année, quelquefois même les hivers. Cette habitude entre la nièce et moi s'étoit changée en inclination. Nous n'étions riches ni l'un ni l'autre ; mais, avec le crédit de notre ami Bouret, rien n'étoit plus facile que de me procurer, ou à Paris ou en province, une assez bonne place pour nous mettre à notre aise. Nous n'avions fait confidence à personne de nos désirs et de nos espérances ; mais, à la liberté qu'on nous laissoit ensemble, à la confiance tranquille avec laquelle Mme Gaulard elle-même regardoit notre intimité, nous ne doutions pas qu'elle ne nous fût favorable. Bouret, surtout, sembloit si bien se complaire à nous voir de bonne intelligence que je me croyois sûr de lui, et, dès que je lui aurois ramené son intime amie en bonne santé, comme je l'espérois, je comptois l'engager à s'occuper de ma fortune et de mon mariage.

Mais Mme Gaulard avoit un cousin qu'elle aimoit tendrement, et dont la fortune étoit faite. Ce cousin, qui étoit aussi celui de la jeune nièce, en devint amoureux, la demanda en mon absence, et l'obtint sans difficulté. Elle, trop jeune, trop timide pour déclarer une autre inclination, s'engagea si avant que je n'arrivai plus que pour assister à la noce. On attendoit la dispense de Rome pour aller à l'autel ; et moi, en qualité d'ami intime de la maison, j'allois être témoin et confident de tout. Ma situation étoit pénible, celle de la jeune personne ne l'étoit guère moins ; et, quelque bonne contenance que nous eussions résolu de faire, j'ai peine à concevoir comment notre tristesse ne nous trahissoit pas aux yeux de la tante et du futur époux. Heureusement la liberté de la campagne nous permit de nous dire quelques mots consolans, et de nous inspirer mutuellement le courage dont nous avions tant de besoin. En pareil cas, l'amour désespéré se sauve entre les bras de l'amitié; ce fut notre recours. Nous nous promîmes donc, au moins, d'être amis toute notre vie, et, tant qu'on laissa nos deux cœurs se soulager ainsi l'un l'autre, nous ne fûmes pas malheureux; mais, en attendant la fatale dispense de Rome, il étoit bon que je fisse une absence; l'occasion s'en présenta.

LIVRE IX

Monsieur de Marigny, raccommodé avec sa femme, abrégeoit son voyage de Fontainebleau pour aller avec elle à Ménars. Il désiroit que je fusse de ce voyage; sa femme m'en prioit encore plus instamment que lui. Confident de leur brouillerie, j'espérois pouvoir contribuer à leur réconciliation; et, par reconnoissance pour lui autant que par amitié pour elle, je consentis à les accompagner. « Vous ne pouvez croire, Monsieur, m'écrivoit-il de Fontainebleau, le 12 octobre 1767, tout le plaisir que vous me faites de venir à Ménars. Il me seroit permis d'être un peu jaloux de celui que Mme de Marigny m'en a témoigné. »

Ma présence ne leur fut pas inutile dans ce voyage. Il s'éleva entre eux plus d'un nuage qu'il fallut dissiper. Sur la route même, en parlant avec éloge de sa femme, M. de Marigny voulut attribuer les torts qu'elle avoit eus à la comtesse de Séran ; mais la jeune femme, qui avoit du caractère, se refusa à cette excuse. « Je n'ai eu, lui dit-elle, aucun tort avec vous, et vous étiez injuste de m'en attribuer; mais vous l'êtes bien plus encore d'en supposer à mon amie. » Et, à quelques mots trop amers et trop légers qui lui échappèrent sur cette amie absente : « Respectez-la, Monsieur, lui dit sa femme; vous le devez pour elle, vous le devez pour moi, et je veux bien vous dire que vous ne l'offenserez jamais sans me blesser au cœur. »

Il est vrai que, dans l'intimité de ces deux femmes, tout le soin de Mme de Séran s'employoit à inspirer à son amie de la douceur, de la complaisance, et, s'il étoit possible, de l'amour pour un homme qui avoit, lui disoit-elle, des qualités aimables, et dont il ne falloit que tempérer la violence et adoucir l'humeur pour en faire un très bon mari.

Un peu de force et de fierté ne laissoit pas d'être nécessaire avec un homme qui, ayant lui-même de la franchise et du courage, estimoit dans un caractère ce qui étoit analogue au sien. Nous prîmes donc avec lui le ton d'une raison douce, mais ferme, et je remplis si bien entre eux l'office de conciliateur qu'en les quittant je les laissai d'un bon accord ensemble. Mais j'en avois assez vu, et surtout assez appris dans les confidences que me faisoit la jeune femme, pour juger que ces deux époux, en s'estimant l'un l'autre, ne s'aimeroient jamais.

Au printemps suivant, je fus encore de leur voyage en Touraine. Dans celui-ci, j'eus le plaisir de voir M. de Marigny pleinement réconcilié avec Mme de Séran; hormis quelques momens d'humeur jalouse sur l'intimité des deux femmes, il fut assez aimable entre elles. A mon égard, il étoit si content de m'avoir pour médiateur qu'il m'offrit, en pur don, pour ma vie, auprès de Ménars, une jolie maison de campagne. Un petit bosquet, un jardin, un ruisseau de l'eau la plus pure, une retraite délicieuse située au bord de la Loire, rien de plus séduisant; mais ce don étoit une chaîne, et je n'en voulois point porter.

A mon retour, ce fut à Maisons que je me rendis. Cette retraite avoit pour moi des charmes; j'aimois tout ce qui l'habitoit, et je me flattois d'y être aimé. Je n'aurois pas été plus libre et plus à mon aise chez moi. Lorsque quelqu'un de mes amis vouloit me voir, il venoit à Maisons, et il y étoit bien reçu. Le comte de Creutz étoit celui qui s'y plaisoit le plus et qu'on y goûtoit davantage, parce qu'avec les qualités les plus rares du côté de l'esprit, il étoit simple et bon.

Un bosquet près d'Alfort étoit le lieu de repos

de nos promenades. Là, son âme se dilatoit et se déployoit avec moi. Les sentimens dont il étoit rempli, les tableaux que l'observation et l'étude de la nature avoient tracés dans sa mémoire, et dont son imagination étoit comme une riche et vaste galerie; les hautes pensées que la méditation lui avoit fait concevoir, et que son esprit répandoit dans le mien avec abondance, soit qu'il parlât de politique ou de morale, des hommes ou des choses, des sciences ou des arts, me tenoient des heures entières attentif et comme enchanté. Sa patrie et son roi, la Suède et Gustave, objets de son idolâtrie, étoient les deux sujets dont il m'entretenoit le plus éloquemment et avec le plus de délices. L'enthousiasme avec lequel il m'en faisoit l'éloge s'emparoit si bien de mes esprits et de mes sens que volontiers je l'aurois suivi au delà de la mer Baltique.

L'un de ses goûts les plus passionnés étoit l'amour de la musique, et la bienfaisance étoit l'âme de toutes ses autres vertus.

Un jour il vint me conjurer, au nom de notre amitié, de tendre la main à un jeune homme qui étoit, disoit-il, au désespoir et sur le point de se noyer, si je ne le sauvois. « C'étoit un musicien, ajouta-t-il, plein de talent, et qui ne demande qu'un joli opéra-comique pour faire fortune à Paris. Il vient de l'Italie; il a fait à Genève quelques essais. Il arrivoit avec un opéra fait sur l'un de vos contes (*les Mariages samnites*); les directeurs de l'Opéra l'ont entendu, et ils l'ont refusé. Ce malheureux jeune homme est sans ressource; je lui ai avancé quelques louis; je ne puis faire plus; et, pour dernière grâce, il m'a prié de le recommander à vous. »

Jusque-là je n'avois rien fait qui approchât de l'idée que je croyois avoir conçue d'un poème françois analogue à la musique italienne; je ne croyois pas même en avoir le talent; mais, pour plaire au comte de Creutz, j'aurois entrepris l'impossible.

J'avois sur ma table, dans ce moment, un conte de Voltaire (*l'Ingénu*); je pensai qu'il pouvoit me fournir le canevas d'un petit opéra-comique. « Je vais, dis-je au comte de Creutz, voir si je puis le mettre en scène, et en tirer des sentimens et des peintures qui soient favorables au chant. Revenez dans huit jours, et amenez-moi ce jeune homme. »

La moitié de mon poème étoit faite lorsqu'ils arrivèrent. Grétry en fut transporté de joie, et il alla commencer son ouvrage, tandis que j'achevois le mien. *Le Huron*[1] eut un plein succès; et Grétry,

---

1. *Le Huron*, comédie en deux actes et en vers, mêlée d'ariettes (Théâtre-Italien, 20 août 1768). Marmontel n'avait

plus modeste et plus reconnoissant qu'il ne l'a été dans la suite, ne trouvant pas sa réputation assez bien établie encore, me supplia de ne pas l'abandonner. Ce fut alors que je fis *Lucile* [1].

Par le succès encore plus grand qu'eut celle-ci, je m'aperçus que le public étoit disposé à goûter un spectacle d'un caractère analogue à celui de mes *Contes;* et, avec un musicien et des acteurs en état de répondre à mes intentions, voyant que je pouvois former des tableaux dont les couleurs et les nuances seroient fidèlement rendues, je pris moi-même un goût très vif pour cette espèce de création : car je puis dire qu'en relevant le caractère de l'opéra-comique, j'en créois un genre nouveau. Après *Lucile*, je fis *Sylvain* [2]; après *Sylvain*, *l'Ami de la maison* [3], et *Zémire et Azor* [4]; et nos

---

pas voulu être nommé, mais personne ne fut dupe de cette feinte modestie.

1. *Lucile,* comédie en un acte et en vers libres, mêlée d'ariettes (Théâtre-Italien, 5 janvier 1769). Cette fois encore Marmontel avait gardé l'anonyme.

2. *Sylvain,* comédie en un acte et en vers libres, mêlée d'ariettes (Théâtre-Italien, 19 février 1770).

3. *L'Ami de la maison,* comédie en trois actes et en vers libres, représentée pour la première fois sur le théâtre de la cour, à Fontainebleau, le 26 octobre 1771.

4. *Zémire et Azor,* comédie-ballet en quatre actes et en vers libres, mêlée d'ariettes, représentée pour la première fois sur le théâtre de la cour, à Fontainebleau, le 14 octobre 1771, et à Paris, au Théâtre-Italien, le 16 décembre suivant.

succès à l'un et à l'autre allèrent toujours en croissant. Jamais travail ne m'a donné des jouissances plus pures. Mes acteurs de prédilection, Clairval, Caillot, Mme La Ruette, étoient les maîtres de leur théâtre. Mme La Ruette nous donnoit à dîner. Là je lisois mon poème, et Grétry chantoit sa musique. L'un et l'autre étant approuvés dans ce petit conseil, tout se préparoit pour mettre l'ouvrage au théâtre; et, après deux ou trois répétitions, il étoit donné.

La sincérité de nos acteurs à notre égard étoit parfaite; soit pour leurs rôles, soit pour leur chant, ils savoient ce qu'il leur falloit; et ils avoient un pressentiment des effets plus infaillible que nous-mêmes. Pour moi, je n'hésitois jamais à déférer à leurs avis; quelquefois même ils m'accusoient d'être trop docile à les suivre. Par exemple, dans l'intervalle de *Lucile* à *Sylvain*, j'avois fait un opéra-comique en trois actes de celui de mes *Contes* qui a pour titre *le Connoisseur*. J'en fis lecture au petit comité. Grétry en fut charmé, Mme La Ruette et Clairval applaudirent; mais Caillot fut froid et muet. Je le pris en particulier. « Vous n'êtes pas content, lui dis-je; parlez-moi librement, que pensez-vous de ce que vous venez d'entendre? — Je pense, me dit-il, que ce n'est qu'un diminutif de *la Métromanie*; que le ridicule du bel esprit n'est pas assez piquant pour un parterre comme le nôtre, et que cet ouvrage pourroit bien n'avoir aucun succès. » Alors, revenant vers la cheminée où étoit notre monde : « Madame, et vous, Messieurs, leur dis-je, nous sommes tous des bêtes ; Caillot seul a raison », et je jetai mon manuscrit au feu. Ils s'écrièrent que Caillot me faisoit faire une folie. Grétry en pleura de douleur ; et, en s'en allant avec moi, il me parut si désolé qu'en le quittant j'avois la tristesse dans l'âme.

L'impatience de le tirer de l'état où je l'avois vu m'ayant empêché de dormir, le plan et les premières scènes de *Sylvain* furent le fruit de cette insomnie. Le matin je les écrivois, quand je vis arriver Grétry. « Je n'ai pas fermé l'œil de la nuit, me dit-il. — Ni moi non plus, lui dis-je. Asseyez-vous et m'écoutez. » Je lui lus mon plan et deux scènes. « Pour le coup, ajoutai-je, me voilà sûr de ma besogne, et je vous réponds du succès. » Il se saisit des deux premiers airs, et il s'en alla consolé.

Ainsi s'employoient mes loisirs, et le produit d'un travail léger augmentoit tous les ans ma petite fortune ; mais elle n'étoit pas assez considérable pour que Mme Gaulard eût pu y voir un établissement convenable à sa nièce ; elle lui donna donc un autre mari, comme je l'ai dit ; et bientôt cette société, que j'avois cultivée avec tant de soin, fut rompue. Un autre incident me jeta dans des sociétés nouvelles.

Il étoit naturel que l'aventure de *Bélisaire* eût un peu refroidi Mme Geoffrin sur mon compte, et que, plus ostensiblement tournée à la dévotion, elle eût quelque peine à loger chez elle un auteur censuré. Dès que je pus m'en apercevoir, je prétextai l'envie d'être logé plus commodément. « Je suis bien fâchée, me dit-elle, de n'avoir rien de mieux à vous offrir ; mais j'espère qu'en ne logeant plus chez moi, vous n'en serez pas moins du nombre de mes amis, et des dîners qui les rassemblent. » Après cette audience de congé, je fis mes diligences pour sortir de chez elle ; et un logement fait à souhait pour moi me fut offert, par la comtesse de Séran, dans un hôtel que le roi lui avoit donné. Ceci me fait reprendre le fil de son roman.

A son retour d'Aix-la-Chapelle, le roi l'avoit reçue mieux que jamais, sans oser davantage. Cependant le mystère de leurs rendez-vous et de leurs tête-à-tête n'avoit pas échappé aux yeux vigilans de la cour ; et le duc de Choiseul, résolu d'éloigner du roi toute femme qui ne lui seroit pas affidée, s'étoit permis contre celle-ci quelques propos légers et moqueurs. Dès qu'elle en fut instruite, elle voulut lui imposer silence. Elle avoit pour ami La Borde, banquier de la cour, dévoué au duc de Choiseul, auquel il devoit sa fortune. Ce fut chez lui et devant lui qu'elle eut une entrevue avec le ministre. « J'ai, Monsieur le duc, lui dit-elle, une grâce à vous demander, mais auparavant je veux vous engager à me rendre justice. Vous parlez de moi fort légèrement, je le sais ; vous croyez que je suis du nombre des femmes qui aspirent à posséder le cœur du roi, et à prendre sur son esprit un crédit qui vous fait ombrage. J'aurois pu me venger de vos propos ; j'aime mieux vous détromper. Le roi désiroit de me voir, je ne me suis pas refusée à ce désir ; nous avons eu des entretiens particuliers et une relation assidue. Vous savez tout cela, mais ce que vous ne savez pas, les lettres du roi vont vous l'apprendre. Lisez, vous y verrez un excès de bonté, mais autant de respect pour moi que de tendresse, et rien dont je doive rougir. J'aime le roi, ajouta-t-elle, je l'aime comme un père, je donnerois pour lui ma vie ; mais, tout roi qu'il est, il n'obtiendra jamais de moi que je le trompe, ni que je m'avilisse en lui accordant ce que mon cœur ne peut ni ne veut lui donner. »

Le duc de Choiseul, après avoir lu les lettres qu'elle lui avoit remises, voulut se jeter à ses pieds. « Pardon, Madame, lui dit-il, je suis coupable, je l'avoue, d'en avoir trop cru l'apparence. Le roi a bien raison : *vous n'êtes que trop admirable*. Maintenant dites-moi ce que vous demandez et à quoi peut vous être bon le nouvel ami que vous venez de vous attacher pour la vie.

— Je suis, lui dit-elle, au moment de marier ma sœur à un militaire estimable. Ni mes parens ni moi ne sommes en état de lui faire une dot.

— Eh bien! Madame, il faut, lui dit-il, que le roi prenne soin de doter mademoiselle votre sœur, et je vais obtenir pour elle, sur le trésor royal, une ordonnance de deux cent mille livres. — Non, Monsieur le duc, non; nous ne voulons, ni ma sœur ni moi, d'un argent que nous n'avons pas gagné et ne gagnerons point. Ce que nous demandons est une place que M. de La Barthe a méritée par ses services; et la seule faveur que nous sollicitons, c'est qu'il l'obtienne par préférence à d'autres militaires qui auroient le même droit que lui d'y prétendre et de l'obtenir. » Cette faveur lui fut aisément accordée; mais tout ce que le roi put lui faire accepter pour elle-même fut le don de ce petit hôtel où elle m'offroit un logement.

Comme j'allois m'y établir, je me vis obligé d'en préférer un autre; et voici par quel incident.

Mon ancienne amie, Mlle Clairon, ayant quitté le théâtre, et pris une maison assez considérable à la descente du Pont-Royal, désiroit de m'avoir chez elle. Elle me savoit engagé avec Mme de Séran; mais, comme elle la connoissoit bonne et sensible, elle l'alla trouver à mon insu; et, avec son éloquence théâtrale, elle lui raconta les indignités qu'elle avoit essuyées de la part des gentilshommes de la chambre, et la brutale ingratitude dont le public avoit payé ses services et ses talens. Dans sa retraite solitaire, sa plus douce consolation auroit été d'avoir auprès d'elle son ancien ami. Elle avoit un appartement commode à me louer; elle étoit bien sûre que je l'accepterois si je n'étois pas engagé à occuper celui que madame la comtesse avoit eu la bonté de m'offrir. Elle la supplioit d'être assez généreuse pour rompre elle-même cet engagement, et pour exiger de moi que j'allasse loger chez elle. « Vous êtes environnée, Madame, lui dit-elle, de tous les genres de bonheur, et moi je n'ai plus que celui que je puis trouver dans la société assidue et intime d'un ami véritable. Par pitié, ne m'en privez pas. »

Mme de Séran fut touchée de sa prière. Elle me soupçonna d'y avoir donné mon consentement; je l'assurai que non. En effet, le logement qu'elle faisoit accommoder pour moi et à ma bienséance m'auroit été plus agréable; j'y aurois été plus libre et à deux pas de l'Académie. Cette proximité seule auroit été pour moi d'un prix inestimable dans les mauvais temps de l'année, durant lesquels j'aurois le Pont-Royal à traverser si je logeois chez Mlle Clairon. Je n'eus donc pas de peine à persuader à Mme de Séran qu'à tous égards c'étoit un sacrifice qui m'étoit demandé. « Eh bien! dit-elle, il faut faire ce sacrifice; Mlle Clairon a sur vous des droits que je n'ai pas. »

J'allai donc loger chez mon ancienne amie, et, dès les premiers jours, je m'aperçus qu'à l'exception d'une petite chambre sur le derrière, mon appartement étoit inhabitable pour un homme d'étude, à cause du bruit infernal des carrosses et des charrettes sur l'arcade du pont, qui étoit à mon oreille : c'est le passage le plus fréquent de la pierre et du bois qu'on amène à Paris. Ainsi, nuit et jour, sans relâche, le broiement des pavés d'une route escarpée sous les roues de ces charrettes et sous les pieds des malheureux chevaux qui ne traînoient qu'en grimpant, les cris effroyables des charretiers, le bruit plus perçant de leurs fouets, réalisoient pour moi ce que Virgile dit du Tartare :

> *Hinc exaudiri gemitus, et sæva sonare*
> *Verbera : tum stridor ferri, tractæque catenæ.*

Mais, quelque affligeante que fût pour moi cette incommodité, je n'en témoignai rien à ma chère voisine; et, autant qu'il étoit possible que j'en fusse dédommagé par les agrémens de la société la plus aimable et la mieux choisie, je le fus tout le temps qu'elle et moi habitâmes cette maison.

Elle y voyoit souvent la duchesse de Villeroi,

fille du duc d'Aumont, et qui, dans le temps que son père me poursuivoit, m'avoit vivement témoigné le regret de le voir injuste, et de ne pouvoir l'adoucir.

Un soir qu'elle venoit de quitter ma voisine, je fus surpris d'entendre celle-ci me dire : « Eh bien, Marmontel, vous n'avez jamais voulu me nommer l'auteur de la parodie de *Cinna;* je le connois enfin » ; et elle me nomma Cury (alors Cury, sa mère et son fils, étoient morts). « Et qui vous l'a dit? lui demandai-je avec surprise. — Une personne qui le sait bien, la duchesse de Villeroi. Elle sort d'ici, et vous avez été l'objet de sa visite. Son père demande à vous voir. — Moi! son père! le duc d'Aumont! — Il veut vous consulter sur les spectacles qu'il est chargé de donner à la cour pour le mariage du Dauphin. « Mais mon père, « m'a-t-elle dit, voudroit que Marmontel ne lui « parlât point du passé. — Assurément, lui ai-je « répondu, Marmontel ne lui en parlera point; « mais lui, Madame, n'a-t-il rien à lui dire sur le « regret d'avoir été si cruellement injuste envers « lui, car je puis vous répondre qu'il l'a été vrai- « ment? — Je le sais bien, m'a-t-elle dit, et mon « père le sait bien lui-même. La parodie de *Cinna* « étoit de Cury; La Ferté nous l'a dit; il la lui « avoit entendu lire; mais, tant que ce malheu- « reux a vécu, il n'a pas voulu le trahir. »

Je fus obligé de convenir de ce qu'avoit dit La Ferté; et, curieux de voir quelle seroit vis-à-vis de moi la contenance d'un homme condamné par sa propre conscience, j'acceptai l'entrevue et me rendis chez lui.

Je le trouvai avec ce même La Ferté, intendant des Menus-Plaisirs, examinant sur une table le plan d'un feu d'artifice. Dès qu'il me vit entrer, il congédia La Ferté; et, avec une vivacité qui déguisoit son trouble, il me conduisit dans sa chambre. Là, d'une main tremblante, il avance une chaise, et, d'un air empressé, il m'invite à m'asseoir. La duchesse de Villeroi avoit dit à Mlle Clairon que, pour les fêtes de la cour, son père étoit *dans l'embarras*. Ce mot me revint dans la tête, et, pour engager l'entretien : « Eh bien ! lui dis-je, Monsieur le duc, vous êtes donc bien embarrassé ? » A ce début, je le vis pâlir, mais heureusement j'ajoutai : « pour vos spectacles de la cour »; et il se remit du saisissement que lui avoit causé l'équivoque. « Oui, me dit-il, très embarrassé, et je vous serois obligé si vous vouliez m'aider à me tirer de peine. » Il babilla beaucoup sur les difficultés d'une pareille commission; nous parcourûmes les répertoires; il parut goûter mes conseils, et finit par me demander si, dans mon portefeuille, je n'aurois pas moi-même quelque ouvrage nouveau. Il avoit entendu parler de *Zé-*

mire et Azor; il me pria de lui en faire entendre la lecture; j'y consentis, mais pour lui seul. Ce fut l'objet d'un second tête-à-tête; mais, comme son érudition s'étendoit jusqu'aux *Contes des Fées*, ayant reconnu dans mon sujet celui de *la Belle et la Bête* : « Il m'est impossible, dit-il, de donner ce spectacle au mariage du Dauphin : on prendroit cela pour une épigramme. » C'étoit lui-même qui l'avoit faite, et je lui en gardai le secret. Ce qu'il y a de remarquable dans nos deux entretiens, c'est que cette âme foible et vaine n'eut pas le courage de me témoigner le regret de m'avoir fait une injustice, et le désir, au moins stérile, de trouver l'occasion de la réparer.

Dans ce temps-là le prince royal de Suède[1] fit un voyage à Paris; il s'étoit pris déjà d'une affection très vive pour l'auteur de *Bélisaire*, et avoit bien voulu être en relation de lettres avec moi. Il désira de me voir souvent et en particulier. Je lui fis ma cour; et, lorsqu'il apprit la mort du roi son père, je fus le seul étranger qu'il reçut dans les premiers momens de sa douleur. Je puis dire avoir vu en lui l'exemple rare d'un jeune homme assez sage pour s'affliger sincèrement et profondément d'être roi. « Quel malheur, me dit-il, de me voir à mon âge chargé d'une couronne et d'un devoir

---

1. Gustave, roi sous le nom de Gustave III (1746-92).

immense que je me sens hors d'état de remplir! Je voyageois pour acquérir les connoissances dont j'avois besoin, et me voilà interrompu dans mes voyages, obligé de m'en retourner sans avoir eu le temps de m'instruire, de voir, de connoître les hommes, et avec eux tout commerce intime, toute relation fidèle et sûre m'est interdite désormais. Il faut que je dise un adieu éternel à l'amitié et à la vérité. — Non, Sire, lui dis-je, la vérité ne fuit que les rois qui la rebutent et qui ne veulent pas l'entendre. Vous l'aimez, elle vous suivra; la sensibilité de votre cœur, la franchise de votre caractère, vous rend digne d'avoir des amis; vous en aurez. — Les hommes n'en ont guère; les rois n'en ont jamais, répliqua-t-il. — En voici un, lui dis-je (en lui montrant le comte de Creutz, qui dans un coin lisoit une dépêche), en voici un qui ne vous manquera jamais. — Oui, c'en est un, me dit-il, et j'y compte; mais il ne sera point avec moi : mes affaires m'obligent de le laisser ici. »

Ce petit dialogue donne une idée de mes entretiens avec ce jeune prince, dont j'étois tous les jours plus charmé. Après avoir entendu quelques lectures des *Incas*, il m'en fit demander par son ministre une copie manuscrite; et depuis, lorsque l'ouvrage fut imprimé, il me permit de le lui dédier.

Dans cette même année, je fis à Croix-Fontaine un voyage bien agréable, mais qui finit par être bien malheureux pour moi. Il régnoit de ce côté-là, tout le long de la Seine, une fièvre putride d'une dangereuse malignité. A Saint-Port et à Sainte-Assise, plusieurs personnes en étoient mortes, et à Croix-Fontaine un grand nombre de domestiques en étoient attaqués. Ceux qui n'en étoient point atteints servoient leurs camarades; le mien ne s'y épargnoit pas, et moi-même j'allois assez souvent visiter les malades, acte d'humanité au moins très inutile. Cependant je croyois encore être en pleine santé, lorsqu'on m'écrivit de Paris de me rendre à l'Académie pour la réception de l'archevêque de Toulouse [1], assemblée que le roi de Suède devoit honorer de sa présence.

Le lendemain de mon arrivée à Paris, je me sentis comme assommé. J'assistai cependant à l'assemblée de l'Académie; j'y lus même quelques morceaux de mon ouvrage des *Incas*, mais d'une voix éteinte, sans expression, sans vigueur. J'eus

---

1. Loménie de Brienne, reçu le 6 septembre 1770, en présence de Gustave et de son frère, le prince Charles. La réponse de Thomas, en qualité de directeur, ne put être imprimée à raison des allusions à un réquisitoire de Séguier contre les écrits philosophiques que le public crut y saisir. Voir sur cette affaire la *Correspondance* de Grimm, octobre 1770.

du succès ; mais on s'aperçut avec inquiétude de l'abattement où j'étois. Le soir, la fièvre me saisit. Mon domestique se sentit frappé en même temps que moi, et l'un et l'autre nous fûmes quarante jours entre la vie et la mort. Ce fut la première maladie dont Bouvart me guérit. Il prit de moi les soins d'un ami tendre, et Mlle Clairon, dans ma convalescence, eut pour moi les plus touchantes attentions : elle étoit ma lectrice, et les rêveries des *Mille et une Nuits* étoient la seule lecture que mon foible cerveau pût soutenir.

Peu de temps après, l'Académie perdit Duclos[1] ; et, à sa mort, la place d'historiographe de France me fut donnée sans aucune sollicitation de ma part. Voici d'où me vint cette grâce.

Tandis que je logeois encore chez Mme Geoffrin, un homme de la société de Mlle Clairon, et dont je connoissois la loyauté et la franchise, Garville, vint me voir et me dit : « Dans des voyages que j'ai faits en Bretagne, lorsque le duc d'Aiguillon y étoit commandant, je l'ai vu et j'ai eu lieu de le connoître. Je suis instruit et convaincu que le procès qui lui est intenté n'est qu'une affaire de parti et d'intrigue ; mais, quelque bonne que soit sa cause, le crédit des États et du parlement de Bretagne fait qu'à Paris même il ne peut trou-

---

1. Mort le 26 mars 1772.

ver un avocat; le seul qui ait osé se charger de le défendre est un enfant perdu, un jeune homme dont le talent n'est pas formé, mais qui tente fortune. Il s'appelle Linguet. Il a fait un mémoire dont le duc est très mécontent. C'est une déclamation ampoulée, un amas informe de phrases ridiculement figurées; il n'y a pas moyen de publier un verbiage aussi indécent. Le duc m'en a témoigné sa douleur. Je lui ai conseillé d'avoir recours à quelque homme de lettres. « Les gens « de lettres, m'a-t-il dit, sont tous prévenus contre « moi; ils sont mes ennemis. » Je lui ai répondu que j'en connoissois un qui n'étoit ennemi que de l'injustice et du mensonge, et je vous ai nommé. Il m'a embrassé en me disant que je lui rendrois le plus grand service si je vous engageois à travailler à son mémoire. Je viens vous en prier, vous en conjurer de sa part. — Monsieur, répondis-je à Garville, ma plume ne se refusera jamais à la défense d'une bonne cause. Si celle de M. le duc d'Aiguillon est telle que vous le dites, il peut compter sur moi. Qu'il me confie ses papiers. Après les avoir lus, je vous dirai plus positivement si je puis travailler pour lui. Mais dites-lui que le même zèle que j'emploierai à le défendre, je l'emploierois de même à défendre l'homme du peuple qui, en pareil cas, auroit recours à moi, et, en m'acquittant de ce devoir, j'y mettrai deux conditions : l'une, que le secret me sera gardé ; l'autre, qu'il ne sera jamais question, de lui à moi, de remerciemens ni de reconnoissance ; je ne veux pas même le voir. »

Garville lui rendit fidèlement cette réponse, et le lendemain il m'apporta son mémoire avec ses papiers. Dans ses papiers je crus voir, en effet, que le procès qui lui étoit intenté n'étoit qu'une persécution suscitée par des animosités personnelles. Quant au mémoire, le trouvant tel qu'on me l'avoit annoncé, je le refondis. En conservant tout ce qui étoit raisonnablement bien, j'y mis de l'ordre et de la clarté. J'en élaguai les broussailles d'un style hérissé de métaphores incohérentes, et je substituai à ce langage outré l'expression simple et naturelle. Cette correction de détails y fit seule un changement heureux ; car c'étoit surtout par le style que ce mémoire étoit choquant et ridicule. Cependant j'y ajoutai quelques morceaux de ma main, comme l'exorde, où Linguet avoit mis une arrogance impertinente, et la conclusion, où il avoit négligé de ramasser les forces de sa preuve et de ses moyens.

Quand le duc d'Aiguillon vit ma besogne, il en fut très content. Il fit venir Linguet : « J'ai lu votre mémoire, lui dit-il, et j'y ai fait quelques changemens que je vous prie d'adopter. » Linguet en prit lecture, et, bouillant de fureur : « Non,

Monsieur le duc, lui dit-il, non ce n'est pas vous, c'est un homme de l'art qui a mis la main à mon ouvrage. Vous m'avez fait une injure mortelle; vous voulez me déshonorer, mais je ne suis l'écolier de personne; personne n'a le droit de me corriger. Je ne signe que mon ouvrage, et cet ouvrage n'est plus le mien. Cherchez un avocat qui veuille être le vôtre; ce ne sera plus moi. » Et il alloit sortir.

Le duc d'Aiguillon le retint. Il se voyoit à sa merci, car nul autre avocat ne vouloit signer ses mémoires. Il lui permit donc de construire celui-ci comme il l'entendroit. Toutes les pages qui étoient de moi en furent retranchées. Linguet refit lui-même l'exorde et la conclusion, mais il laissa subsister l'ordre que j'avois mis dans tout le reste; il n'y rétablit aucune des bizarreries de style que j'avois effacées : ainsi, en rebutant mon travail, il en profita. Cependant il n'eut point de repos qu'il n'eût découvert de quelle main étoient les corrections faites à son mémoire; et, l'ayant su, je ne sais comment, il fut dès lors mon ennemi le plus cruel. Un journal qu'il fit dans la suite fut inondé du venin de la rage dont il écumoit à mon nom.

Pour le duc d'Aiguillon, il sentit vivement le bien que j'avois fait à son mémoire, en dépit de son avocat, et il pressa Garville de me mener chez lui, afin qu'il eût au moins, disoit-il, la satisfaction de me remercier lui-même. Après m'être longtemps refusé à ses invitations, je m'y rendis enfin, et j'allai dîner une fois chez lui. Depuis, je ne l'avois point vu, quand je reçus ce billet de sa main :

Je viens, Monsieur, de demander pour vous au roi la place d'historiographe de France, vacante par la mort de M. Duclos. Sa Majesté vous l'a accordée. Je m'empresse de vous l'annoncer. Venez remercier le roi.

Cette marque de faveur, dont la cause étoit inconnue, fit taire mes ennemis à la cour ; et le duc de Duras, qui n'avoit pas sur *la Belle et la Bête* le même scrupule que le duc d'Aumont, me demanda en 1771 *Zémire et Azor* pour le spectacle de Fontainebleau. Il y eut un succès inouï, mais ce ne fut pas sans avoir couru le risque d'y être bafoué. *L'Ami de la maison*, qui fut donné la même année à ce spectacle, y fut très froidement reçu. Dès que j'en eus senti la cause, j'y remédiai, et il eut à Paris même succès que *Zémire et Azor*. Ce sont de bien petites choses ; mais, comme elles m'ont intéressé, elles auront aussi quelque intérêt pour mes enfans.

Lorsque *Zémire et Azor* fut annoncé à Fontainebleau, le bruit courut que c'étoit le conte de *la Belle et la Bête* mis sur la scène, et que le principal personnage y marcheroit à quatre pattes. Je laissois dire, et j'étois tranquille. J'avois donné, pour les décorations et pour les habits, des programmes très détaillés, et je ne doutois pas que mes intentions n'eussent été remplies. Mais le tailleur ni le décorateur ne s'étoient donné la peine de lire mes programmes, et, d'après le conte de *la Belle et la Bête,* ils avoient fait leurs dispositions. Mes amis étoient inquiets sur le succès de mon ouvrage. Grétry avoit l'air abattu ; Clairval lui-même, qui avoit joué de si bon cœur tous mes autres rôles, témoignoit de la répugnance à jouer celui-ci. Je lui en demandai la raison. « Comment voulez-vous, me dit-il, que je rende intéressant un rôle où je serai hideux ? — Hideux ! lui dis-je, vous ne le serez point. Vous serez effrayant au premier coup d'œil, mais, dans votre laideur, vous aurez de la noblesse, et même de la grâce. — Voyez donc, me dit-il, l'habit de bête qu'on me prépare, car on m'en a dit des horreurs. » Nous étions à la veille de la représentation ; il n'y avoit pas un moment à perdre. Je demandai qu'on me montrât l'habit d'Azor. J'eus bien de la peine à obtenir du tailleur cette complaisance. Il me disoit d'être tranquille, et de m'en rapporter à lui ; mais j'insistai, et le duc de Duras, en lui ordonnant de me mener au magasin, eut la bonté de m'y accompagner. « Montrez, dit dédaigneusement le tailleur à ses garçons, montrez l'habit de la bête à Monsieur. » Que vis-je ? un pantalon tout semblable à la peau d'un singe, avec une longue queue rase, un dos pelé, d'énormes griffes aux quatre pattes, deux longues cornes au capuchon, et le masque le plus difforme avec des dents de sanglier. Je fis un cri d'horreur, en protestant que ma pièce ne seroit point jouée avec ce ridicule et monstrueux travestissement. « Qu'auriez-vous donc voulu ? me demanda fièrement le tailleur. — J'aurois voulu, lui répondis-je, que vous eussiez lu mon programme ; vous auriez vu que je vous demandois un habit d'homme, et non pas de singe. — Un habit d'homme pour une bête ? — Et qui vous a dit qu'Azor soit une bête ? — Le conte me le dit. — Le conte n'est point mon ouvrage ; et mon ouvrage ne sera point mis au théâtre que tout cela ne soit changé. — Il n'est plus temps. — Je vais donc supplier le roi de trouver bon que ce hideux spectacle ne lui soit point donné ; je lui en dirai la raison. » Alors mon homme se radoucit et me demanda ce qu'il falloit faire. « La chose du monde la plus simple, lui répondis-je, un pantalon tigré, la chaussure et les gants de même, un doliman de satin pourpre, une crinière noire ondée et pittoresquement éparse, un masque effrayant, mais point difforme, ni ressemblant à un museau. » On eut bien de la peine à trouver tout cela, car le magasin étoit vide ;

mais, à force d'obstination, je me fis obéir ; et, quant au masque, je le formai moi-même de pièces rapportées de plusieurs masques découpés.

Le lendemain matin, je fis essayer à Clairval ce vêtement ; et, en se regardant au miroir, il le trouva imposant et noble. « A présent, mon ami, lui dis-je, votre succès dépend de la manière dont vous entrerez sur le théâtre. Si l'on vous voit confus, timide, embarrassé, nous sommes perdus ; mais, si vous vous montrez fièrement, avec assurance, en vous dessinant bien, vous en imposerez ; et, ce moment passé, je vous réponds du reste. »

La même négligence avec laquelle j'avois été servi par ce tailleur impertinent, je l'avois retrouvée dans le décorateur ; et le tableau magique, le moment le plus intéressant de la pièce, il le faisoit manquer, si je n'avois pas suppléé à sa maladresse. Avec deux aunes de moire d'argent pour imiter la glace du trumeau, et deux aunes de gaze claire et transparente, je lui appris à produire l'une des plus agréables illusions du théâtre.

Ce fut ainsi que, par mes soins, au lieu de la chute honteuse dont j'étois menacé, j'obtins le plus brillant succès. Clairval joua son rôle comme je le voulois. Son entrée fière et hardie ne fit que l'impression d'étonnement qu'elle devoit faire, et dès lors je fus rassuré. J'étois dans un coin de l'orchestre, et j'avois derrière moi un banc de dames de la cour. Lorsque Azor, à genoux aux pieds de Zémire, lui chanta :

> Du moment qu'on aime,
> L'on devient si doux,
> Et je suis moi-même
> Plus tremblant que vous,

j'entendis ces dames qui disoient entre elles : *Il n'est déjà plus laid*, et, l'instant d'après : *Il est beau*.

Je ne dois pas dissimuler que le charme de la musique contribuoit merveilleusement à produire de tels effets. Celle de Grétry étoit alors ce qu'elle n'a été que bien rarement après moi, et il ne sentoit pas assez avec quel soin je m'occupois à lui tracer le caractère, la forme et le dessin d'un chant agréable et facile. En général, la fatuité des musiciens est de croire ne rien devoir à leur poète ; et Grétry, avec de l'esprit, a eu cette sottise au suprême degré.

Quant à *l'Ami de la maison*, ma complaisance pour Mᵐᵉ La Ruette, mon actrice, fut la cause du peu de succès que cet ouvrage eut à la cour. J'aurois voulu d'abord donner le rôle de l'Ami de la maison à Caillot ; je l'avois fait pour lui ; il l'auroit joué supérieurement bien, j'en étois sûr ; mais il le refusa pour une raison singulière. « Cette situation, me dit-il, ressemble trop à celle où nous nous trouvons quelquefois ; et ce caractère est aussi trop semblable à celui qu'on nous attribue. Si je jouois l'Ami de la maison comme vous l'entendez et comme je le sens, aucune mère ne voudroit plus me laisser auprès de sa fille. — Et Tartufe, lui dis-je, ne le joueriez-vous pas? — Tartufe, me dit-il, n'est pas si près de nous; et l'on ne craint pas, dans le monde, que nous soyons des Tartufes. »

Rien ne put vaincre sa répugnance pour un rôle qui lui feroit, disoit-il, d'autant plus de tort qu'il l'auroit mieux joué. Cependant j'avois observé que La Ruette le convoitoit, et je m'aperçus que sa femme pensoit qu'après Caillot je ne pouvois le donner qu'à lui. Grétry pensoit de même; je me laissai aller : je m'en repentis dès les premières répétitions. Ce rôle demandoit de la jeunesse, de la vivacité, du brillant dans la voix, de la finesse dans le jeu. Le bon La Ruette, avec sa figure vieillotte et sa voix tremblante et cassée, y étoit fort déplacé. Il l'éteignit et l'attrista; comme il étoit mal à son aise, il ne s'y livra pas même à son naturel : il fit manquer toutes les scènes.

De son côté, Mme La Ruette, qui avoit un peu de pruderie[1], se persuadant que la finesse et la

---

1. Mme d'Houdetot disait plaisamment que Mme La Ruette avait de la pudeur « jusque dans le dos ». (*Corresp. litt.* de Grimm, XI, 443.)

malice que j'avois mises dans le rôle d'Agathe n'étoient pas convenables à une si jeune personne, avoit cru devoir émousser cette pointe d'espièglerie ; elle y avoit substitué un certain air sévère et réservé qui ôtait au rôle toute sa gentillesse.

Ainsi tout mon ouvrage avoit été dénaturé. Heureusement La Ruette reconnut lui-même que le rôle de Cléon ne lui convenoit ni pour le jeu ni pour le chant, et je trouvai, au même théâtre, un nommé Julien, moins difficile que Caillot, et plus jeune que La Ruette, avec une voix brillante, une action vive, une tournure leste. Nous nous mîmes, Grétry et moi, à lui montrer son rôle, et il parvint à le chanter et à le jouer assez bien.

Mme La Ruette étoit peu disposée à entendre ce que j'avois à lui dire ; je lui dis cependant : « Madame, nous serons froids si nous voulons être trop sages ; faites-moi la grâce de jouer le rôle d'Agathe au naturel. Son innocence n'est pas celle d'Agnès, mais c'est encore de l'innocence ; et, comme elle n'emploie sa finesse et sa malice qu'à se jouer du fourbe qui cherche à la séduire, croyez qu'on lui en saura gré. » Son rôle eut le plus grand succès, et la pièce, qu'on redemanda à Versailles (en 1772), y parut si changée qu'on ne la reconnoissoit pas : je n'y avois pourtant rien changé.

Ce ne fut que trois ans après que je donnai *la Fausse Magie*[1]; et, quoique le succès n'en fût pas d'abord aussi brillant que celui des deux autres, il n'a pas été moins durable. Depuis plus de vingt ans qu'on la revoit fréquemment remise au théâtre, le public ne s'en lasse point. Il est vrai cependant que ces petits ouvrages ont perdu de leur lustre et la fleur de leur agrément en perdant les acteurs pour lesquels je les avois faits.

La même année (1772), j'eus à la cour une apparence de succès d'un autre genre, et bien plus sensible pour moi : ce fut l'effet que mon épître au roi sur l'incendie de l'Hôtel-Dieu[2] obtint ou parut obtenir. Ma vanité n'y étoit pour rien, mais l'impression vive et profonde que j'avois faite, me disoit-on, alloit changer le sort de ces pauvres malades dont j'avois fait entendre les gémissemens et les plaintes; et, pour la première fois de ma vie, je croyois voir en moi un bienfaiteur de l'humanité. J'en étois glorieux, j'aurois donné mon sang pour que l'événement eût cou-

---

1. *La Fausse Magie*, comédie en deux actes et en vers libres, mêlée d'ariettes (Théâtre-Italien, 31 janvier 1775). Les auteurs modifièrent le dénouement l'année suivante.

2. *La Voix des pauvres*, épître sur l'incendie de l'Hôtel-Dieu, réimprimée, ainsi que l'*Ode à la louange de Voltaire*, au tome XVII des *Œuvres* de Marmontel (1787), revues par lui.

ronné mon œuvre; mais je n'ai pas eu ce bonheur.

L'*Ode à la louange de Voltaire* est à peu près de la même date. Voici quelle en fut l'occasion. La société de Mlle Clairon étoit plus nombreuse et plus brillante que jamais. La conversation y étoit vive, surtout quand la poésie en étoit le sujet; et l'homme de lettres y avoit pour interlocuteurs des gens du monde d'un goût exquis et d'un esprit très cultivé. Ce fut dans l'un de ces entretiens qu'en parlant des poètes lyriques je dis que l'ode ne pouvoit plus avoir parmi nous le caractère de vérité et de dignité qu'elle avoit dans la Grèce, par la raison que les poètes n'avoient plus le même ministère à remplir; que les bardes seuls, dans les Gaules, avoient eu ce grand caractère, parce qu'ils étoient, par l'État, chargés de célébrer la gloire des héros.

« Et aujourd'hui, me demanda-t-on, qui empêche le poète de revêtir ce caractère antique, et de le consacrer à ce ministère public? » Je répondis que, s'il y avoit, comme autrefois, des fêtes, des solennités, où le poète fût entendu, la pompe de ces grands spectacles lui élèveroit l'âme et le génie. Pour exemple, je supposai l'apothéose de Voltaire, et, sur un grand théâtre, au pied de sa statue, Mlle Clairon récitant des vers à la louange de cet homme illustre. « Croyez-vous, demandai-je, que l'ode destinée à cet éloge solennel ne prît pas, dans l'esprit et dans l'âme du poète, un ton plus vrai, plus animé, que celle qu'il compose froidement dans son cabinet? » Je vis que cette idée faisoit son impression, et Mlle Clairon surtout en parut vivement émue. De là me vint le projet de faire, pour essai, cette ode que vous trouverez dans le recueil de mes poésies.

En la lisant, Mlle Clairon sentit que son talent y pouvoit suppléer au mien, et voulut bien prêter encore à mes vers le charme de l'illusion qu'elle savoit si bien répandre.

Un soir donc que la société étoit assemblée dans son salon, et qu'elle avoit fait dire qu'on l'attendît, comme nous parlions de Voltaire, tout à coup un rideau se lève, et, à côté du buste de ce grand homme, Mlle Clairon, vêtue en prêtresse d'Apollon, une couronne de laurier à la main, commence à réciter cette ode avec l'air de l'inspiration et du ton de l'enthousiasme. Cette petite fête eut, depuis, le mérite d'en faire imaginer une plus solennelle, et dont Voltaire fut témoin.

Peu de temps après, le comte de Valbelle, amant de Mlle Clairon, enrichi par la mort de son frère aîné, étant allé jouir de sa fortune dans la ville d'Aix en Provence, et le prince d'Anspach s'étant pris de belle passion pour notre princesse de théâtre, elle fut obligée de prendre une maison plus ample et plus commode que celle où nous logions ensemble. Ce fut alors que j'allai occuper, chez la comtesse de Séran, l'appartement qui m'étoit réservé, et ce fut là que M. Odde vint passer une année avec moi.

J'aurois voulu me retirer avec lui à Bort ; et, pour cela, j'avois en vue un petit bien à deux pas de la ville, où je me serois fait bâtir une cellule. Heureusement ce bien fut porté à un prix si haut qu'il passoit mes moyens, et il fallut y renoncer. Je me laissai donc aller encore à la société de Paris, et surtout à celle des femmes, mais résolu à me préserver de toute liaison qui pût altérer mon repos.

Je faisois ma cour à la comtesse de Séran aussi assidûment qu'il m'étoit possible sans lui être importun. Elle avoit la bonté de vouloir que j'allasse passer le printemps avec elle en Normandie, dans son petit château de La Tour[1], qu'elle embellissoit. Je l'y accompagnai. Que n'aurois-je pas quitté pour elle ? Tout ce que peut avoir de charme l'amitié d'une femme et sa société la plus intime, sans amour, je le trouvois auprès de celle-ci. Certainement, s'il eût été possible d'être amoureux sans espérance, je l'aurois été de Mme de Séran ; mais elle me marquoit la limite des senti-

---

[1]. Marmontel a daté du château de La Tour des vers reproduits au tome XVII de ses *Œuvres* (1787).

mens qu'elle avoit pour moi et de ceux qu'il m'étoit permis d'avoir pour elle avec tant d'ingénuité qu'il n'arrivoit pas même à mes désirs d'aller au delà.

J'étois aussi lié d'amitié pure et simple avec des femmes qui, sur le déclin de leur âge, n'avoient pas cessé d'être aimables, et dont Fontenelle auroit dit : *On voit bien que l'amour a passé par là.* Je n'avois pas pour elles cette vénération qui n'est réservée qu'à la vertu ; mais elles m'inspiroient un sentiment de bienveillance qui ne m'y attachoit guère moins, et qui les flattoit davantage. J'étois touché de voir la beauté vieillissante s'attrister devant son miroir de n'y plus retrouver ses charmes. Celle de mes amies qui s'affligeoit le plus de cette perte irréparable, c'étoit Mme de L. P***[1]. Elle me rappeloit, dans sa mélancolie, ces paroles d'une beauté célèbre dans la Grèce, suspendant son miroir au temple de sa divinité :

> Je le donne à Vénus, puisqu'elle est toujours belle ;
> Il redouble trop mes ennuis.
> Je ne saurois me voir dans ce miroir fidèle,
> Ni telle que je fus, ni telle que je suis.

Le cœur le plus sensible, le plus délicat, le plus aimant, étoit celui de Mme de L. P***. Sans avoir

---

1. Je n'ai pu découvrir quel nom cachent ces initiales.

la prétention de la dédommager de ce que les ans lui avoient fait perdre, je cherchois à l'en consoler par tous les soins d'un ami raisonnable et tendre ; et, comme un malade docile, elle acceptoit tous les soulagemens que lui présentoit ma raison. Elle avoit même prévenu mes conseils en essayant de faire diversion à ses ennuis par le goût de l'étude, et ce goût charmoit nos loisirs.

Dans le premier éclat de sa beauté, personne ne s'étoit douté qu'elle eût autant d'esprit qu'elle en avoit reçu de la nature. Elle l'ignoroit elle-même. Tout occupée de ses autres charmes, et ne rêvant qu'à ses plaisirs, sa mollesse et son indolence laissoient comme endormie au fond de sa pensée une foule de perceptions délicates, fines et justes, qui s'y étoient logées, pour ainsi dire, à son insu, et qui, dans le triste loisir qu'elle avoit eu enfin de se les rappeler, sembloient éclore en foule et comme d'elles-mêmes. Je les voyois dans nos entretiens se réveiller et se répandre avec beaucoup de grâce et de facilité. Elle suivoit, par complaisance, mes études et mon travail ; elle m'aidoit dans mes recherches ; mais, tandis que son esprit s'occupoit, son cœur étoit vide ; c'étoit là son tourment. Toute sa sensibilité se porta vers notre amitié mutuelle, et, renfermée dans les limites des seuls sentimens qui convenoient à son âge et au mien, elle n'en devint que plus vive. Soit à Paris, soit à la campagne, j'étois le plus assidu qu'il m'étoit possible auprès d'elle. Je quittois même assez souvent pour elle des sociétés où, par goût, je me serois plu davantage, et je faisois pour l'amitié ce que bien rarement j'avois fait pour l'amour; mais personne au monde ne m'aimoit autant que M^m de L. P***, et, quand je m'étois dit : « Tout le reste du monde se passe de moi sans regret », je ne balançois plus à tout abandonner pour elle. Mes sociétés philosophiques et littéraires étoient les seules dont elle ne fût point jalouse ; par toute autre dissipation je l'affligeois, et le reproche m'en étoit d'autant plus sensible qu'il étoit plus discret, plus timide et plus doux.

Dans ce temps-là mes occupations se partageoient entre l'histoire et l'*Encyclopédie*. Je m'étois fait un point d'honneur et de délicatesse de remplir dignement mes fonctions d'historiographe, en rédigeant avec soin des mémoires pour les historiens à venir. Je m'adressai aux personnages les plus considérables de ce temps-là pour tirer de leurs cabinets des instructions relatives au règne de Louis XV, par où je voulois commencer, et je fus moi-même étonné de la confiance qu'ils me marquèrent. Le comte de Maillebois me livra tous les papiers de son père et les siens. Le marquis de Castries m'ouvrit son cabinet, où étoient les mémoires du maréchal de Belle-Isle ; le comte de Broglio m'initia dans les mystères de ses négociations secrètes ; le maréchal de Contades me traça de sa main le plan de sa campagne et le désastre de Minden. J'avois besoin des confidences du maréchal de Richelieu, mais j'étois en disgrâce auprès de lui, comme tous les gens de lettres de l'Académie. Le hasard fit ma paix, et c'est encore une des circonstances où l'occasion, pour me servir, est venue au-devant de moi.

Une amie particulière du maréchal de Richelieu, se trouvant avec moi dans une maison de campagne, me dit qu'il étoit bien étrange qu'un Richelieu et qu'un homme de l'importance de celui-ci essuyât des désagrémens et des dégoûts à l'Académie françoise. « En effet, lui dis-je, Madame, rien de plus étrange ; mais qui en est la cause ? » Elle me nomma d'Alembert, qui avoit pris, disoit-elle, le maréchal en aversion. Je répondis « que l'ennemi du maréchal à l'Académie n'étoit point d'Alembert, mais celui qui cherchoit à l'aigrir contre d'Alembert et contre tous les gens de lettres.

« Savez-vous, Madame, ajoutai-je, quels sont les gens qui animent contre l'Académie celui qui est fait pour y être honoré et chéri ? Ce sont des académiciens qui n'y ont eux-mêmes aucune considération, et qui sont furieux contre elle. C'est l'avocat général Séguier, le dénonciateur des gens de lettres au Parlement ; c'est Paulmy, ce sont quelques autres intrus, qui, mécontens d'un corps où ils sont déplacés, voudroient, avec Séguier, notre ennemi, former un parti redoutable. Voilà les gens qui tâchent d'aliéner de nous l'esprit du maréchal, pour l'avoir à leur tête et nous nuire par son crédit. Quelle gloire pour lui que de servir ces haines et ces petites vanités ! Vous voyez ce qui lui en arrive. Il obtient que le roi refuse d'approuver l'élection de deux hommes irréprochables. L'Académie réclame contre ce refus, et le roi, détrompé, consent qu'aux deux premières places qui viendront à vaquer ces mêmes hommes soient élus. C'est donc ce qu'on appelle un coup d'épée dans l'eau. Non, Madame, le véritable parti d'un Richelieu à l'Académie, le seul digne de monsieur le maréchal, c'est le parti des gens de lettres. »

Elle trouva que j'avois raison ; et, quelques jours après, le maréchal étant venu dîner à la même campagne, son amie voulut qu'il causât avec moi. Je lui répétai à peu près les mêmes choses, quoiqu'en termes plus doux, et, à l'égard de d'Alembert : « Monsieur le maréchal, lui dis-je, d'Alembert vous croit l'ennemi des gens de lettres et l'ami de Séguier, leur dénonciateur, voilà pourquoi il ne vous aime pas ; mais d'Alembert est un bon homme, et jamais le sentiment de la haine n'a pris racine dans son cœur. Il a épousé l'Académie. Aimez sa femme comme vous en aimez tant d'autres, et venez la voir quelquefois ; il vous en saura gré et vous recevra bien, comme font tant d'autres maris. »

Le maréchal fut content de moi ; et, lorsqu'à la place de l'abbé Delille et de Suard, refusés par le roi, il fallut élire deux autres académiciens, je fus invité à dîner chez lui le jour de l'élection. A ce dîner, je trouvai Séguier, Paulmy, Bissy, l'évêque de Senlis[1]. Leur parti n'étoit pas nombreux ; et, quand il auroit eu quelques voix clandestines, le nôtre étoit formé et lié de façon à être sûr de prévaloir. Je ne fis donc pas semblant de croire que nous fussions là pour parler d'élections académiques, et, comme à un dîner de joie et de plaisir, amenant dès la soupe les propos qui rioient le plus au maréchal, je le mis en train de causer de l'ancienne galanterie, des jolies femmes de son temps, des mœurs de la Régence, que sais-je enfin ? du théâtre, et surtout des actrices : si bien que le dîner se passa sans qu'il fût dit un seul mot

---

1. Jean-Armand de Bossuejouls, comte de Roquelaure, plus tard archevêque de Malines (1721-1818). Il avait succédé à Moncrif.

de l'Académie. Ce ne fut qu'au sortir de table que l'évêque de Senlis, me tirant à l'écart, me demanda quel choix nous allions faire. Je répondis loyalement que je croyois tous les vœux réunis en faveur de Bréquigny et de Beauzée. Le maréchal, qui étoit venu nous joindre, se fit expliquer le mérite littéraire de ces messieurs, et, après m'avoir entendu : « Eh bien, dit-il, voilà deux hommes estimables ; il faut nous réunir pour eux. — Puisque telle est votre intention, lui dis-je, Monsieur le maréchal, voulez-vous permettre que j'aille en instruire l'Académie ? Ce sont des paroles de paix qu'elle entendra avec plaisir. — Allez, me dit-il, et prenez dans la cour l'un de mes carrosses ; nous vous suivrons de près.

— Mon ami, dis-je à d'Alembert, ils viennent se réunir à nous ; le maréchal vous fait les avances de bonne grâce ; il faut le recevoir de même. » En effet, il fut bien reçu ; l'élection fut unanime ; et, depuis ce jour-là jusqu'à sa mort, il eut pour moi mille bontés. Ainsi ses portefeuilles furent à ma disposition.

J'avois en même temps, pour les affaires de la Régence, le manuscrit original des *Mémoires* de Saint-Simon, que l'on m'avoit permis de tirer du dépôt des Affaires étrangères, et dont je fis d'amples extraits ; mais ces extraits et le dépouillement des dépêches et des mémoires qui me venoient en foule auroient été bientôt aussi ennuyeux que fatigans pour moi, si je n'avois pas eu, par intervalles, quelque occupation littéraire moins pénible et plus de mon goût. L'entreprise d'un supplément de l'*Encyclopédie,* en quatre volumes in-folio, me procura ce délassement.

Il faut savoir qu'après la publication du septième volume de l'*Encyclopédie,* la suite ayant été interrompue par un arrêt du Parlement, on n'y avoit travaillé qu'en silence et entre un petit nombre de coopérateurs dont je n'étois pas. Un laborieux compilateur, le chevalier de Jaucourt, s'étoit chargé de la partie littéraire et l'avoit travaillée à sa manière, qui n'étoit pas la mienne. Lors donc qu'à force de constance et de sollicitations, l'on obtint que la totalité de l'ouvrage fût mise au jour, et que le projet du supplément eut été formé, l'un des intéressés, Robinet, vint me voir, et me proposa de reprendre ma besogne où je l'avois laissée. « Vous n'avez, me dit-il, commencé qu'au troisième volume; vous avez cessé au septième; tout le reste est d'une autre main. *Pendent opera interrupta.* Nous venons vous prier d'achever votre ouvrage. »

Comme j'étois occupé de l'histoire, je répondis « qu'il m'étoit impossible de m'engager dans un autre travail. — Au moins, me dit-il, laissez-nous annoncer que, dans ce supplément, vous donnerez quelques articles. — Je le ferai, lui dis-je, si j'en ai le loisir; c'est tout ce que je puis promettre. » Quelque temps après il revint à la charge, et avec lui le libraire Panckoucke. Ils me dirent que, pour mettre en règle les comptes de leur entreprise, il leur falloit savoir quelle seroit, pour les gens de lettres, la rétribution du travail, et qu'ils venoient savoir ce que je voulois pour le mien. « Que puis-je demander, leur dis-je, moi qui ne promets rien, qui ne m'engage à rien? — Vous ferez pour nous ce qu'il vous plaira, me dit Panckoucke; promettez seulement de nous donner quelques articles, et qu'il nous soit permis d'insérer cette promesse dans notre *prospectus,* nous vous donnerons pour cela quatre mille livres et un exemplaire du supplément. » Ils étoient bien sûrs que je me piquerois de répondre à leur confiance. J'y répondis si bien que, dans la suite, ils m'avouèrent que j'avois passé leur attente. Mais reprenons le fil des événemens de ma vie, que mille accidens varioient.

La mort du roi venoit de produire un changement considérable à la cour, dans le ministère, et singulièrement dans la fortune de mes amis.

M. Bouret s'étoit ruiné à bâtir et à décorer pour le roi le pavillon de Croix-Fontaine, et le roi croyoit l'en payer assez en l'honorant, une fois l'année, de sa présence dans un de ses rendez-vous de chasse, honneur qui coûtoit cher encore au malheureux, obligé ce jour-là de donner à toute la chasse un dîner pour lequel rien n'étoit épargné.

J'avois gémi plus d'une fois de ses profusions, mais le plus libéral, le plus imprévoyant des hommes avoit, pour ses véritables amis, le défaut de ne jamais vouloir écouter leurs avis sur l'article de sa dépense. Cependant il avoit achevé d'épuiser son crédit en bâtissant sur les Champs-Élysées cinq ou six maisons à grands frais, lorsque le roi mourut sans avoir seulement pensé à le sauver de sa ruine; et, cette mort le laissant noyé de dettes, sans ressource et sans espérance, il prit, je crois, la résolution de se délivrer de la vie : on le trouva mort dans son lit. Il fut, pour son malheur, imprudent jusqu'à la folie; il ne fut jamais malhonnête.

Mme de Séran fut plus sage. N'ayant plus, à la mort du roi, aucune perspective de faveur et de protection, ni pour elle ni pour ses enfans, elle fit un emploi solide de l'unique bienfait qu'elle avoit accepté; le nouveau directeur des Bâtimens, le comte d'Angiviller, lui ayant proposé de céder, pour lui, son hôtel à un prix convenable, elle y consentit[1]. Ainsi nous fûmes délogés l'un et

---

1. L'hôtel d'Angiviller et la rue à laquelle il avait donné son nom (entre l'Oratoire Saint-Honoré et la rue des Pou-

l'autre, en 1776, trois ans après qu'elle m'eut accordé cette heureuse hospitalité.

L'avènement du nouveau roi à la couronne fut suivi de son sacre dans l'église de Reims.

En qualité d'historiographe de France, il me fut enjoint d'assister à cette cérémonie auguste. Je ne répéterai point ici ce que j'en ai dit dans une lettre qui fut imprimée à mon insu, et que j'ai depuis insérée dans la collection de mes œuvres [1] ; elle est une foible peinture de l'effet de ce grand spectacle sur cinquante mille âmes que j'y vis rassemblées. Quant à ce qui m'est personnel, jamais rien ne m'a tant ému.

Au reste, j'eus, dans ce voyage, tous les agrémens que ma place pouvoit m'y procurer, et je crus les devoir à la manière honorable dont le maréchal de Beauvau [2], capitaine des gardes en exercice, et mon confrère à l'Académie françoise, eut la bonté de me traiter.

---

lies) ont disparu en 1854, lors de l'achèvement de la rue de Rivoli.

1. *Lettre de Marmontel à M*** sur la cérémonie du sacre de Louis XVI* (Reims, le 11 juin 1775). S. l. n. d., in-8°, 7 p.

2. Charles-Juste de Beauvau, né à Lunéville le 10 novembre 1720, maréchal de France en 1783, mort le 19 mai 1793, au château du Val, près Saint-Germain-en-Laye. Il avait remplacé, en 1771, le président Hénault à l'Académie française.

De toutes les femmes que j'ai connues, celle dont la politesse a le plus de naturel et de charmes, c'est la maréchale de Beauvau [1] : elle mit, ainsi que son époux, une attention délicate et marquée à donner l'exemple de celles qu'ils vouloient que l'on eût pour moi ; et cet exemple fut suivi. Sensible aux marques de leur bienveillance, je l'ai depuis cultivée avec soin. Le caractère du maréchal n'étoit pas aussi attrayant que celui de sa femme ; cependant jamais cette dignité froide qu'on lui reprochoit ne m'a gêné un moment avec lui. J'étois persuadé que, dans toute autre condition, son air, ses manières, son ton, auroient été les mêmes, et, en m'accommodant avec ce qui me sembloit être son naturel, je le trouvois honnête et bon, obligeant, serviable même sans se faire valoir.

Pour sa femme, aujourd'hui sa veuve, je ne crois pas qu'il y ait sous le ciel de caractère plus aimable ni plus accompli que le sien. C'est bien elle qu'on peut appeler justement et sans ironie la femme qui a toujours raison ; mais la justesse, la netteté, la clarté inaltérable de son esprit, est accompagnée de tant de douceur, de

---

[1]. Marie-Charlotte de Rohan-Chabot, née le 12 décembre 1720, mariée en 1749 à J.-B. de Clermont d'Amboise, lieutenant général, et remariée en 1764 au prince de Beauvau ; morte le 26 mars 1807.

simplicité, de modestie et de grâce, qu'elle nous fait aimer la supériorité même qu'elle a sur nous. Il semble qu'elle nous communique son esprit, qu'elle associe nos idées avec les siennes, et nous fasse participer à l'avantage qu'elle a toujours de penser si juste et si bien.

Son grand art, comme son attention la plus continuelle, étoit d'honorer son époux, de le faire valoir, de s'effacer pour le mettre à sa place, et pour lui céder l'intérêt, la considération, les respects qu'elle s'attiroit. A l'entendre, c'étoit toujours à M. de Beauvau qu'on devoit rapporter tout le bien qu'on louoit en elle. Observez, mes enfans, qu'elle n'y perdoit rien, qu'elle n'en étoit même que plus honorée, et que ce lustre réfléchi qu'elle prêtoit au caractère de son époux ne faisoit que donner au sien plus de relief et plus d'éclat. Jamais femme n'a mieux senti la dignité de ses devoirs d'épouse, et ne les a remplis avec plus de noblesse [1].

---

1. Voir dans les *Mémoires* de l'abbé Morellet (1821, tome II, p. 49) une lettre de Mme de Beauvau à la princesse de Poix, où elle proteste, en ce qui la concerne, contre ce portrait « ou plutôt cet éloge », et surtout contre celui que Marmontel trace de son mari. Elle avait voué à sa mémoire un véritable culte, ainsi qu'en témoigne chaque page de ses *Souvenirs,* publication posthume de Mme Standish, née de Noailles. (L. Techener, 1872, in-8º.) Marmontel avait adressé en 1793 à Mme de Beauvau une lettre de

Ma lettre sur la cérémonie du sacre, publiée et distribuée à la cour par l'intendant de Champagne, y avoit produit l'effet d'un tableau qui retraçoit aux yeux du roi et de la reine un jour de gloire et de bonheur. C'étoit pour moi, dans leur esprit, un commencement de bienveillance. La reine, quelque temps après, me témoigna quelque bonté. Chez elle, sur un petit théâtre, elle voulut faire jouer *Sylvain* et *l'Ami de la maison*. Ce petit spectacle fit un plaisir sensible ; et, en passant devant moi, la reine me dit, de l'air le plus aimable : *Marmontel, cela est charmant*. Mais ces présages de faveur ne tardèrent pas à être démentis à l'occasion des deux musiques.

Sous le feu roi, l'ambassadeur de Naples avoit persuadé à la cour de faire venir d'Italie un habile musicien pour relever le théâtre de l'Opéra françois, qui, depuis longtemps, menaçoit ruine, et qu'on soutenoit avec peine aux dépens du trésor public. La nouvelle maîtresse, Mme du Barry, avoit adopté cette idée, et notre ambassadeur à la cour de Naples, le baron de Breteuil, avoit été chargé de négocier l'engagement de Piccini, pour venir s'établir en France, avec deux mille écus de

---

condoléance dont Morellet a également cité un passage, et que les *Souvenirs* ont reproduite, en la datant par erreur d'Abbeville (pour Abloville).

gratification annuelle, à condition de nous donner des opéras françois.

A peine fut-il arrivé que mon ami, l'ambassadeur de Naples, le marquis de Caraccioli, vint me le recommander, et me prier de faire pour lui, me disoit-il, au grand Opéra, ce que j'avois fait pour Grétry au théâtre de l'Opéra-Comique.

Dans ce temps-là même étoit arrivé d'Allemagne le musicien Gluck, aussi fortement recommandé à la jeune reine par l'empereur Joseph, son frère, que si le succès de la musique allemande avoit eu l'importance d'une affaire d'État. On avoit composé à Vienne, sur le canevas d'un ballet de Noverre, un opéra françois de l'*Iphigénie en Aulide*. Gluck en avoit fait la musique; et cet opéra, par lequel il avoit débuté en France, avoit eu le plus grand succès. La jeune reine s'étoit déclarée en faveur de Gluck; et Piccini, qui, en arrivant, le trouvoit établi dans l'opinion publique, à la ville comme à la cour, non seulement n'avoit pour lui personne, mais à la cour il avoit contre lui l'odieuse étiquette de musicien protégé par la maîtresse du feu roi, et à la ville il avoit pour ennemis tous les musiciens françois, à qui la musique allemande étoit plus facile à imiter que la musique italienne, dont ils désespéroient de prendre le style et l'accent.

Si j'avois eu un peu de politique, je me serois

rangé du côté où étoit la faveur ; mais la musique protégée ne ressembloit non plus, dans ses formes tudesques, à ce que j'avois entendu de Pergolèse, de Léo, de Buranello, etc., que le style de Crébillon ne ressemble à celui de Racine ; et, préférer le Crébillon au Racine de la musique, c'eût été un effort de dissimulation que je n'aurois pu soutenir.

D'ailleurs, je m'étois mis dans la tête de transporter sur nos deux théâtres la musique italienne ; et l'on a vu que, dans le comique, j'avois assez bien commencé. Ce n'est pas que la musique de Grétry fût de la musique italienne par excellence ; elle étoit encore loin d'atteindre à cet ensemble qui nous ravit dans celle des grands compositeurs ; mais il avoit un chant facile, du naturel dans l'expression, des airs et des duos agréablement dessinés, quelquefois même dans l'orchestre un heureux emploi d'instrumens ; enfin, du goût et de l'esprit assez pour suppléer à ce qui lui manquoit du côté de l'art et du génie ; et, si sa musique n'avoit pas tout le charme et toute la richesse de celle de Piccini, de Sacchini, de Paësiello, elle en avoit le rythme, l'accent, la prosodie : j'avois donc démontré qu'au moins dans le comique la langue françoise pouvoit avoir une musique du même style que la musique italienne.

Il me restoit à faire la même épreuve dans le

tragique, et le hasard m'en offroit l'occasion. Le problème étoit plus difficile à résoudre, mais par d'autres raisons que celles qu'on imaginoit.

La langue noble est moins favorable à la musique : 1° en ce qu'elle n'a pas des tours aussi vifs, aussi accentués, aussi dociles à l'expression du chant que la langue comique; 2° en ce qu'elle a moins d'étendue, d'abondance et de liberté dans le choix de l'expression. Mais une bien plus grande difficulté naissoit pour moi de l'idée que j'avois conçue du poème lyrique et de la forme théâtrale que j'aurois voulu lui donner. J'en avois fait avec Grétry la périlleuse tentative dans l'opéra de *Céphale et Procris*. En divisant l'action en trois tableaux, l'un voluptueux et brillant : le palais de l'Aurore, son réveil, ses amours, les plaisirs de sa cour céleste; l'autre sombre et terrible : le complot de la Jalousie et ses poisons versés dans l'âme de Procris; le troisième touchant, passionné, tragique : l'erreur de Céphale et la mort de son épouse percée de ses traits et expirante entre ses bras, je croyois avoir rempli l'idée d'un spectacle intéressant; mais, n'ayant pas réussi dans ce coup d'essai, et m'attribuant en partie notre disgrâce, ma défiance de moi-même alloit jusqu'à la frayeur.

Le sentiment de ma propre foiblesse, et la bonne opinion que j'avois du célèbre compositeur qu'on m'avoit donné dans Piccini, me firent donc imaginer de prendre les beaux opéras de Quinault, d'en élaguer les épisodes, les détails superflus; de les réduire à leurs beautés réelles, d'y ajouter des airs, des duos, des monologues en récitatif obligé, des chœurs en dialogue et en contraste; de les accommoder ainsi à la musique italienne, et d'en former un genre de poème lyrique plus varié, plus animé, plus simple, moins décousu dans son action, et infiniment plus rapide que l'opéra italien.

Dans Métastase même, que j'étudiois, que j'admirois comme un modèle de l'art de dessiner les paroles du chant, je voyois des longueurs et des vides insupportables. Ces doubles intrigues, ces amours épisodiques, ces scènes détachées et si multipliées, ces airs presque toujours perdus, comme on l'a dit, en cul-de-lampe au bout des scènes, tout cela me choquoit. Je voulois une action pleine, pressée, étroitement liée, dans laquelle les situations, s'enchaînant l'une à l'autre, fussent elles-mêmes l'objet et le motif du chant, de façon que le chant ne fût que l'expression plus vive des sentimens répandus dans la scène, et que les airs, les duos, les chœurs, y fussent enlacés dans le récitatif. Je voulois, de plus, qu'en se donnant ces avantages, l'opéra françois conservât sa pompe, ses prodiges, ses fêtes, ses illusions, et qu'enrichi de toutes les beautés de la langue italienne, ce n'en fût pas moins ce spectacle,

> Où les beaux vers, la danse, la musique,
> L'art de tromper les yeux par les couleurs,
> L'art plus heureux de séduire les cœurs,
> De cent plaisirs font un plaisir unique.
>
> VOLTAIRE.

Ce fut dans cet esprit que fut recomposé l'opéra de *Roland*. Dès que j'eus mis ce poème dans l'état où je le voulois, j'éprouvai une joie aussi vive que si je l'avois fait moi-même. Je vis l'ouvrage de Quinault dans sa beauté naïve et simple; je vis l'idée que je m'étois faite d'un poème lyrique françois réalisée ou sur le point de l'être par un habile musicien. Ce musicien ne savoit pas deux mots de françois; je me fis son maître de langue. « Quand serai-je en état, me dit-il en italien, de travailler à cet ouvrage? — Demain matin », lui dis-je; et dès le lendemain je me rendis chez lui.

Figurez-vous quel fut pour moi le travail de son instruction : vers par vers, presque mot pour mot, il falloit lui tout expliquer; et, lorsqu'il avoit bien saisi le sens d'un morceau, je le lui déclamois, en marquant bien l'accent, la prosodie, la cadence des vers, les repos, les demi-repos, les articulations de la phrase ; il m'écoutoit avidement, et j'avois le plaisir de voir que ce qu'il avoit entendu étoit fidèlement noté. L'accent de la langue et le nombre frappoient si juste cette excellente oreille que presque jamais, dans sa musique, ni l'un ni l'autre n'étoient altérés. Il avoit, pour saisir les plus délicates inflexions de la voix, une sensibilité si prompte qu'il exprimoit jusqu'aux nuances les plus fines du sentiment.

C'étoit pour moi un plaisir inexprimable de voir s'exercer sous mes yeux un art, ou plutôt un génie dont jusque-là je n'avois eu aucune idée. Son harmonie étoit dans sa tête. Son orchestre et tous les effets qu'il produiroit lui étoient présens. Il écrivoit son chant d'un trait de plume ; et, lorsque le dessein en étoit tracé, il remplissoit toutes les parties des instrumens ou de la voix, distribuant les traits de mélodie et d'harmonie ainsi qu'un peintre habile auroit distribué sur la toile les couleurs et les ombres pour en composer son tableau. Ce travail achevé, il ouvroit son clavecin, qui jusque-là lui avoit servi de table ; et j'entendois alors un air, un duo, un chœur complet dans toutes ses parties, avec une vérité d'expression, une intelligence, un ensemble, une magie dans les accords, qui ravissoient l'oreille et l'âme.

Ce fut là que je reconnus l'homme que je cherchois, l'homme qui possédoit son art et le maîtrisoit à son gré; et c'est ainsi que fut composée cette musique de *Roland,* qui, en dépit de la cabale, eut le plus éclatant succès.

En attendant, et à mesure que l'ouvrage avançoit, les zélés amateurs de la bonne musique, à la tête desquels étoient l'ambassadeur de Naples et celui de Suède, se ralliorent autour du clavecin de Piccini pour entendre tous les jours quelque scène nouvelle; et tous les jours ces jouissances me dédommageoient de mes peines.

Parmi ces amateurs de la musique se distinguoient MM. Morellet, mes amis personnels, et les amis les plus officieux que Piccini eût trouvés en France. C'étoit par eux qu'en arrivant il avoit été accueilli, logé, meublé, pourvu des premiers besoins de la vie. Ils n'y épargnoient rien, et leur maison étoit la sienne. J'aimois à croire que de nous voir associés ensemble, c'étoit pour eux un motif de plus de l'intérêt qu'ils prenoient à lui; et, entre eux et moi, cet objet d'affection commune étoit pour l'amitié un nouvel aliment.

L'abbé Morellet et moi n'avions cessé de vivre depuis vingt ans dans les mêmes sociétés, souvent opposés d'opinions, toujours d'accord de sentimens et de principes, et pleins d'estime l'un pour l'autre. Dans nos disputes les plus vives, jamais on n'avoit vu se mêler aucun trait, ni d'amertume, ni d'aigreur. Sans nous flatter, nous nous aimions.

Son frère, qui, nouvellement arrivé d'Italie, étoit pour moi un ami tout récent, m'avoit gagné le cœur par sa droiture et sa franchise. Ils vivoient ensemble, et leur sœur, veuve de M. Leyrin de Montigny, venoit de Lyon, avec sa jeune fille, embellir leur société.

L'abbé, qui m'avoit annoncé le bonheur qu'ils alloient avoir d'être réunis en famille, m'écrivit un jour : « Mon ami, c'est demain qu'arrivent nos femmes, venez nous aider, je vous prie, à les bien recevoir. »

Ici ma destinée va prendre une face nouvelle ; et c'est de ce billet que date le bonheur vertueux et inaltérable qui m'attendoit dans ma vieillesse, et dont je jouis depuis vingt ans.

Imprimé par D. Jouaust

POUR LA

BIBLIOTHÈQUE DES MÉMOIRES

PARIS, 1891

www.ingramcontent.com/pod-product-compliance
Lightning Source LLC
Chambersburg PA
CBHW070453170426
43201CB00010B/1323